国家教育行政学院学术文库

现代大学有组织科研管理创新

理论与实践

陈霞玲◎著

Management Innovation of
Organized Research in Modern Colleges
and Universities：

　　Theory and Practice

ZHEJIANG UNIVERSITY PRESS
浙江大学出版社
·杭州·

图书在版编目（CIP）数据

现代大学有组织科研管理创新 ：理论与实践 / 陈霞玲著. -- 杭州 ：浙江大学出版社，2023.12
ISBN 978-7-308-23548-8

Ⅰ. ①现… Ⅱ. ①陈… Ⅲ. ①高等学校—科学研究组织机构—科研管理—研究—中国 Ⅳ. ①G644.6

中国国家版本馆 CIP 数据核字(2023)第 251191 号

现代大学有组织科研管理创新：理论与实践

陈霞玲　著

策划编辑	吴伟伟	
责任编辑	宁　檬	
责任校对	陈逸行	
封面设计	雷建军	
出版发行	浙江大学出版社	
	（杭州市天目山路 148 号　邮政编码 310007）	
	（网址:http://www.zjupress.com）	
排　　版	杭州晨特广告有限公司	
印　　刷	广东虎彩云印刷有限公司绍兴分公司	
开　　本	710mm×1000mm　1/16	
印　　张	14.25	
字　　数	223 千	
版 印 次	2023 年 12 月第 1 版　2023 年 12 月第 1 次印刷	
书　　号	ISBN 978-7-308-23548-8	
定　　价	68.00 元	

序

当前,"有组织科研"备受关注,主要源于时代对创新的要求、发展对科技的依赖。面对激烈的国际竞争,我国实现科技自立自强,教育部印发了《关于加强高校有组织科研推动高水平自立自强的若干意见》,就加强大学有组织科研做出部署。开展有组织科研,提升自主创新能力,高质量服务国家战略需求,是新时代对大学科研工作的使命要求,也是高等教育高质量发展的有效路径。

陈霞玲是一位极具研究灵气的教育研究者,曾经在北京航空航天大学学习、在美国印第安纳大学伯明顿分校做专题研究、在清华大学挂职锻炼、在国家教育行政学院进行多岗位实践。所以,她请我为其新著《现代大学有组织科研管理创新:理论与实践》作序,我欣然同意。

大学科研工作有其固有特征,如适宜开展"小科学"研究和有着学科交叉的丰富土壤等。但是,时代在变,部分特征也在发生变化,如大学与社会的联系越来越紧密、现代科研对大设备的依赖性增强等。这些变化影响着大学科研的运作机理和组织方式。本书以大学作为有组织科研推进主体,系统研究大学开展有组织科研的理论与实践,契合当前大学有组织科研开展的现实需求。

　　高等教育的发展是一个高校不断适应社会需要而丰富完善的过程。大学自从社会服务职能产生之后，就被寄予了促进经济社会发展的厚望。在科技革命、产业变革、国际格局调整的滚滚浪潮中，大学无法置身事外，更不能对国家重大战略需求置之不理，唯有紧跟时代步伐，拥抱使命号召，响应社会需求，才能不断发展。因此，有组织科研是每一所高校需要研究的课题。

　　什么是大学有组织科研，大学如何加强有组织科研，采用何种组织模式，需要什么样的体制机制，是当前高校开展有组织科研亟须解决的问题。本书聚焦大学开展有组织科研的理论与实践，着力回答这些问题，可谓恰逢其时。大学开展有组织科研，不仅要基于政府政策要求，更要基于大学科研生产规律与组织管理实践。从政策语境来看，加强有组织科研要求大学肩负起服务国家重大发展战略目标的重任，践行作为国家科技创新策源地的重要使命，在颠覆性原创性科技创新上有所突破，突破"卡脖子"技术难题，助力我国实现科技自立自强。从实践来看，大学有组织科研服务区域经济社会发展的例子也很多。本书在第一篇专门论述了大学有组织科研的理论和实践之后，第二篇、第三篇分别探讨科研组织体系建设和科研组织模式创新，从一个更宽广的视角来研究大学有组织科研的合理性。

　　"大学有组织科研"是一个新加入我国政策文件的词语，但是，大学有组织科研活动早已有之，梳理大学有组织科研的发展历程可以发现，大学有组织科研概念的提出，不仅是出于国家科技竞争发展的需要，也是对大学科研生产及组织管理实践新阶段的理论总结。高等教育尤其是大学科研发展是一个生态系统，大学科研生产的各项活动存在价值增值链条与价值外溢现象。本书在响应政策问题的同时，将相关政策议题很好地转换成学术问题，用学术的语言讲政策。

　　长期以来，大学科研生产及组织管理实践是高等教育管理的"黑匣子"，虽然我们知道科研生产很重要，但是很少有人描述它的生产过程，更少有人明晰如何有效对其进行组织管理。本书试图对大学科研生产过程与规律进行解剖，总结科研生产管理的基本特征与有效路径，对大学科研运行的"有组织无政府"状态提出了挑战，凸显了新时代大学科研管理的重要性与可能性。通过本书的研究，现代大学有组织科研生产不再处于边界不清的混沌状态,而是有序与无序同时存在的活动,科研生产并非不可触碰的"黑匣子",有组织科研管理能够对外部需求导向的科研活动进行有序管理,同时引导无序的自由式科研活动。

马陆亭

中国教育科学研究院副院长

中国高等教育学会学术发展咨询委员会副主任兼秘书长

前　言

　　大学依靠自身价值而存在,这种价值就是知识的生产与传播,由此大学形成了独特的"科学精神气质"。这种价值在20世纪20年代中后期越来越受到政治和市场因素的冲击,一方面,"科学被强征用为国家研发系统的驱动力,被强制征用为为整个经济创造财富的技术科学发动机"[①];另一方面,在市场化经济浪潮中,市场的力量已经无形地嵌入了大学的科研活动中,"学术—政府—产业"的三螺旋结构成为风靡全球的科研创新模式。学术、政府和市场因素共同影响下的大学科研生产日益呈现出新特征,科研组织日益从以个人为主体向以学校为主体转变,大学科研管理越来越由单一行政性服务向集谋划、组织、服务和支持于一体的综合管理转变,有组织科研管理模式日益显现。从政府主体出发,大学有组织科研是政府对大学的一种科研治理模式,即国家通过体制机制创新引导大学在关键领域和"卡脖子"技术上下功夫;从大学主体出发,有组织科研指大学针对外部重大科研需求,主动谋划科研生产,组织科研力量进行集体协作,并进行重点资源投入与管理制度创新的活动。

　　大学科研组织活动早已有之。19世纪中叶以后,大学科研开始集体式合作,大学或基于研究本身需要,或为了提升人才培养尤其是研究生培养质量,或基于外

---

①齐曼.真科学:它是什么,它指什么[M].曾国屏,匡辉,张成岗,译.上海:上海世纪出版集团,2008:88.

部需求开展组织化的科研活动。组织化科研相对于教师个体的自由探索科研而言,是大学有目的地组织科研团队进行联合攻关的科研活动。二战后,在政府和大学办学使命的驱动下,大学开始主动回应国家和区域经济社会发展重大需求,针对外部重大科研需求开展有组织科研活动。有组织科研是外部需求驱动的组织化科研活动。大学从事有组织科研,不仅是对国家号召和政策的响应,也是受到知识经济时代市场的牵引,以及产生重大科研成果和培养高质量人才的需要。在我国,"大学有组织科研"作为政策话语,是当前我国处于特殊历史发展时期国家对科技发展的迫切要求与政策号召。

我国坚持从政治上看教育、从民生上抓教育、遵循规律办教育,对于大学科研发展与管理,更是如此。科技创新对国家和社会发展有着重要的作用与意义,我们要从战略上强调大学科研的服务贡献作用,但是,在战术上,要遵循大学科研生产与组织的基本规律。有组织科研离不开对大学科研生产及其管理规律的把握与探讨。本书第一篇(第一章至第三章)论述了大学有组织科研管理的理论基础,主要包括产生背景、内涵界定、科研生产及其管理特征、有组织科研实施路径等。有组织科研并不是一个抽象的纯科学理论,而是基于具体实践总结提炼而成的中层理论,所以,本书也把对大学有组织科研的实践概述放在第一篇。在第二章中,本书对大学有组织科研进行了实践解构,总结了大学有组织科研实践的历史发展、类型、组织模式、运行保障机制,并介绍了"双一流"建设背景下我国大学开展有组织科研的基础与实施要求。基于实践,本章还对有组织科研进行了理性审视,指出大学有组织科研实践存在的潜在风险。第三章主要介绍了政府层面推动大学有组织科研的实践举措。

有组织科研从知识生产的角度来看待大学科学研究,把科学研究看作一项知识生产活动。科研知识生产投入及其管理,为大学开展有组织科研提供了基本条件与组织抓手。知识生产和其他产品生产一样,也需要基本生产要素投入。人才尤其是高端人才、平台、组织、项目是科研生产投入的四大基本要素。基于这些基本要素,组建科研团队、建设科研平台、设立科研组织、申请科研项目是大学开展有组织科研的基本方式,也是大学有组织科研体系建设的基本内容。本书第二篇(第四章至第六章)介绍了大学有组织科研体系建设,围绕科研战略规划、科研团队建设、科研组织体系建设展开。第四章介绍了大学从学科规划到有组织科研的战略规划转变,重点论述了有组织科研战略规划的难点,即有组织科研问题的凝练。第五章关于科研团队建设,主要分为科研团队组建方式和科研团队组织激励两个部分,重点论述了跨学科科研团队合作的制度性影响因素与障碍问题。第六章关于有组织科研组织设置与科研平台建设,通过实证观察呈现了有组织科研背景下现代大学科研组织的微观变化,并通过案例呈现了现代大学科研组织的演变实践,探究现代大学有组织科研体系建设的基本逻辑与策略特征。

大学有组织科研是新型"举国体制"下的有组织科研,在发挥政府作用的同时,更加注重发挥市场的作用,即"有为政府＋有效市场"。20世纪中叶以来,高等教育管理中的学术寡头、国家权威、市场机制"三角协调模式"日益显现,大学科研更是在学术、国家和市场三股力量的推动下不断发展。国家及政府政策引领下的大学,是推进有组织科研的行为主体,同时,作为创新主体的企业,以及以竞争机制和价格机制为核心的市场机制,在参与和引导大学科研服务国家和区域重大战略方面也发挥了重要作用。校内跨学科交叉合作、校外产学研协同、面向市场的科研成果转化与商业化构成了大学有组织科研模式创新的重要内容。第三篇(第七章至第九章)关于大学有组织科研模式创新,主要包含了三个主题。第七章为跨学科交叉研究组织。学科研究组织是教师开展跨学科交叉研究的重要场所,建立跨学科交叉研究组织成为大学突破学科研究组织藩篱,推动跨学科交叉研究的重要方式。该章对中外两所研究型大学的跨学科研究组织运行管理进行了对比,从中探索跨学科研究组织产生作用的机制,为完善有组织科研管理提供建议。第八章论述了跨界协同创新,主要以产学研合作为例,介绍大学如何进行跨界协同创新,包括大学推动产学研合作的主要方式,以及组织方式的变化趋势,本章还以清华大学为例,介绍了大学产学研合作推动学术发展的实践探索。第九章阐述了对科研成果转化服务的支持,主要以清华大学、加州大学伯克利分校和新加坡国立大学三所研究型大学促进和支持教师开展学术创业的实践举措为例,探索现代大学科研成果转化的重点,以及中外大学开展学术创业的路径与特征,最后对我国大学推动教师学术创业提出建议。

大学有组织科研对大学科研管理提出了更高的要求,需要有深谙创新管理精髓的科研管理部门负责人、专业化的科研管理服务团队、强有力的科研管理组织建设。第四篇(第十章至第十一章)从组织与领导两个方面探讨有组织科研管理能力提升,分为科研管理组织设置与队伍建设、科研管理部门领导与岗位胜任力提升等两章。大学科研管理模式的转化对大学科研管理能力提出了更高的要求,一方面,表现在科研管理部门的组织结构、组织职能、组织性质等上;另一方面,表现在大学科研管理部门负责人的岗位职责和能力上。现代大学有组织科研管理模式下,不论是在科研管理部门设置上,还是在科研管理部门负责人的能力要求上都发生了变化。

本书主要从理论和实践角度来描述大学有组织科研管理,同时,适当对中外大学实践进行比较研究,以期为我国大学有组织科研管理提供指导。本书写作主要有三个特点:一是从大学管理者的视角来考察大学如何开展有组织科研,将有组织科研放在一个更大的科研管理实践范围中来论述,不仅论述具体的有组织科研行为,而且综合展示大学有组织科研管理的实践做法,以期能够为大学有组织科研管理的改进提供借鉴。二是理论与实践相结合,在理论上,本书不仅在第一篇中介绍了有组织科研的相关理论,试图建构现代大学有组织科研生产的理论与实践框架,而且在第二篇和第三篇的各章中都试图阐释各部分主题内容的理论基础。三是阐释论述与问题解决相结合。本书一方面阐释了大学有组织科研生产的规律与管理实践,试图呈现现代大学有组织科研管理的图景与特征;另一方面试图对我国的实践问题进行分析。为加强问题针对性与有效性,本书不是笼统提出大学有组织科研的优化建议,而是分章论述,针对每章主题内容提出建议。

本书有以下三点学术创新:一是研究内容上,从有组织科研的理论与实践、组织体系、组织模式和组织能力建设等四个方面系统介绍了现代大学有组织科研管理。虽然有组织科研的概念日益受到重视,并在实践上得到积极探索,但是鲜有系统性研究,未能说清有组织科研管理的内涵、范围、举措与领域等。有组织科研的重要性日益明显,各国在有组织科研管理中积累了大量丰富的管理经验,有必要开展系统性研究。二是研究视角上,从知识生产角度研究大学有组织科研,旨在探索现代大学科研管理规律。本书借鉴知识生产理论,一方面,基于科研生产与其他生产活动的共同点,从生产要素投入和生产活动过程组织管理两方面,来论述有组织科研生产的特征;另一方面,关注科研生产作为高深知识生产活动的特殊性,强调有组织科研在组织谋划的同时,要加强服务与支持。三是研究方法上,基于实践提炼总结有组织科研管理理论。书中实践部分来源于真实的管理探索,或是基于对研究案例的归纳总结,或是案例比较,或是针对某一个主题所做的完整案例展示,均来自近年来国内外大学科研管理创新的实践与探索。

当然本书也难免存在一些不足,主要有三点:一是对有组织科研的国家政策与政府举措阐述不足,笔者更多关注以大学为主体的有组织科研活动,对有组织科研中的政府行为阐述不足。二是对国外大学有组织科研的实践与机制研究不足,本书以我国大学有组织科研实践为主,虽然也介绍了国外大学有组织科研的历史发展与典型实践,但是总体而言,不够充分。大学科研响应国家重大发展战略需要始于美国,国外大学在此方面卓有成效,需要对此开展深入研究。三是对有组织科研与组织化科研活动的边界处理不够清晰。虽然本书区分了两者的概念内涵,但是在实践中,二者往往是交织在一起的。国家和地区发展的重大需求往往模糊不清,同时,大学科研产出不确定性大且难以衡量,我们可以说某项科研成果对国家和地区发展产生重大促进作用,但是很难判断某项科研活动是否是针对解决国家和地区发展重大问题而开展的。一方面,很多组织化科研活动也能够服务国家和地区重大发展;另一方面,组织化科研活动为有组织科研奠定了基础,所以,本书科研组织体系建设和科研组织模式创新两部分的内容,主要论述的是以学校为主体的科研组织活动,包含了组织化科研活动与有组织科研。

陈霞玲

国家教育行政学院

目　录

第一篇　理论探讨与实践概述

第二篇 科研组织体系建设

第三篇 科研组织模式创新

第四篇　科研组织能力提升

第一篇 理论探讨与实践概述

第一章　现代大学有组织科研的理论基础

一、现代大学有组织科研的产生背景

(一)政府号召与科研政策变化

1.国家对大学科研发挥作用的号召

"科学被强制征用为国家研发系统的驱动力,被强制征用为为整个经济创造财富的技术科学发动机",已经成为20世纪科学发展不可避免的事情。以英国为代表的欧洲各国日益对教育拉动经济发展提出明确要求,"欧洲高等教育是欧盟成为世界领先知识经济体的载体"①。美国大学更是主动将"学术研究发展成为经济引擎"②,积极"投身到创新经济中,扮演了驱动经济发展的创业者角色",鉴于此,美国商务部与美国大学展开直接对话,并承诺"未来将与高等教育领域的伙伴合作,制定共同行动计划,以支持和培养基于大学的创新创业"③。我国确立了创新驱动发展战略,大学要肩负起服务国家区域发展重大战略目标的重任,践行作为国家科技创新策源地的重要使命。当前,我国面对百年未有之大变局的历史发展机遇,随着中美贸易争端的升级以及美国对中国的科技封锁,亟须在颠覆性原创性科技创新上有所突破,突破"卡脖子"技术难题。而国家和区域重大问题往往具有复杂性和综合性。问题的复杂性决定了技术的综合性,研究问题越复杂,越需要多个技术组合、多方力量集体协作,而且往往需要跨部门、跨单位的多个团队集体协作。新的

---

① Rinne R, Koivula J. The changing place of the university and a clash of values: The entrepreneurial university in the European knowledge society: A review of the literature[J]. Higher Education Management and Policy, 2005, 17(3): 91-123.

② 贝尔曼.创办市场型大学:学术研究如何成为经济引擎[M].温建平,译.上海:上海科学技术出版社,2017:1.

③ 美国商务部创新创业办公室.创建创新创业型大学:来自美国商务部的报告[M].赵中建,卓泽林,译.上海:上海科技教育出版社,2016:2.

科研使命,对大学科研生产和组织管理提出了新的要求,即需要开展有组织科研,以提高服务国家和区域重大战略需求的能力。

2.政府有组织科研项目的示范

举国体制在科技领域被世界各国广泛采用,如美国的曼哈顿计划、阿波罗计划、导弹防御系统,以及日本的第五代计算机工程、模拟高清晰度电视系统等重大研发项目都采用了举国体制。多国政府共同参与的国际大科学计划和大科学工程逐渐增多,如人类基因组计划、国际空间站计划和国际热核聚变实验堆计划等。基于过去的成功,各界对举国体制存在着一种泛化倾向。[①]在政府有组织科研项目的示范与模式迁移下,大学科研活动也越来越呈现有组织化倾向。

3.政府对大学科研资助方式的变化

政府是大学科研的主要资助方,政府对于大学科研的政策和资助方式直接影响大学的科研管理模式。过去,政府像资助大学培养人才一样,基本上无条件地支持大学的科研,政府对大学教师的科研几乎没有特别的要求。现在,政府对大学科研的无条件性拨款越来越少,一方面,政府的资助范围越来越小,只对重点技术领域进行重点资助;另一方面,政府对大学科研的增量资助,越来越以科研项目、平台建设等方式进行,越来越体现政府的导向性。在二战后的很长一段时间里,美国联邦政府对基础研究的投资领域并没有明确的指向或规定。近年来,美国逐渐对这种无指向的基础研究政策进行了反思与调整。2020年12月,美国发布了报告《无尽的前沿:未来75年的科学》(*Endless Frontier Act: The Next 75 Years in Science*),决定将国家科研投资拨款聚焦在十个关键技术领域。同时,该报告建议投入大量资金"搭建大学创新技术中心和区域创新技术中心,破除技术转化障碍"[②]。

明确重点领域的任务布局,以专项形式进行科研资助,是我国政府推进大学科技创新的传统方式。伴随国家科技计划管理改革,我国科研资助计划,在项目要求上,越来越聚焦国家战略急需、应用导向鲜明、最终用户明确的攻关任务,做"国家需要"且"解决实际问题"的科研;在申请者上,鼓励优势团队联合申报,由牵头单位联合优势团队来进行联合攻关;在组织形式上,需要多方合作,而且往往需要跨学

①李哲.中国的科技创新之路:经验与反思[M].北京:科学出版社,2020:13.

②卓泽林.美国科技战略变革中的高等教育布局及其理念转变——以《无尽前沿法案》为例[J].国家教育行政学院学报,2023(3):87-95.

科、跨学院、跨组织的合作;在组织程序上,提前面向全社会征集选题,给了大学提出项目建议的机会,同时,可以为项目申报提前做准备。随着改革推进,大学原有的科研组织管理体系,很难适应国家科研项目组织方式的新变化。以教师个体为单位难以申请和承担重大科研项目,需要发挥单位的组织作用。也就是说,要承担重大科研项目,不仅要发挥"学术大牛"的学术影响力,还需要学校有行政组织力,二者缺一不可。

(二)大学自身发展的需要

服务创新驱动发展是知识经济时代高等教育自身发展的内在需求。"世界各国经验表明,服务国家战略需求,服务区域经济社会发展是世界一流大学的共同特征"[①],高等教育服务创新驱动发展与高等教育体系自身的高质量发展并行不悖。大学开展有组织科研也是自身科研发展和人才培养的需要。

首先,开展有组织科研是大学获得科研资源的重要途径。从经费来源看,除了中央高校基本科研业务费外,大学能否获得国家财政性科研经费支持,主要看能否承担国家重大科研项目与工程。地方政府财政性科研经费及企业科研经费更是取决于大学科研解决实际问题、促进经济社会发展的能力,大学加强有组织科研,能够获得更多的科研经费。其次,开展有组织科研也是大学产生重大科研成果的需要。大成果需要大平台、大团队和大项目;需要组织层面的重点布局和资源投入,不是仅凭教师个体力量能够完成的。这就需要发挥大学的科研组织管理作用,也需要大学有更高的科研管理水平和能力。最后,大学加强有组织科研是提高研究生培养质量的需要。大科研培养大人才,研究型大学往往通过科研任务带动研究生培养质量和科研能力的提升。在高等教育大众化进程中,研究生培养规模稳步扩大,目前"双一流"建设大学以研究生培养为主,新时代要求学生不仅要掌握扎实的知识,更要有解决问题的能力。教师个体申请的"小科研项目"无法满足大规模研究生培养的需要,难以培养高质量的研究生。

①周海涛,乔刚,廖苑伶,等.提升一流人才培养与创新能力——基于《中国教育现代化2035》的解读[J].中国电化教育,2019(8):9-17.

(三)大学科研功能的拓展

"如果以何时成立独立学术团体或独立法人作为大学起源的标准,诞生于11世纪的博洛尼亚大学无疑是最早的大学。"①博洛尼亚大学也被誉为"世界大学之母"。博洛尼亚大学起源于由学生组成的行会,而巴黎大学则由学者组建的教师行会发展而来,被认为是欧洲最古老的大学。无论是博洛尼亚大学,还是巴黎大学,都产生于大学的教学功能。科研功能的产生与变化是随着大学历史的发展而不断变化的。总体而言,大学科研共有四个功能。

首先,为研究而研究。在大学产生之前,欧洲已经出现了学术研究活动。随着大量学者的云集,"大学的建立使欧洲学术探讨的主要场所从修道院转移到大学"②,不仅如此,大学的建立还使学术探究制度化,科研不再是凭个人兴趣而从事的业余工作,逐渐成为一个正式职业。13世纪,由巴黎大学的学者回英国而建立的牛津大学、剑桥大学,③成为世界学术的中心。虽然当时科研已经成为一个正式职业,但是大学科研独立于教学,更脱离于社会。大学科研并无特定目标,学者主要基于学术兴趣开展研究。

其次,为教学而研究。1808年,作为德国洪堡大学前身的柏林大学创立,1809年担任教育厅厅长的洪堡对大学进行改革,提出"研究与教学相统一,科学理论与实践相统一,实践即科学研究"④的思想,开启大学科研为教学服务的功能。"洪堡的改革确立了科研在大学中的功能地位,科研成为大学教授的正式职责"⑤,同时也明确国家有举办大学的职责。⑥虽然洪堡强烈反对国家对大学的干涉,提倡学术自由,但是受到国家资助的大学不可避免地开始了世俗化的进程,大学学术自治的地位受到了动摇。美国约翰斯·霍普金斯大学继承并发扬了洪堡大学的理念,创建了以研究生教育为重点的办学模式。它是第一个建立研究生院的大学,创新性地发

---

①黄福涛.外国高等教育史[M].上海:上海教育出版社,2003:57.

②何平,夏茜.李约瑟难题再求解:中国科技创新乏力的历史反思[M].上海:上海书店出版社,2016:44-47.

③1201年,牛津大学有了第一位校长;1213年,该校从罗马教皇的使节那里得到第一张特许状,成为受教皇认可的大学。

④贺国庆.德国和美国大学发达史[M].北京:人民教育出版社,1998:47.

⑤黄福涛.外国高等教育史[M].上海:上海教育出版社,2003:52.

⑥柏林大学就是由政府拨款建立起来的,洪堡把政府举办大学的职责正式化、制度化。

展了研究为教学服务的新方式,教研相长理念得到进一步发挥。

再次,为社会服务而研究。1862年,美国颁布了《莫雷尔法案》,以威斯康星大学为代表的赠地学院兴起,践行"大学通过向社会输送人才和研究成果以促进社会经济发展"的理念,后被总结为"威斯康星思想"。大学开启了为社会服务的第三职能,大学科研功能也进一步发展为社会服务。至此,大学科研已经和外部需求、社会发展深度融合。

最后,用研究推动学术创业。20世纪60年代,以斯坦福大学、麻省理工学院、华威大学等为代表的创新创业型大学,建立了基于大学科研成果的新高科技公司,直接商业化大学科研成果,带动了区域经济社会的繁荣发展。巨大的经济回报,科研成果的直接应用,以及市场的及时反馈,为大学科研提供了更为强劲的动力。在学术创业中,大学学术组织出现了分化和整合的两级发展趋势,一方面,在以斯坦福大学、麻省理工学院等为代表的美国研究型大学中,大学内部分化出无数个"准公司"和"创业型科学家"[①]。"研究型大学往往由一系列研究群体——'准公司'组成,这些研究群体被精心组织起来,整合成研究中心,共同实现较大的理论和实践研究目标"[②]。另一方面,在以华威大学为代表的欧洲教学型大学中,大学整合成一个或若干个大的"准公司",教师成为其中"员工"[③]。在一些创业型大学中,大学内部存在着几个大公司,甚至大学本身就是一个创业公司,大学作为一个整体与市场进行直接交易,即大学是市场交易的主体。这类大学"改变了传统大学基层学术组织膨胀的松散耦合状态,日益变成一个紧密连接的'准公司'。只要获取外部资源的机会出现,大学就会像公司一样开展组织化的创业"[④]。

(四)大学科研生产方式变化

首先,科研组织模式:从"小科学"时代进入"大科学"时代。"20世纪,科技发展

---

①陈霞玲.创业型大学学术创业、学术发展及学术组织发展路径探析[J].绍兴文理学院学报(教育版),2018,38(12):10-17.

②埃茨科威兹.国家创新模式:大学、产业、政府"三螺旋"创新战略[M].周春彦,译.北京:东方出版社,2006:53,101.

③陈霞玲.创业型大学学术创业、学术发展及学术组织发展路径探析[J].绍兴文理学院学报(教育版),2018,38(12):10-17.

④陈霞玲.美国创业型大学组织变革路径研究[J].复旦教育论坛,2015(5):106.

进入'大科学'时代。'大科学'模式是指适应现代社会大工业生产的需要,满足现代战争的要求而形成的科研组织观念和组织模式。'大科学'模式起源于德国,法西斯德国为了发动侵略战争,以国家规模的科研活动方式于1936年在佩纳明德村耗资5亿马克建立陆、空军联合试验场。"①为了战胜法西斯,美国于1942年6月开始实施的曼哈顿计划被称为"大科学"时代科研组织模式的典范。20世纪60年代,美国耶鲁大学科学史专家普赖斯教授最先在其所著的《小科学·大科学》一书中提出"大科学"的概念。所谓"大科学"研究,是指规模巨大、人数众多、投资庞大、有相当大的社会影响力的综合性科学研究。美国学者认为,一亿美元以上的多学科研究,就能称得上是"大科学"研究。相对而言,"小科学"研究是单学科的,投入较少,人数较少的自由探索型科学研究。大学科研正呈现出"大科学"研究特征,这主要表现为大学组织中跨学科"交易区"的出现,科学技术生产方式由 R&D(research and development,科学研究与实验发展)模式转向 R&D 模式和 D&R 模式并存。②

其次,科研模式:从线性模式到非线性、混合模式。1945年,万尼瓦尔·布什提出的科研生产的线性模式成为全世界大学普遍采用的科研模式。在这一模式中,基础研究、应用研究和开发研究呈阶段性分开,大学主要从事基础研究,进行知识创造,再将基础研究成果进行转化应用。20世纪60年代以来,随着大学科研对"应用场景"的普遍介入,大学科研模式发生了重大变化。很多学者提出了不同于布什线性科研模式的观点,比如,美国普林斯顿大学斯托克斯提出了科研活动的巴斯德象限模型,认为在基础研究和应用研究之间还存在着一种二者相互作用的研究。美国加州大学圣芭芭拉分校工学院院长文卡特希·那拉亚那穆提和图鲁瓦洛戈·欧度茂苏对布什的线性科研模式做了深入的批判和反思,认为应该抛弃"基础—应用"二分模式,转而采用"发现—发明循环模型"③,因为科研是一个包含发现和发明的综合性活动,不应该将基础研究和应用研究分开。

再次,知识生产模式:从学科到应用、跨学科。1983年,伯顿·克拉克提出,学

①沈律.小科学,大科学,超大科学———对科技发展三大模式及其增长规律的比较分析[J].中国科技论坛,2021(6):149-160.

②孙华.论大科学时代的大学科研图景[J].高教探索,2010(1):19-23.

③那拉亚那穆提,欧度茂苏.发明与发现:反思无止境的前沿[M].黄萃,苏俊,译.北京:清华大学出版社,2018:9.

术活动可以分为两种基本的模式：通过学科（by discipline）和通过企业（by enterprise）。①1994年，吉本斯等则进一步提出，在传统的学科生产知识模式之外，出现了在应用中生产知识的新的知识生产模式，即知识生产模式2，并提出知识生产的新模式具有应用情境、跨学科性、异质性和组织多样性、社会责任和反思性等四个特征。正如吉本斯所指出的，"模式1"和"模式2"将同时存在，"后学院科学"不可能完全取代"学院科学"。现代大学科研既要不断满足外部需求，又要坚持内在的科学追求，现代大学将长期在二者之间摇摆，并努力在二者之间寻求平衡。

最后，科研范式：从学院科学时代走向后学院科学时代。科研范式是科学研究赖以运作的理论基础和实践规范，也即从事科研的科学家团体所共同遵从的行为规范和科研方法。②20世纪70年代以来，大学科研范式发生了深刻的变化，而且除了数学、物理外，大部分学科的科研范式发生了变化。科学正在从理想化的"学院科学"向现实中的"后学院科学"转型（后学院科学正在兴起），科研正在从遵循制度化的默顿规范（communalism, universalism, disinterestedness, originality, skepticism, CUDOS）③向产业科学的PLACE（proprietary, local, anthoritarian, commissioned, expert）规范转变。④约翰·齐曼称默顿规范为制度化的CUDOS机制，并对这些要素逐个进行了语义还原与诠释。"默顿学派主要站在知识的生产者即主体的立场上，探讨了科学工作者的行为规范，但对知识产品本身没有进行适当的分析。约翰·齐曼站在自然主义的客观立场，对学院科学时代的默顿规范的合法性和适用性做出全面的审视。⑤

在后学院科学时代，大学科研呈现出一幅新的图景。第一，科研项目成为科学资源载体，而科研团队成为科研项目的研究主体，进而科研团队与科研项目实现紧密联结。第二，科学家在科学活动中追逐科学信用，并实现科学信用资本的积累与循环，进而维持个人科学事业的运转。第三，R&D在大学兴起并成为大学科技创

①Clack B R. The Higher Education System: Academic Organization in Cross-National Perspective[M]. California: University of California Press，1983：28.

②库恩.科学革命的结构[M].金吾伦,胡新和,译.北京：北京大学出版社,2012：11.

③Merton R K. The Sociology of Science: Theoretical and Empirical Investigation[M]. Chicago: University of Chicago Press, 1979: 256-278, 286-324.

④齐曼.真科学：它是什么,它指什么[M].曾国屏,匡辉,张成岗,译.上海：上海科技教育出版社,2008：94.

⑤黄欣荣.后学院科学及其社会规范——齐曼《真科学》读后[J].科学学研究,2003,21（5）：556-560.

新最重要的行动框架之一。①从学院科学时代转向后学院科学时代的历史进程中,大学科研的社会服务功能得到高度强化,更加注重科研的效用及其社会价值,使得大学科研政策在科学和利益之间徘徊摇摆,导致大学科研发展高深知识的功能弱化。②

二、有组织科研背景下大学科研生产的变化

随着国家和社会对大学的期望越来越高与要求日益增加,大学科研与技术创新体系逐渐融合,大学科研活动类型和科研产出形式越来越多元化和综合化。大学不仅要开展基础研究,实现"从0到1"的颠覆性创新,还要服务国家战略需求,进行关键核心技术攻关,解决"卡脖子"技术问题。同时,大学还要加强应用开发研究,转化科技成果,促进经济社会发展和增进人民生活福祉等。在学术、政府和市场的共同影响下,现代大学科研生产及科研组织日益呈现出新的特征。

(一)大学科研生产特征变化

1.在服务对象上,从"无服务对象"向"有明确服务对象"转变

传统大学基于兴趣开展科研活动,从事公共性知识生产,科研生产并没有服务对象。在发展过程中,大学逐渐有了服务对象,但是一开始服务对象并不明确,解决的是普遍性问题。随着大学科研越来越被要求"直面社会发展的现实问题"③,服务国家战略和区域经济社会发展,大学科研有了明确的服务对象。有组织科研需要有相对明确的科研目标和相对清晰的科研任务,这是有组织科研能够进行集体分工合作,把人员聚集起来的基础。有组织科研背景下,大学科研服务对象更加明确,围绕特定对象或解决具体问题展开。

2.在产出形式上,日益多元化、综合化

传统上大学以论文、著作等学术出版为主要科研产出形式,但这已经不能满足日益增长的外部需求,因为这类科研产出带有公益属性,与应用转化和问题解决相去甚远。有组织科研背景下,大学产出越来越多元化,新增加了诸如专利、设备、软

①李尚群.书评:后学院科学时代的大学科研图景[J].高等教育研究,2007(10):32-36.
②李志峰,高慧.后学院科学时代大学科学研究的政策选择[J].中国高教研究,2014(8):61-66.
③马陆亭,宋晓欣.大学科研需要直面社会发展的现实问题[J].北京航空航天大学学报(社会科学版),2020,33(1):138-145.

件、技术标准、新产品、咨询报告等产出形式。同时,大学产出还日益综合化,无论是作为一个整体的大学,还是单一的科研组织、教师个体,都可以拥有多种形式的科研产出。

3.在生产活动类型上,日益多样化、复杂化

不同的科研产出形式对应不同的科研活动,大学科研活动包括基础研究、应用研究、开发研究、产品开发或产业化等四种类型。尤其是我国大学,"由于企业普遍缺乏技术开发的能力和意愿,大学很难通过'专利许可转让'的方式转化科研成果,除了科学研究之外,还要进行技术开发,技术开发与技术转化同时进行"[①],因此,大学内部同时具有多种类型的科研活动,且往往是多种科研活动同时进行,技术较为复杂。

(二)大学科研生产单元变迁

不同科研活动,需要不同的生产单元。开展有组织科研需要以跨学科交叉和跨组织协同创新团队为主,包括多个异质性团队。大学内部普遍存在个体、单个团队和多个团队等不同类型的科研生产单元,并由个体向团队、多团队发展。教师个体是科研生产的基本单元,团队由个体组成,团队又可以分为单个团队、多个团队、多个跨学科团队、多个跨组织团队等。如图1-1所示,不同生产单元有不同的内涵,需要不同的组织载体。

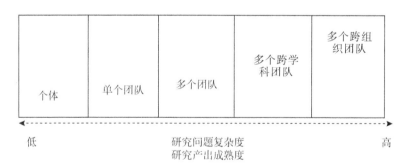

图1-1　大学科研生产单元设置影响因素

1.教师个体

由于人是知识的主要载体,在知识生产过程中,个体本身就是一个生产单元,

①陈霞玲,张虎.高校产学研合作的组织方式与发展趋势研究[M].研究与发展管理,2020,32(增刊):136-142.

这是知识生产与其他生产的显著区别。也就是说,在知识生产过程中,教师可以自成生产单元。在以"学术出版"为产出形式的科研活动中,教师个体就是一个生产单元。教师在不同的学科方向上开展研究,而且在院系内往往是一个研究方向上只有一个教师,教师之间交流合作较少。为了进一步统合学科方向,大学院系通过建立虚拟的研究室或中心将研究方向相近的教师聚合在一起,使其研究方向更加聚焦。在这种组织模式中,教师之间几乎没有合作,也未形成合力,个体依然自成生产单元。

2.单个团队:从临时松散团队到紧密团队

以"学术出版"为产出形式的科研生产一般无具体需要解决的问题。以问题或任务为导向的科研生产往往需要以团队的方式开展,团队合作的紧密度取决于问题的复杂程度。问题越复杂,越需要综合性的科研组织。问题可以分为单个问题、综合问题、重大问题,问题的复杂性决定了解决技术的综合性。单个问题的解决往往只需要单个技术,个体自己就能解决;综合问题的解决往往涉及多种技术,需要由多个个体组成团队来共同解决。团队分为松散团队和紧密团队两种,松散团队以课题组的形式进行临时性的项目合作,团队成员基本上没有稳定的学术领域分工,很少或基本上没有学术交流和学术资源的共享,当项目结束,团队也随之解散。如果综合问题复杂程度较高,就需要组成紧密团队,紧密团队相对稳定,往往由实体性研究机构来进行组织。实体性研究机构一般有较为稳定的持续性合作项目,团队成员有相对稳定的学术领域分工,能够进行学术交流和学术资源共享。

3.多个团队:从跨学科交叉团队到跨组织协同创新团队

重大问题要解决的是行业产业的共性技术,复杂程度高,往往涉及多个技术组合,需要多个团队合作解决。多个团队一般分为跨学科交叉团队和跨组织协同创新团队。跨学科交叉团队以面向未来发展的技术研发为主,以跨学科研究中心、学科群、学部等为主要形式,各团队负责人作为科研组织的核心成员,起到了桥梁作用。

跨组织协同创新团队的合作不仅基于解决重大复杂问题的需要,还基于产出成熟度[①]高的科研成果的需要。要想科研成果产出的成熟度越高,越需要参与主体多样化且异质化的组织载体。大学仅仅依靠内部力量无法产出能够直接应用的成

①美国航空航天局(NASA)提出技术成熟度概念,并将技术成熟度分为九个等级。

熟度高的科研成果,需要与企业、政府等外部组织开展合作研发。跨组织协同创新团队往往以成立校企联合研究院、协同创新中心等形式进行组织(见表1-1)。

表1-1　大学科研生产单元及其内涵

生产单元		生产单元内涵	组织载体
个体	单个个体	单一产出类型(学术出版)的学术单体	无
	多个个体	单一产出类型(学术出版)的学术单体	(院系)虚拟研究室/中心、研究小组
单个团队	松散团队	多种产出类型的学术单体	(院系)虚拟研究室/中心、研究小组
	紧密团队	多个个体组成的多重产出组织	实体性研究机构
多个团队	多个团队	多个团队组成的多重产出组织	
	多个跨学科团队		(校级)跨学科研究中心、学科群、学部
	多个跨组织团队	多个组织的多个团队组成的多重产出组织	校企、校地、校际等联合研究中心、协同创新中心、新型研发机构等

现代大学尤其是顶尖大学领域众多、类型多样、资源丰富,使得大学科研生产面临复杂的环境。越顶尖的大学,越努力创设一种科研组织生态,以囊括所有形式的科研组织。这不仅因为越顶尖的大学,要解决的问题越复杂、综合,更因为各种科研活动之间存在内在价值链,各个链条相互促进、形成合力,才能实现具有革命性的科研产出,并促使价值链外溢,进而提升大学影响力。顶尖大学要在知识创造、科技创新、转化应用等各个领域都表现优异以维持绝对竞争力,所以,顶尖大学倾向于维持一个庞大复杂的科研组织体系及科研治理结构,构建一套多功能、多主体、多场域的科研组织体系是现代大学的必然选择。顶尖大学科研组织的以上特征,为那些想要成为顶尖学校的大学树立了标杆,成为现代大学竞相学习的典范和努力的方向。

三、大学有组织科研的概念内涵

(一)文献梳理

《关于加强高校有组织科研　推动高水平自立自强的若干意见》指出,大学有组织科研是大学科技创新实现建制化、成体系服务国家和区域战略需求的重要形式。我国学者对有组织科研的概念也提出了自己的见解,主要从有组织科研的组织性、导向性与协调性等三个视角进行阐释。在组织性视角方面，如潘教峰等提出"有组织的基础研究"概念，认为其特征主要体现在研究选题、研究过程、研究工具手段和协同创新的有组织性等方面。[①]导向性视角主要强调有组织科研要服务国家重大战略需求，如潘玉腾提出，有组织科研是"由政府（组织）统一组织和集中投入、由科研人员瞄准国家重大需求实施具有导向性、指向性科研创新实践的新模式"[②]。协调性视角主要强调有组织科研中的多主体协同，如蒋劼认为"有组织科研是从多主体协同科研发展而来的"[③]，焦磊认为"有组织科研是一种能够跨越大学学科组织界限、高效整合内部多学科资源协同开展任务导向型研究的科研模式"[④]。

已有研究从不同视角指出了大学有组织科研的特征，但尚未对有组织科研的概念内涵进行深入解析，对有组织科研实践的指导性有待进一步增强。

（二）概念辨析

大学有组织科研与大学已有科研活动有何区别？理解有组织科研的概念内涵，有必要对"科研组织化"与"自组织科研"进行概念辨析。

1. 科研组织化（组织化的科研）

科研组织化，指大学有目的地组织科研团队进行联合攻关的科研活动，强调科研的组织性与目的性。组织针对个体而言，组织化的科研相对于教师个体的自由探索科研而言。大学科研可以分为"自下而上"的自由探索科研和"自上而下"的科研组织化两种基本模式。"自下而上"的自由探索科研模式强调发挥科研人员的主观能动性，激励从无到有的研究；"自上而下"的科研组织化模式则强调发挥组织力量，组织科研团队进行有的放矢的联合攻关。

"组织是为实现特定目标，经过细致建构的社会单元"[⑤]，组织是科研人员工作的基本场所，科研组织化是开展科研活动的常用模式，因为科学从来就不是一个人

①潘教峰,鲁晓,王光辉.科学研究模式变迁：有组织的基础研究[J].中国科学院院刊,2021,36(12):1395-1403.

②潘玉腾.高校实施有组织科研的问题解构与路径建构[J].中国高等教育,2022(15):12-14.

③蒋劼.融合与共享：有组织科研的问题与发展路径研究[J].金陵科技学院学报（社会科学版）,2022,36(3):31-36.

④焦磊.高校"有组织科研"需系统推进[N].光明日报,2022-10-24(15).

⑤阎凤桥.大学组织与治理[M].北京：同心出版社,2006:33.

的事业。科研课题制就是科研组织化的典型模式。有组织科研是外部需求驱动的组织化科研活动,将"有组织科研"与"科研组织化"混为一谈的观点,忽略了有组织科研的外部性。大学科研生产组织,可以分为基于研究本身或内部教学需求和基于外部社会需求两种。有组织科研强调大学为完成社会服务第三使命而开展组织化的科研活动。例如,在19世纪中叶以前,科研活动的方式一直是以科学家个体劳动为主体,19世纪中叶以后,出现了集体合作式的研究。①1876年,霍普金斯大学建立了以研究生教育为重点的办学模式,创新性地发展了研究为教学服务的方式。

2. 自组织科研

自组织(self-organization)理论认为"系统具有自创生性(autopoiesis),它将自身的活动集中在保持自我完整性和自我更新上"②。"自组织可以帮助我们解释某些社会系统如何在其环境发生变化的情况下进行自我调整、设计解决方案和给出不同的路径选择。"③根据自组织理论,当外部重大需求出现时,在没有外力推动下,大学系统能够进行自我重组与调整,从而采用与外部需求相一致的发展路径。自组织科研强调教师个体对科研活动的组织性,当外部需求出现时,教师个体能够自行组织科研团队,克服困难障碍,自下而上地满足外部需求。

自组织科研需要具有一定基础条件,首先,组织是一个开放系统,与外界进行物质、能量和信息交换,这种交换是组织存活的关键;其次,系统处于非平衡状态;最后,系统内部各子系统相互协同。目前,我国大学尚未具备自组织科研的基础条件,自组织科研满足国家和区域重大战略需求的可能性较小。首先,大学办学的开放性不断推进,但是大学开放程度还远远不够,尤其是科研生产与外界的能量与信息交换不充分。"自组织越来越多地依靠控制过程(如信息反馈)才能得以实现,这些控制过程集成起来,实现创新所需知识的获取、创造和传播。"④与企业组织外部需求明确不同,科研外部需求往往模糊不清,与教师开展的学术研究还有一定距离,多数教师缺乏自主转化需求的动力与能力,学校层面尚未建立将外部需求转换

---

①沈律.小科学,大科学,超大科学———对科技发展三大模式及其增长规律的比较分析[J].中国科技论坛,2021(6):149-160.

②里克罗夫特,董开石.复杂性挑战:21世纪的技术创新[M].李宁,译.北京:北京大学出版社,2016:108.

③里克罗夫特,董开石.复杂性挑战:21世纪的技术创新[M].李宁,译.北京:北京大学出版社,2016:73.

④里克罗夫特,董开石.复杂性挑战:21世纪的技术创新[M].李宁,译.北京:北京大学出版社,2016:106.

为研究问题的机制。其次,在现有的评价体系下,大学内部非平衡状态明显。满足国家和区域重大战略需求是国家对大学社会服务职能的新要求,作为声誉组织的大学,其天然地追求声誉最大化,教师也依靠声誉获得地位与报酬,因此,必然追求路径熟悉且能够快速获得声誉的学术论文发表与著作出版。我国尚未建立有组织科研评价体系,大学和教师不平衡状态突出。最后,大学跨组织、跨学科协同合作较为困难。由于学术组织壁垒与利益割据等因素,大学跨部门、跨学科系统合作面临诸多障碍,教师难以协作解决重大社会问题。

综上,有组织科研有别于科研组织化和自组织科研,同时,又存在一定相同点和联系,如表1-2所示。科研组织化为有组织科研奠定基础,有组织科研是科研组织化的进一步发展。自组织科研是有组织科研的发展方向,有组织科研要向自组织科研转变,努力使满足国家和区域重大战略需求成为每个教师的行动自觉,真正践行"将论文写在祖国的大地上"的时代号召。

表1-2　有组织科研与科研组织化、自组织科研概念异同

概念	研究导向/功能	组织主体
自组织科研	内部:学术兴趣教学	教师个体 基层学术组织(学院)
科研组织化	外部:社会重大需求	学校(跨学科合作)
有组织科研		政府(跨校合作、校企合作)

(三)政策语境

举国体制是最大的有组织科研。我国政策语境中的"大学有组织科研",特指在政府举国体制引导下,发挥新型举校体制作用,组织以国家和地区重大战略需求为导向的科研活动。"大学有组织科研"政策强调政府对大学科技创新的投入与推动,但在实践中,大学有组织科研包含更广阔的内容,表现在组织主体更加广泛,组织举措更加丰富,组织领域范围更广。

在组织主体方面。国家政府层面推动的有组织科研离不开大学的积极响应与实践,大学有组织科研包含了政府和大学两个层面的科研组织管理活动:政府对大学科研提出目标要求并进行政策创新;大学积极响应,开展实践创新,对政府有组织科研政策提出新的需求并提供成功样板,进一步刺激政府政策的出台。政府有

组织科研政策与大学有组织科研实践相互推动,呈螺旋式上升发展。对大学主体也不应该"划范围""讲出身",高水平研究型大学是国家战略科技力量的主力军,要积极开展有组织科研,其他大学也可以开展有组织科研,这是众多大学的普遍心声。如有大学管理者提出,"人文社科类大学在有组织科研中很难有用武之地","高职院校在有组织科研中也应有用武之地,高职院校培养出精准执行科研成果的高技术人员,也是我国科技自立自强的关键一环"。

在组织举措方面,有组织科研是大学科技创新的重要形式,但这并不意味着组织科研活动是大学开展有组织科研的全部内容。从科研生产过程看,大学有组织科研涉及科研发展战略规划、科研组织体系建设、科研模式创新和科研管理体制改革等内容。对于我国而言,创新科研组织模式是重点,科研组织体系建设和科研管理体制改革却是难点,是当前大学开展有组织科研要着力破除的障碍。如清华大学通过深入推进学科交叉、建立突出质量贡献的学术评价制度等举措,聚焦重大现实问题,服务国家重大战略需求,深入推进有组织科研,克服单打独斗、资源分散的弊端,全面提升大学服务国家战略的科技能力。[①]

在组织领域方面,国家层面有组织科研特别强调大学开展目标导向的基础研究,实现关键核心技术的突破,以有力支撑科技自立自强。这主要是基于当前我国特殊历史发展时期的发展需求,具有一定的时代性与价值导向。大学服务国家和区域重大战略需求,除了推动科技自立自强之外,还可以支撑产业发展、促进生命健康、提高人民生活水平等;除了基础研究领域之外,在应用开发研究、成果转移转化、学术创业孵化等领域也大有可为。

加强大学有组织科研就是要充分发挥大学在国家创新体系中的独特优势和重要作用,不应直接将政策定义不加处理直接转变为学术问题。大学有组织科研应该采用更加广泛的概念界定,在组织主体、组织举措和组织领域上稍加拓展,以提高积极性、主动性与能动性,将满足国家重大战略需求和高等教育高质量发展有机结合。

(四)概念内涵

理解大学有组织科研的概念内涵,不仅要基于文字语义、政策语境,还要基于

---

① 邱勇.提升服务国家战略的科技能力[N].人民日报,2020-10-27(11).

实践发展。大学有组织科研虽然是一个新加入政策话语体系的词语，但是国家和大学有组织科研实践早已有之。国家层面的有组织科研实践相对成熟，如美国"曼哈顿计划"、我国"两弹一星"工程等。在高等教育领域，大学主动回应国家和地区经济社会发展的需求，可以追溯到19世纪60年代美国赠地学院，以及大学社会服务功能的诞生。二战期间，在美国联邦政府战时科研合同的资助下，诸如麻省理工学院等一批著名美国大学，或强化原有学科实验室建设，或成立新的研究组织，大规模开展重点领域的有组织科研。二战后，美国研究型大学积极推动有组织科研，在校级层面建立了大量的有组织研究单位（organized research units，ORUs），"开展跨学科研究、应用型研究或者集中在资本密集领域进行研究，并且还能够对新知识社会的社会需求做出响应"[1]。近年来，我国一些大学积极响应国家对科技创新的号召，在推进有组织科研方面采取了举措。如清华大学提出开展有组织科研，"要做好关键领域的自主创新，要以坚实的基础研究做支撑，加强问题导向的学科交叉研究，强化有组织科研和科学合理的评价机制"[2]。大学有组织科研产生于科研功能的拓展，并伴随着知识生产模式的转型、科研自身角色的演变及科研和国家社会关系的变化而不断地发展演化，国际竞争是大学有组织科研生成的催化剂。[3]大学有组织科研概念的提出，是新时期国家对高等教育服务创新驱动发展的新要求，也是对大学科研生产及其管理实践发展新阶段的理论总结。

综上，本书认为应从政府和大学两个主体来理解大学有组织科研的概念内涵。从政府主体出发，大学有组织科研是政府治理大学科研的一种模式创新，国家通过体制机制创新引导大学在关键领域和"卡脖子"技术上下功夫；从大学主体出发，大学有组织科研指大学针对外部重大需求，主动谋划科研生产，组织科研力量进行集体协作，并进行重点资源投入与管理制度创新的活动。大学有组织科研的概念内涵，指明了有组织科研的主要特征，更是提出了大学开展有组织科研的基本要求：第一，有组织科研以外部重大需求为导向。有组织科研主要围绕外部重大需求组

①Geiger R L. Organized research units—Their role in the development of university research[J]. The Journal of Higher Education,1990,61(1):1-19.

②中国教育在线.清华大学：加强基础研究，开展有组织科研，攻克关键核心技术[EB/OL].(2018-12-27)[2021-02-16]. https://news.eol.cn/yaowen/201812/t20181227_1639288.shtml.

③吴合文,石耀月.高校有组织科研：生成流变、理念指向与难点突破[J].陕西师范大学学报（哲学社会科学版）,2023,52(2):53-64.

织科研活动,解决经济社会发展现实问题,应具有较为明确的服务对象,以用户评价为结果导向。第二,有组织科研要发挥组织行政力量。以外部重大需求为导向的科研,超越了教师个体学术目标,科研资源投入大,科研产出周期长,教师难以自行组织,如果没有学校层面的有组织管理行为,大学有组织科研难以发展起来,因此,需要以学校和政府作为组织主体推进,发挥行政组织力量。第三,有组织科研要重视管理制度创新。有组织科研管理活动不仅包括科研谋划、协调沟通、资源投入等组织活动,还需要进行管理制度创新。有组织科研的服务、贡献为价值追求,对大学提出新的治理要求,需要大学创新管理制度,建立有利于有组织科研的组织体系与激励机制。

四、大学有组织科研管理

有组织科研离不开对科研生产过程、特征及其管理规律的把握。虽然有组织科研强调科研生产的组织管理,但是实际上,由于科研生产活动及其组织管理具有特殊性。大学在科研组织管理方面不具有强制性权力,学校不能也无法对教师科研活动进行行政干预,因此,需要采取更加柔性的方式进行科研组织管理。

(一)大学科研生产的基本特征

1.科研生产目标具有模糊性与不一致性

大学科研作为一种高深知识的生产活动,其目标具有模糊性,大学外部科研需求更加模糊不清。一般而言,学校层面也未建立将外部需求转换为研究问题的机制,大学科研服务社会的目标实际上是很模糊的。此外,大学科研生产目标存在不一致性。大学除声誉目标之外,还存在服务、贡献、影响力等多元管理目标,这些管理目标并不必然成为教师的发展目标,因此常常存在目标不一致情况,而且往往难以调和。

2.科研生产具有研究过程不可控、研究产出高度不确定性等特征

"科学研究是一个没有确定结果的不确定过程"[1],尤其是大学科研生产,这是一项不确定性极强的活动。首先,研究过程不可控。大学科研生产目标模糊,研究

---

①楚宾,哈克特.难有同行的科学:同行评议与美国科学政策[M].谭文华,曾国屏,译.北京:北京大学出版社,2011:3.

技术路线不清晰,使得科研生产过程很难控制。知识附着在人身上,知识生产是一种思维活动,大部分知识生产活动都无法用肉眼看到。其次,研究产出具有高度不确定性,影响因素众多。科研活动能否产生重大研究成果,除了学术带头人(principle investigator,PI)和科研团队的学术能力之外,影响因素还有学术带头人的团队管理能力、团队社会网络、团队工作方法等。

3.重大科研成果产生具有长期性、偶然性与系统性,需要长期稳定的大量科研生产投入

科研生产需要大量资源投入,要想出大成果,需要在某一领域长期积累与深耕,需要长期稳定的科研投入。重大科研成果产生具有偶然性,有一些科研活动开展多年可能依然产生不了重大科研成果,学校应该意识到并接受这样一个事实:科研生产并不是投入了大量经费就会产生重大科研成果,但是科研生产不投入又不行。重大科研成果产生还具有系统性,有组织科研不是个别学科或部分教师的"一枝独秀",而是需要大量高水平的支撑性学科、一大批优秀杰出的教师,以及不同科研生产环节的循环发展。

4.科研生产绩效评价具有外部性,科研组织与控制呈二元结构

"大学科学工作与实践的体制化产生了一个工作组织和工作控制的杂交系统,在这个系统中,雇主提供工作、实验设施和受训人员,而工作目标和绩效评价则大部分由跨越各职业单位界限的声誉群体所控制。"[①]对于科研生产结果的优劣,大学无法直接给出评价,科研评价主要依赖于专业同行或者用户等外部团体。大学主要是利用科研评价结果——根据科研评价结果来决定科研规划和管理实施活动。这样,科研生产形成了工作组织与工作控制的二元系统。

5.科研工作需要相对自由、宽松和包容的学术生态环境

首先,大学科研需要较大的学术自由与学术自主性。"既然高深学问需要超出一般的、复杂的甚至是神秘的知识,那么,自然只有学者能够深刻地理解它的复杂性,因而在知识问题上,应该让专家单独解决这一领域中的问题"[②],这是学术自由、

①惠特利.科学的智力组织和社会组织[M].2版.赵万里,陈玉林,薛晓斌,译.北京:北京大学出版社,2011:69.
②布鲁贝克.高等教育哲学[M].王承绪,郑继伟,张维平,等,译.杭州:浙江教育出版社,2001.

学术自主性的基础。其次,大学科研需要较为宽松的环境。"基于知识领域产出的不确定性和知识生产活动的高风险性,知识生产者开展竞争的动力主要来自知识生产产出的成功概率以及经济社会为知识生产者提供的经济利益"[①],过于频繁量化的评价考核,容易使教师选择那些风险小、周期短、能较快获得收益的知识生产领域。最后,大学科研需要较为包容的氛围。"学术工作尤其是科学研究的基础价值取向是原创性,越是开创新的研究,不确定性越高,研究周期可能越长,失败的风险也越大。"[②]创新往往是在不断试错基础上的改进,科研人员需要较为开放和包容的学术生态环境,有一定的容错机制,允许科研人员不断前进与完善。

(二)大学科研组织与管理的基本特征

1.大学科研组织特征:大学权力重心集中在规模庞大的基层学术组织

"大学底层结构遵循的是学科、专门知识和专业化无序状态的逻辑。"[③]科恩和马奇将大学这种无序状态描述为"有组织的无政府"[④],伯恩鲍姆认为"多数研究型综合性大学处于无政府组织模式,这是一种人人都随心所欲的系统组织模式"[⑤]。"大学是一种典型的专业式官僚结构组织,专业式官僚结构是一种在纵横两个方向上都高度分权化的结构,存在两套'民主化的、自下而上的专业人员层级和机械官僚化的、自上而下的支持人员层级',但是,绝大部分权力都保留在基层的专业操作者手中,他们是组织的运行核心。"[⑥]大学的技术核心在基层的各个专业学院,由于专业化壁垒,不管是学校战略管理层还是专业支持层,都很难对专业学院进行有效指导。所以,大学权力重心集中在规模庞大的基层学术组织,学校难以干涉和控制。维克将大学这样的教育组织视为一种松散耦合系统(loosely coupled systems),

①许娇.团队知识生产互惠合作机制及制度安排[M].厦门:厦门大学出版社,2015:218.
②阎光才.学术创新需要相对宽松的环境来呵护[N].光明日报,2019-05-07(13).
③克拉克.高等教育新论:多学科的研究[M].王承绪,徐辉,郑继伟,等,译.杭州:杭州大学出版社,1994:311.
④科恩,马奇.大学校长及其领导艺术:美国大学校长研究[M].郝瑜,译.青岛:中国海洋大学出版社,2006:15.
⑤伯恩鲍姆.大学运行模式:大学组织与领导的控制系统[M].别敦荣,译.青岛:中国海洋大学出版社,2003:146.
⑥明茨伯格.卓有成效的组织[M].魏青江,译.杭州:浙江教育出版社,2020:256-259.

这种系统中的各个要素相互响应。[①]大学的战略管理层犹如空壳,学校关于科研发展的理念(如有组织科研)实际上很难落实,相关政策要求也很难贯彻。"校长的决策对学校组织各子系统影响不大,他能做到的就是在组织中提出建议或做出行为'象征性反应',但不能干涉,该采取怎样的行动则完全靠组织中各自群体依据各自的标准和规范进行。"[②]

2.大学科研管理的本质是为科研生产提供引导、服务与支持

那么,管理者在科研工作者面前就真的无能为力吗?"对于这些以创新思考、特立独行为傲的人,命令和控制的方法并不奏效,将猫硬推向某一个目的地要比引导他们到某个目的地困难得多。"[③]科研管理是"与猫共舞",主要为科研生产提供引导,制定科研规划、提供科研资助,以及商业化科研成果等,这些都是引导科研生产的有效方式。

"大学管理者的责任不是去控制学者,而是作为助手为他们服务,满足他们的特殊需要"[④],科研管理还为科研生产提供支持与服务,所谓"科研组织",本质上是为科研生产提供基础性条件。高水平科研成果的主体活动是通过教师申请项目、开展学术研究的过程实现的,而这个过程是行政力量无法介入的。所以,科研管理本质上是为科研生产提供服务与支撑,而不是进行科研活动。

3.大学科研组织与管理的目的是追求效益最大化

组织中,管理层以追求效率为目标,运营层以追求质量为目标。与一般管理不同,科研管理同时追求效率和质量两个目标,且以质量为首要目标。与企业组织追求利润最大化不同,科研组织管理的目的不是降低成本,而是追求科研生产的效益,以实现科研目标。

---

① Weick K E. Educational organizations as loosely coupled systems[J]. Administrative Science Quarterly, 1976, 21 (1): 1-19.

② 伯恩鲍姆.大学运行模式:大学组织与领导的控制系统[M].别敦荣,译.青岛:中国海洋大学出版社,2003: 160-161.

③ 嘉勒,戴维斯.与猫共舞:科研管理的智慧[M].宁博伦,蒋一琪,张清泉,等,译.北京:科学出版社,2017:26.

④ 伯恩鲍姆.大学运行模式:大学组织与领导的控制系统[M].别敦荣,译.青岛:中国海洋大学出版社,2003:8.

五、大学有组织科研的基本内容和实施路径

(一)大学有组织科研的基本内容

大学有组织科研的生产过程可以分为科研发展设计、科研生产准备、科研生产及其管理、科研成果推广应用,以及科研评价等五个阶段,如图1-2所示。第一阶段为科研发展设计,即学科/科研规划,这是科研产品定位阶段,它决定了学科/科研方向、发展目标、所需要的人才,以及匹配的科研平台。第二阶段为科研生产准备,即提供科研生产所需要的要素,包括科研团队和科研平台两个方面。第三阶段为科研生产及其管理,主要涉及科研组织设置及科研团队的组建和管理。第四阶段为科研成果推广应用。第五阶段为科研评价,科研评价是对科研成果及其应用效果的反馈,如果科研评价良好,就继续进行科研生产;如果科研评价不好,表明科研发展设计和资源投入存在问题,应该对科研规划与科研生产准备环节进行调整。可见,大学对科研活动进行组织管理实际上主要涉及科研发展方向设计、科研生产准备、科研成果推广与应用阶段,这是学校能够对科研活动进行行政"干预"的阶段。大学科研生产与管理的实际决策由一线教师及其团队做出。教师自主决定科研生产过程,教师在科研生产过程中,或根据个体/科研团队研究兴趣,或根据学科发展,或根据现实需要,来决定研究方向,这是教师的学术自由。教师也自主决定生产组织管理活动。当教师个体独自开展科研活动时,教师进行自我管理,就无所谓组织管理。当教师需要组成团队进行科研生产时,就出现了组织管理活动。知识生产组织管理活动包括团队管理、分工合作、经费分配、交流分享等,这是教师知识生产的内部学术环境,主要由教师团队内部自主做出决定。

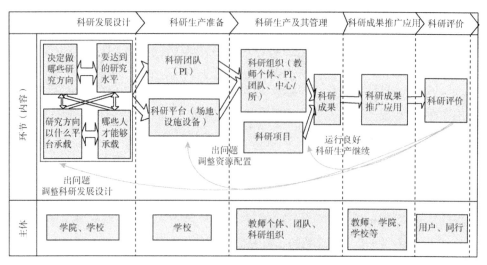

图1-2　大学有组织科研生产过程

围绕科研生产过程，大学有组织科研主要包括科研战略规划、科研组织体系建设、科研组织模式创新与科研管理制度创新等四个方面的活动。科研战略规划作为科研发展的设计环节，为有组织科研提供引领；科研组织体系建设为有组织科研提供生产所需要的场地与条件；科研组织模式创新是有组织科研的核心活动；科研管理制度创新为有组织科研提供保障与激励。大学加强有组织科研，不仅要创新有组织科研模式，还要做好有组织科研战略规划，构建有组织科研组织体系，为有组织科研提供制度激励保障。从这个意义上说，有组织科研不仅是大学科技创新的重要形式，更是一项科研组织管理创新活动。

（二）大学有组织科研的实施路径

综合大学有组织科研的组织方式与过程内容，大学开展有组织科研有八个方面的路径，如表1-3所示。为提升组织学术生产力与服务能力，大学有组织科研需要大学进行系统性的组织变革，综合灵活运用这八种路径，而非基于科研生产中出现的问题进行零星"维修"。

表1-3 大学有组织科研实施路径

组织方式	组织内容				
	科研发展设计	科研条件配置	科研生产实施	科研成果应用	科研评价考核
文化建设	1.对接外部需求,加强有组织科研战略规划				
资源配置		2.以重大科研平台建设为主,建设有组织科研体系	3.以资源配置为引导,创新有组织科研模式		
制度创新			4.改革科研管理体制,促进跨学科、跨组织交叉合作	5.创新科研成果转化机制,激发科技创新活力	6.建立激励相容的科研评价考评机制,形成正确的科研价值导向
服务支持			7.加强重大科研项目申请与实施过程服务,促进科研项目顺利开展	8.加强产学研合作与学术创业孵化支持,推动科研成果产业化	

1.对接外部需求,加强有组织科研战略谋划

有组织科研面向外部重大需求,需要针对外部重大需求进行市场分析与科研产品定位,进行战略管理。大学如何理解自身与环境之间的关系,如何将对环境的态度转化成大学的定位与战略,这是大学建设"责任"与"贡献"文化的重要内容。在历史发展进程中,那些为国家和社会发展做出了巨大贡献的大学,都把自己看成经济社会发展大系统中的一部分。例如,高水平研究型大学将自身定位为国家重要战略科技力量,创业型大学要成为社会经济发展的轴心力量。大学开展有组织科研战略谋划要围绕国家和区域发展重大战略需求,进行科研发展布局,找准科研方向,确定科研选题,为凝聚战略力量打好基础。

2.以重大科研平台建设为主,建立有组织科研体系

有组织科研体系是提高战略科技力量的重要载体,加强大学有组织科研需要建立完善的科研体系,即全校学科/科研方向与团队呈结构化分布,在重点科研方

向上形成较为稳定的科研团队。当重大科研任务或研究需求出现时,学校能够迅速"选出"胜任的科研团队,而不是临时"拼凑"。传统基于学科的院系学术组织偏重于纯理论性研究,不利于大学迅速响应外部研究需求。因此,大学往往在院系学术组织之外,建立体系庞大、功能繁多的科研平台或组织。这些以研究中心、研究所、研究院、实验室等命名的科研平台与组织是大学有组织科研体系的重要组成部分。但是,"当前我国大学科技创新仍然存在有组织体系化布局不足,对国家重大战略需求支撑不够等突出问题"[①]。大学加强有组织科研体系建设要一体化考虑科研团队组建、平台建设与科研项目开展,要打通科研生产与科技创新的全链条,要加强科研团队、科研平台的实体化建设,做实做强科研团队与科研平台。

3.以资源配置为引导,创新有组织科研模式

有组织科研模式是关于科研人员合作与分工,以及围绕合作与分工所进行的资源投入与整合的系统性安排。科研资源配置不仅为有组织科研提供物质保障,也是引导教师进行研究转型的有力抓手。总体而言,目前,大学普遍采用的有组织科研模式有:一是建立独立实体科研机构,开展重点优势学科领域的有组织科研。针对学校重点优势学科领域,大学通常在传统院系之外建立专门的组织机构,一般以实体科研机构为主,有专门的人员编制、稳定的科研团队与专项的经费支持。二是针对外部需求或重大科研任务,组织科研项目预研。大学可以通过设置校内科研项目,对"有前景""有潜力"的科研项目或科研人员进行提前培育,夯实科研基础,实现科研成果积累,进而为承担重大科研任务做准备。在项目选育过程中,要着重考量研究选题与研究前沿方向或国家科技项目指南的契合度。三是针对研究需求较为明确且亟须解决的问题,设立科研项目,通过项目整合多方力量开展专门研究。四是面向未来科技前沿,成立跨学科交叉研究机构。五是与龙头企业合作,成立校企联合研究机构。六是与地方政府合作,成立新型研发机构,等等。

4.改革科研管理体制,促进跨学科、跨组织交叉合作

当前,大学难以组建多学科领域稳定的研究队伍,特别是有利于跨学校、跨学科、跨专业的协同创新机制还有待进一步完善。[②]跨学科科研团队的有效合作,不

①加强大学有组织科研,教育部明确9项重点举措[EB/OL].(2022-08-29)[2023-01-09]. http://education. news.cn/20220829/f2764527b6164e369d7ce290dff9a931/c.html.

②雷朝滋.以"三个破解"加强高校有组织科研[J].瞭望,2022(47):26-28.

仅受到团队内部个人因素的影响,更受到诸多组织和社会等外部因素的影响。大学有组织科研协同合作不能寄希望于团队内部教师个体的努力,以及团队带头人的管理能力,而是应该着力完善科研团队合作的外部管理体制与激励机制,从学校层面建立激励教师参与跨学科合作的科研管理体制。当前,大学有组织科研协同合作,要着力平衡有组织科研载体与学院的竞争关系。

在组织结构上,打破教师组织的关系归属,打通教师、研究人员的合作。在考核激励上,破除"第一署名""第一牵头人""第一单位"等阻碍跨组织、跨学科交叉合作的成果归属争论。教师跨部门、跨学科、跨专业协同难的主要症结在于科研绩效考核,以及基于科研绩效考核结果的资源分配机制。大学有组织科研管理体制要着重在这些方面进行突破。

5.创新科研成果转化机制,激发科技创新活力

科研成果的成功转化,不仅有助于提高大学服务经济社会发展的能力,而且更能够通过市场的正向反馈激励,为科研人员提供需求指引和创新激励。"领导者们可以通过让基础科学家们审视研究的社会和商业影响,来将这些'不切实际'的研究成果落到实处,换句话说,引导好奇心就是要将研究员们的求知欲与可行的目标有意识地结合在一起。"[①]近年来,我国大学在搭建科研成果转化平台方面进行了有效探索,但是在创新科研成果转化机制,激发科研成果转化活力等方面依然存在不足。科研成果转化是一项具有经营性质的活动,高质量的支持和服务才能更好地把科研成果顺利推向市场。因此,大学要加大成本投入和进行制度创新。完全依靠行政手段无法为教师科研成果转化提供高质量的支持和服务,需要创新科研成果转化机制。可以适当采用科研成果转化市场化运行机制,[②]允许科研成果运行机构收取一定比例的费用,以提供大学行政体系无法负担的运营成本和薪酬激励,从而推动大学提供更高质量的支持和服务,产生更大的转化收益。

6.建立激励相容的科研评价考核机制,形成正确的科研价值导向

科研评价考核的目的是科研激励,本质上是科研资源分配问题。提升科技创

---

① 柯拉尔,弗朗汉姆,佩里,等.有组织的创新:美国繁荣复兴之蓝图[M].陈劲,尹西明,译.北京:清华大学出版社,2017:56.

② 市场运行机制是指通过市场价格的波动、市场主体之间的利益竞争、市场供求关系的变化来调节经济运行的机制,价格机制是市场运行机制的核心。

新能力,服务国家战略,一个很重要的方面是建立突出质量贡献的学术评价制度,形成优良的学术文化。[①]大学要形成鲜明的"贡献"价值导向,建立与有组织科研使命和目标相一致的评价考核机制。

7.加强对重大科研项目申请与实施过程的服务,促进科研项目顺利开展

在具体开展科研生产过程中,科研管理主要是为科研项目的申请和实施提供服务。重大科研项目的申请和完成,不仅需要教师个体的努力,还需要组织层面的辅导、协助与资源整合。大学有组织科研要加强对重大科研项目申请与实施过程的服务,主要包括:一是提供科研项目申报信息、组织科研交流;二是进行科研资源整合与协调,如组织协调科研力量、联系科研合作单位、落实科研基地和配套经费等;三是辅助科研项目申报,如协调申报过程、辅导申请书撰写、组织专家解读指导、辅助编制项目预算及经费使用手续等。

8.加强产学研合作与学术创业孵化支持,推动科研成果产业化

与科研项目侧重于加强服务不同,科研成果应用应该侧重于加强支持。科研支持不仅是对原有科研管理流程的改进优化,而且要开展创新性工作,在原有科研管理服务上做增量。主要集中在两个方面:一是加强对产学研协同创新的合作支持。当前,大学产学研合作逐渐从"项目式"短期合作向"平台式"长期合作转变。在"项目式"合作中,教师是主体,大学科研服务是企业和教师之间的中介,起到"搭桥牵线"的作用。在"平台式"合作中,需要大学作为合作主体,建立合作机制,搭建合作平台,与企业、政府等外部主体建立长期稳定的科研合作关系,从"帮助教师找合作资源"向"学校找合作资源、教师使用合作资源"转变。大学有组织科研要不断推动产学研"平台式"合作,深化产学研深度融合。二是加强学术创业孵化支持。例如,建设新产品研发与制作的设施设备;为新产品—市场匹配与验证搭建社会网络;提供创业启动的资助与培训;在新创公司管理与成长过程中提供场地、法律等相关服务。这些支持不仅需要大学进行资金投入,还需要大学创新学术创业孵化支持机制,将学术创业孵化纳入学校科技创新的内容,切实推动大学科研成果从样品向产品和商品转变。

---

①邱勇.提升服务国家战略的科技能力[N].人民日报,2020-10-27(11).

第二章　现代大学有组织科研的实践解构

一、历史发展：从"科研组织化"到"有组织科研"

大学科研组织化始于研究生教育的兴起，随着赠地学院的发展，成为大学为进一步加强社会服务功能而开展的组织化科研活动。二战后，在政府和大学办学使命的驱动下，大学开始主动回应国家和区域经济社会发展的重大战略需求，开展有组织科研活动。

（一）大学科研组织化的产生与发展

1.将研究生教育与科学研究相结合，为教学而组织研究（19世纪下半叶）

大学科研组织化可以追溯到19世纪下半叶"科研为教学服务"功能的诞生。1876年，霍普金斯大学创新性地发展了研究为教学服务的新方式，建立了以研究生教育为重点的办学模式。在这里，研究生教学与科研训练相整合，科研从教师的个人兴趣转变为学校提高教学质量的重要工作，从教师的个人梦想转变为学校事业，"一个多世纪以前，研究生教育的各专业保存了最初洪堡的印记，这些专业反映了已经被教授、行政人员和科研赞助人内化的一个普遍的理念，这就是，把研究生教育和有组织的科研联系起来，不论对研究生教育还是对科研都带来卓越"[①]。克拉克提到的"有组织的科研"主要指满足教学需要的组织化科研活动，并非我们今天所说的"有组织科研"。

2.在教学组织之外建立独立研究组织，开展满足外部需求的专门性研究（19世纪下半叶）

19世纪下半叶，在政府的资助下，赠地学院建立了农业实验站，开展与农业相

---

①克拉克.研究生教育的科学研究基础［M］.王承绪，译.杭州：浙江教育出版社，2006：259.

关的应用研究。传统大学的组织结构主要是为教学设计的，科研活动严重依附于教学组织。为了更好地开展农业创新，赠地学院首先在教学组织之外建立了以实验站命名的研究组织，使大学科研活动脱离了以教学为主要功能的学系。

同是赠地学院的麻省理工学院，融合了赠地学院、欧洲多学科技术学院和传统研究型大学等多种办学模式，致力于建立一所以科学为基础的技术学院。与一般赠地学院服务农业创新不同，麻省理工学院把服务重点放在工业，走与产业密切联系的道路。为了更好开展工业研究，麻省理工学院建立了与农业实验站类似的企业研究室。从此，美国大学开始在学系之外建立各类以实验室、研究所、研究中心命名的研究组织，为大学开展专门研究提供了场所与设施条件。

3. 以"研究项目资助"方式，建立大学—企业合作关系（19世纪末至20世纪初30年代）

大学与企业的科研密切合作始于19世纪末，在此之前，虽然大学（如麻省理工学院）也努力与企业建立合作关系，但是进展缓慢，主要是以教师在企业中担任咨询顾问的方式进行。19世纪晚期，麻省理工学院开始与企业建立联系，这是麻省理工学院发展研究能力的战略之一。为了加强与企业的合作，这一时期，麻省理工学院主要采取了以下三项举措：一是以学科为单位成立研究组织，开展基础科学的知识生产，如1903年麻省理工学院建立了物理化学研究实验室，1908年建立了应用化学实验室。[①] "诸如医学实验室和麻省理工学院应用化学实验室等很多一战前的有组织研究单元可以追溯到20世纪初。"[②]二是制定了著名的"五分之一"制度，允许教师每周有一天在企业工作，以合法化教师参与企业咨询活动。三是在学校层面积极推动大学与产业界的合作，成立产业合作与研究部，实施技术计划（technology plan），积极与企业签订科研合同。这一时期，大学与企业的科研合作主要是以签订科研合同的方式开展，以资助大学单独开展研究项目，虽然这种合作在二战中由于美国联邦政府对大学战时研究的资助而中断，但是，为二战期间大学与政府科研合作关系的建立提供了模板。

---

① 孔钢城，王孙禹.创业型大学的崛起与转型动因[M].北京：社会科学文献出版社，2015：79.

② Geiger R L. Organized research units—Their role in the development of university research[J]. The Journal of Higher Education, 1990, 61(1):1-19.

（二）大学有组织科研的产生与发展

1.建立跨越学系的有组织研究单位,开展重点领域的应用研究（20世纪30—50年代）

直到二战,美国联邦政府在发展科学研究或高等教育方面只起到很小的作用。[①]二战期间,美国联邦政府与大学签订了大量科研合同,开启了政府推动大学开展有组织科研的新时代。例如,1931年,加州大学伯克利分校辐射实验室创建,并开始广泛招募物理、化学、生物、工程学和医学领域的卓越人才,组成了一支开放性的团队,[②]并于1959年更名为劳伦斯国家实验室,成为"大科学"时代大学有组织科研的典范。为了更好地开展战时研究,麻省理工学院在20世纪40年代之后相继成立了辐射实验室、高压实验室、绝缘实验室等研究组织。

与二战前的研究组织相比,这些研究组织不再开展学科知识研究,而是聚焦研究领域,开展应用研究;不是聚焦单一学科,而是跨学科研究合作;在组织形式上,不独立于学系,而是跨越多个院系,成为由学校管理的研究组织。二战结束后,美国大学对战时研究组织进行了调整,基本上保留了校级跨学科研究组织的基本形态,"麻省理工学院关闭了辐射实验室,在原有辐射实验室的基础上,于1946年成立了学院跨学科研究机构——电子研究实验室"[③]。电子研究实验室为建立某些跨系的实验室和中心提供了样板。[④]"作为发展科研巨大力量的组织工具,麻省理工学院首先转向跨学科研究中心,这种基本单位类型在美国发展成为著名的有组织研究单位。"[⑤]美国大学开始在校级层面建立以跨学科研究为主的有组织研究单位。例如,自20世纪50年代以来,加州大学伯克利分校在校级层面建立了130多个有组织研究单位,其中大多数是跨学科交叉研究组织,成为二战后创建有组织研究单位的先行者。[⑥]

①克拉克.研究生教育的科学研究基础[M].王承绪,译.杭州:浙江教育出版社,2006:268.

②唐琳.伯克利实验室为世界提供多学科解决方案[J].科学新闻,2014(2):42-43.

③孔钢城,王孙禺.创业型大学的崛起与转型动因[M].北京:社会科学文献出版社,2015:103.

④郗承远,刘玲.麻省理工学院[M].长沙:湖南教育出版社,1992:81

⑤克拉克.大学的持续变革:创业型大学新案例和新概念[M].王承绪,译.北京:人民教育出版社,2008:182.

⑥Judson K C. The University of California: Creating, Nurturing, and Maintaining Academic Quality in a Public University Setting[M]. Berkeley:Center for Studies in Higher Education, University of California,2018:517-522.

2.基于重大研究成果成立新技术公司，作为区域经济发展的推动力（20世纪40—80年代）

在学术研究的基础上创建公司，这一战略思想于20世纪初由麻省理工学院管理人员提出，它是科学型区域经济发展理论的一部分。[①]20世纪初，麻省理工学院所在的新英格兰地区经济一直处于滑坡状态，麻省理工学院校长康普顿提出"学术研究将成为新英格兰经济发展的推动力量"。二战结束后，麻省理工学院重新树立推动建立新技术公司从而带动新英格兰地区经济发展的理念，一方面，麻省理工学院沿用二战前的做法，在实验室研究成果的基础上成立新科技公司；另一方面，创建美国研究与发展公司（ARD），为新技术公司提供风险资本，麻省理工学院的"创业科学"模式基本形成。

斯坦福大学借鉴并发展了麻省理工学院的创业模式，率先于1951年创建了世界上第一个大学科技园，构建了大学研究成果与企业合作的社会资本网络，推动了大学高新技术产业的发展。为了加强大学的研究力量，"斯坦福大学实行统一战略规划，将资源集中在少数几个关键的、同时具有理论和实践潜力的研究领域"[②]，围绕关键研究领域建立有组织研究单位，组建专门研究团队。同时，斯坦福大学还为研究团队负责人配备了全职助手来帮助其管理团队，聘用专职研究人员从事工程性、应用性技术操作工作，这样，团队负责人就有更多时间从事研究，从外部争取研究资助。在研究中心，教授更像一个企业经理，负责将下级研究人员组织起来共同完成目标，而不是像从前一样，作为导师以个人为单位指导不同的研究生，研究团队就像一个准公司一样运行。

1980年，《拜杜法案》出台，美国大学获得了联邦政府资助的研究的知识产权，纷纷成立了技术转让办公室（OTT），积极将大学知识产权许可给新技术公司。1982年，美国通过"小企业创新研究计划"（SBIR），为教师进行创业产品研发提供资金支持，提高了教师创建新技术公司的积极性。此后，建立基于大学科研成果的新技术公司成为大学科研成果转化和推动经济发展的流行方式。在欧洲，1987

---

①埃兹科维茨.麻省理工学院与创业科学的兴起[M].王孙禺,袁本涛,等,译.北京:清华大学出版社,2007:108.

②埃兹科维茨.麻省理工学院与创业科学的兴起[M].王孙禺,袁本涛,等,译.北京:清华大学出版社,2007:146-147.

年,牛津大学基于创新技术转移机制,采用市场化的运作方式,成立了独资公司——牛津大学科技创新有限公司。

20世纪80年代前后,一批欧洲新兴大学借鉴了斯坦福大学、麻省理工学院等新型研究型大学发展模式,将知识作为推动国家和地区经济发展的动力,有计划地进行整个大学的战略转型与组织变革,以增强大学服务甚至引导国家经济社会发展的能力,克拉克描述了这些大学的努力,并将其称为"创业型大学",英国华威大学、荷兰特温特大学是这类大学的典型。在知识经济的冲击下,大学越来越具有企业的特征,采用市场化运行方式,有组织地将知识转化为"学术资本",如2001年,新加坡国立大学成立了企业部(NUS Enterprise),负责大学科研成果转化与商业化,其是"将新加坡国立大学的技术和人才转化为可投资、可扩展的高技术初创企业"[①]。

3.建立大学—产业合作研究中心,企业与大学合作开展重大问题研究(20世纪80年代)

二战后,美国联邦政府对大学科研的支持日益减少,大学不得不转向产业寻求新的科研支持。"正是劳伦斯帮忙播下了产业界参与科研的种子,他让投资人看到回旋加速器是如何服务于他们所青睐的目标,从而培育了产业界的雄心"[②],也开启了企业资助大学开展应用性科研的新时代。随着大学要解决的社会问题的复杂性增大,以及对科研技术成熟度的要求增加,大学仅依靠内部的技术力量难以完成科研活动,也需要与企业等外部组织开展合作,组建跨组织边界的科研团队成为必然。大学有组织科研团队日益向跨部门、跨学校组织转变,往往以联合研究机构、协同创新组织等形式出现。

20世纪80年代前后,美国大学在国家科学基金会(NSF)的规划与资助下,陆续建立了大学—产业合作研究中心(I/UCRCs)、工程研究中心(ERC)和科学技术中心(STC)等研究基地。这些研究基地在科学、工程和产业实践间形成了新的协同。一方面,在大学基础研究和工程应用之间搭建了桥梁,弥合了大学基础研究与产品

① National University of Singapore. Transforming NUS technologies and talents into investible, scalable deep tech start-ups [EB/OL].(2020-03-15)[2022-02-16]. https://enterprise.nus.edu.sg/.
② 希尔齐克.大科学:欧内斯特·劳伦斯和他开创的军工产业[M].王文浩,译.长沙:湖南科学技术出版社,2022:9.

开发之间的创新断层;另一方面,创新了大学与产业的合作机制,大学与产业的合作从过去的单独项目式合同资助,转变成在一个研究基地中共同开展研究。"工程研究中心项目标志着不再将企业排除在外的早期尝试,过去联邦资助的科学工程仅在大学中开展。"①大学—产业合作研究中心,不仅增强了美国大学解决产业问题的能力,也为美国大学创新有组织科研模式提供了架构。美国大学或成立新的校企合作组织或在有组织科研单元中引入校企合作,将跨学科研究与跨组织合作相结合,打造面向实际问题解决的跨学科校企合作研究中心。

二、我国大学科研组织化发展与现状

(一)学科建设是大学有计划性地组织知识生产的活动

学科既是知识分类体系,又是学术制度安排。建立或改变学术活动的组织和制度安排,是大学促进知识生产的重要方式。我国以学科为单位,开展有目的、有计划的学术研究,"在我国,学科作为知识体系的本体含义推展至划分和组合学术活动的基本方式,包括学科发展方向、学术梯队、人才培养、科学研究和基础设施等,并指向以创造和发展知识为其内在职责的专门化的组织系统"②。以促进学科发展为目标的学科建设,本质上是围绕重点学科科研方向而进行的资源配置活动。学科建设的资源包括物理空间、设施设备、职业晋升通道、岗位设置、组织机构设置等,所以,学科方向凝练、实验室等科研平台建设、科研组织设置、科研团队建设(高端人才引进与培育)、研究生学位点建设等成为学科建设的五大制度安排,也是大学开展组织化科研活动的基本手段。

科研具有生产要素投入固定、研究过程不可见、研究产出高度不确定性等特点,科研资源稀缺,但科研投入巨大且具有较大风险性,为此大学要进行科研重点领域布局,以确定科研投入的优先顺序。"在技术任务不确定程度较低的领域里,有一套完备确定的研究技术,它们能通过正规的训练计划而习得,其应用是否成功也

---

①柯拉尔,弗朗汉姆,佩里,等.有组织的创新:美国繁荣复兴之蓝图[M].陈劲,尹西明,译.北京:清华大学出版社,2017:54.
②杨天平.学科概念的沿演与指谓[J].大学教育科学,2004,85(1):13-15.

易于判定。"①大学往往选择研究范式相对稳定的成熟优势科研领域进行科研投入，以降低科研成果产出的不确定性。如果大学科研方向并不明确，科研发展优势也并不明显，大学就需要先凝练科研方向，围绕科研方向，组建科研团队，建设科研平台，进而申请重大科研项目，产出重大科研成果，这是学科建设的基本逻辑。学科建设构建了"方向—队伍—平台—项目—成果"创新链，超越了传统基于科研平台或项目的科研团队组织生产方式，大大拓展了科研组织化的边界。大学知识生产团队从基于项目式、平台式的临时性合作松散团队向在相对固定领域形成稳定的紧密合作团队转变。大学的学科建设实际上就是一种基于知识形态的组织行为。②

(二)"双一流"建设中大学学科建设的科研组织化举措

2017年，我国启动"双一流"建设，学科发展受到空前重视，大学开始大规模自上而下进行学科发展。在"双一流"建设中，大学基本建立起"以学部为学科群、以学院为一级学科、以研究所/中心为二级学科、以科研团队为研究方向"的学术组织体系，同时，进行校内外多种科研力量整合，通过促进"院—校—企业—科研院所—省部—国家"等各级各类科研平台的交叉合作，建构涵盖多学科、多领域、多层次的科研平台体系，为大学高质量开展有组织科研奠定了组织基础。

"双一流"建设不仅创新了科研组织模式，还通过深化内部综合管理改革，进一步提升科研组织成效，主要采取"学科规划—资源配置—考核激励"三个闭环管理举措：一是以学科规划为引领。学科规划即学科发展设计，主要包括要发展哪些方向，要达到什么水平，要配置什么人才，建设什么平台等四个方面的内容，学科规划决定学科方向、发展目标、所需要的人才及匹配的科研平台。二是优化资源配置方式，围绕科研项目需要，突出高端人才引进、科研平台建设和研究生名额分配。高端人才是提升科研学术水平最直接、最重要的战略资源之一。一个高端人才的引进，甚至可以建立一个新学科方向，或是在原有学科方向上使竞争力提升一个层次，因此，学校往往将高端人才引进作为战略手段，引进高端人才的同时，学校直接

①惠特利.科学的治理组织和社会组织[M].2版.赵万里,陈玉林,薛晓斌,译.北京:北京大学出版社,2011:121.
②赖绍聪."双一流"背景下高等学校学科建设策略分析[J].中国地质教育,2021,30(1):18-22.

配备科研团队、科研平台等,体现学校的学科布局,进而可能构建省部级和国家级实验室、工程中心,校级跨学科研究中心,国际合作中心等重大科研平台。硕士和博士承担大量基础研究工作,是重要的科研人力资源。因此,研究生成为学科建设的重要人力资源,研究生名额的分配规则也成为学科建设中重要的资源配置手段。三是强化绩效考核及激励制度,这是学科发展规划的检查环节。学科建设成效通过科研成果来反映,大学通过科研成果评价来调整学科规划,并决定学科建设的资源配置,以此形成对学科发展的激励或者约束。如果科研评价良好,学科相关组织就能够获得更多的资源,形成正向激励;如果科研评价不好,学校将调整学科规划,缩紧学科建设中的资源投入,对学院、科研平台/组织和教师产生约束。

(三)"双一流"建设下大学开展有组织科研面临的挑战

循环管理是通用的质量管理原则,"双一流"建设遵循PDCA循环管理的闭环式学科建设管理原则貌似符合科学生产规范,却给有组织科研带来一系列的发展问题和挑战。

1.科研资源配置分散,有组织科研难以得到长期稳定支持

学科建设经费是大学组织重大科研项目、建设重大科研平台的重要经费来源。"双一流"建设经费以学科为单位,在学院、重大科研平台等不同单位之间进行多元分配。实践中,大学主要根据学科布局进行学科资源配置,所谓学科布局就是学校按照分层分类的原则进行学科建设,决定学科建设的优先顺序。学校对学科的分层分类建设主要依据学校和学科的特色优势、学校未来重点发展的学科方向、学科评估结果等,所以,"学科资源配置存在效益优先、优先发展和发展目标等三个导向"[①],具体反映在实践中,就是学科资源的多渠道分配,学科资源或分配给学院,或分配给科研平台,甚至可能直接分配给学术带头人。有组织科研需要长期稳定的大量资源投入,"大学内部基于学科的资源配置方式致使大学优质资源分散于学科(学院),这阻滞了大学优质资源的跨学科聚拢,因此也制约着大学开展有组织科研"[②]。

---

①周合兵,毕宇龙,陈先哲."双一流"背景下高校学科资源配置的策略选择与反思——基于三所大学的案例研究[J].教育发展研究,2022(17):26-33.
②焦磊.高校"有组织科研"需系统推进[N].光明日报,2022-10-24(15).

2.PI制团队运行机制不利于重大科研项目的组织

有组织科研依靠团队进行集体攻关。"双一流"建设中,科研团队建设主要在于高端学科带头人的引进与培育,以及围绕高端人才配备专门人员与科研平台,以此组建专门的科研团队。高端学科带头人是科研团队的学术带头人(PI),不仅具有学术自主权,还对团队和平台的人财物等资源拥有自主分配权。PI制能有效调动学术带头人的积极性,特别适合于研究领域稳定、团队规模精干的自由探索性研究,但是却不完全适合有组织科研。首先,不利于对外部重大战略需求做出响应。PI制团队有较为固定的研究领域与学术兴趣,存在与国家重大战略需求契合度不高的问题。其次,不利于重大科研项目的组织。在申请如创新群体项目、大仪器项目、基础科学中心、重点研发计划等大项目时,学术带头人之间的合作程度和关联程度不够,没有充分发挥科研基地的组织作用。[①]最后,不利于有组织协同合作。PI制团队之间在学术优先权、资源分配、绩效考核等方面存在竞争关系,造成一定程度的合作壁垒。

3.跨学科、跨组织研究合作面临制度性障碍

当前,大学难以组建多学科领域稳定的科研队伍,特别是有利于跨学校、跨学科、跨专业的协同创新机制还有待进一步完善。[②]跨学科科研团队的有效合作,不仅受到团队内部个人因素的影响,更受到诸多组织制度性因素的制约。学科制度与我国特有的"单位制"文化和体制结合,产生了将学科嵌入"单位制"的学科建设和管理体制,形成了学校内部院系设置、学科资源配置、教师人事归属、学科岗位设置、工作绩效考核和评价的基本单元。[③]以学科为单位划分资源,不同学科下的学术组织(如学院与学院之间),以及同一学科下的科研组织(如学院与平台之间)处于非合作博弈竞争关系。此外,我国大学长期以来采用基于学术锦标赛制的科研发展策略,"学术锦标赛制是我国学术增长的动力机制与激励逻辑"[④]。"双一流"建设的资源投入—激励约束机制进一步加大了学术锦标赛的筹码,科研绩效不仅是

①王纬超,陈健,曹冠英,等.对科研组织管理新模式的探索——以北京大学为例[J].中国大学科技,2019(3):13-16.

②雷朝滋.以"三个破解"加强高校有组织科研[J].瞭望,2022(47):26-28.

③张洋磊,张应强.大学跨学科学术组织发展的冲突及其治理[J].教育研究,2017(9):55-60.

④陈先哲.学术锦标赛制:中国学术增长的动力机制与激励逻辑[J].高等教育研究,2017,38(9):30-36.

科研人员晋升考核的重要依据,也是组织"论功行赏"分配资源的重要依据,进一步加剧了不同学科组织之间的竞争压力。围绕科研绩效,跨学科研究合作存在无形的组织壁垒,目前院系基本上是以一级学科为基础建设的,人事关系归属于院系的科研人员的学术利益与学科密切相关,联合不同学科的利益主体进行跨学科的研究合作需要较大的交易成本,所以相较于其他学术组织,学校开展跨学科研究的内部阻力复杂且强大。[①]

4.重大科研平台服务外部重大战略需求的积极性与能力不足

重大科研平台是大学有组织科研的重要组织载体。"双一流"建设背景下,我国重点实验室等科研平台主要按照学科研究规律设置,往往具有学科平台属性。在以学科知识发展为导向的科研评价考核制度下,科研成果成为重大科研平台的重要评价内容,使得有组织科研载体过于重视学科知识生产,忽略了对外部重大战略需求的响应。一方面,大学热衷于在尚未布局或缺少布局的领域,建立重大科研平台,以抢占"第一研究"或本领域国际领先学术地位,较少关心科研成果的实际应用与贡献,有组织科研服务国家和区域重大战略需求的质量有待进一步提升;另一方面,重大科研平台倾向于将学科发展与科研评价的压力转嫁给科研人员,科研人员和学院教师一样,热衷于追求学术发表和奖励,解决社会实际问题的积极性不高。

三、大学加强有组织科研的实践策略

大学科研生产具有特殊性,例如,科研成果具有公益性,科研投入与产出之间具有巨大不确定性与动态性,科研人员对开放、包容的学术生态的需求,以及科研管理提供引导、服务、支持与保障的工作本质等,对具体的科研组织管理有着独特的要求。大学开展有组织科研需要结合科研生产的特点,基于"双一流"建设的实践。我国大学加强有组织科研,不仅要加强科研组织模式创新,更要加强科研管理模式创新,推进科研管理体制改革,在科研组织设计、科研资源配置、科研团队建设、科研平台建设、科研项目运行、科研评价改革等六个方面做出转变。

(一)科研组织设计,从"学科规划"向"战略谋划"转变

与学科建设基于学科知识生产打造科研优势不同,有组织科研基于外部重大

[①]吕黎江,陈平.高校跨学科团队合作的障碍及其对策研究[J].中国高等教育,2019(18):53—55.

需求打造科研核心竞争力。有组织科研要从"学科规划"向"战略谋划"转变,积极主动谋划,强化战略前瞻布局,主动融入国家重大战略与区域发展大局,积极参与国家与区域重大科研计划设计。当组织开始分析外部环境,针对外部需求进行市场分析与产品定位时,组织也就进入了战略管理时代。战略管理要基于这样一种信念:组织应该持续地监测内外部各种实践和趋势,以便在必要时做出及时调整。与学科规划相对静态的内部分析设计不同,有组织科研战略谋划是动态的外向性分析设计,要求大学进行政策研读,主动研判国家发展需求,同时与政府、企业等相关利益主体进行交流,了解、挖掘、掌握科研需求。在掌握需求的基础上,结合学校的优势和特色,思考哪些能做,哪些不能做,要吸纳哪些人才来做等问题。同时以此制定相应的"施工图",梳理出未来5年乃至更长一段时间开展的重大基础研究等工作。[①]

(二)科研资源配置,从"多主体多渠道"向"重点保障"转变

有组织科研需要长期、稳定的科研投入,大学有组织科研要建构科研资源保障体系。一是要发挥党的组织力量,加强党委对有组织科研的决策引领,将有组织科研纳入学校发展的重要事项,纳入党委议事和决策范围,为有组织科研提供方向引领与资源保障。二是要建立多部门联合的有组织科研会商机制。职能部门是科研资源配置的主体,例如,发展规划处负责科研平台与组织的设置;人才办负责高端人才的引进;人事处负责专职科研人员的编制设置及项目制人员的聘用;研究生院负责研究生名额的分配;财务处负责科研平台建设资金的保障,以及科研项目经费的使用;国际处负责国际交流名额的分配;技术转移中心负责知识成果的转化,等等,因此,需要建立校级领导牵头的会商机制促使各部门形成组织合力,为有组织科研提供重点资源保障。三是有条件的大学可以设立专项财政预算资金,以支持有目的的原始基础创新。

(三)科研团队建设,从"重视团队组建"到"促进团队协同合作"转变

有组织科研团队建设,不仅要促进团队成员的成长,更要注重促进科研团队成员的协同合作,尤其要营造有利于跨学科、跨院系教师合作的制度环境,实现实质

---

①董鲁皖龙,焦以璇.加强有组织科研高校何为[N].中国教育报,2022-11-17(3).

性合作的跨学科、跨院系的有组织科研。一是改革人事制度,探索实行双聘制、共同资助聘任制、集群聘任制等交叉聘任机制,①以解决跨学科研究教师行政归属、待遇支出、职称晋升等问题。二是建立科研团队互惠共赢的协作机制,建立学科交叉科研成果奖励与知识产权共享、共有、共认机制,着力破除跨学科交叉合作困境。三是创新考核方式,改变单一考核模式,探索团队考核和个人考核相结合的方式,例如,通过学校考核团队、团队考核个体的方式,激发团队活力,引导团队建设与发展。四是加强学术生态建设,加强学术行为规范标准建设,加大对学术不端行为的发现与惩戒力度,尤其是要加强对科研团队负责人和有行政职务的学术带头人的教育与监督。

(四)科研平台建设,从"学科知识逻辑"向"需求贡献导向"转变

一方面,要进一步做实做强学院科研组织。学院是学科的依托单位,也是学科建设的主体单位,但是,当前我国大学学院内的科研机构主要是虚体研究机构,学院的学科建设工作主要是针对这部分研究机构展开。学院之外的科研机构多为独立运行的实体研究机构,虽然还有一些实体研究机构名义上是设在学院之下,但是学院不对其进行管理,实际上,学院管不动这些研究机构的学术带头人,这些研究机构的经费也是直接从学校分拨,学院没有实际管理权。大学要加强学院科研机构建设,使学院切实成为学科建设的主体。另一方面,明确重大科研平台以"需求贡献"为导向,主要从事应用开发研究,以承担外部资助的科研项目为主,解决社会实际问题。大学要抓住国家重点实验室优化整合的时机,主动优化、调整、充实现有科研平台,主动对接服务国家和区域发展重大战略需求,从"单一学科"向"多学科"转变,从"学科导向"向"需求导向"转变。

(五)科研项目运行,从"PI制"向"项目制"转变

开展有组织科研,要在现有的PI制之外,引入项目制,以提高科研项目的组织质量与效率。一是创新重大科研项目组织机制。探索多元化项目申请机制,主动围绕国家和区域发展重大战略需求与问题进行项目策划与设计,根据科研项目设计组建大科研团队。二是创新重大科研项目实施机制。实施重大科研项目负责人

(project director)制,赋予科研项目负责人人财物等资源分配权。三是创新重大科研团队组建机制。采用固定人员和流动人员相结合的团队组建原则,对于流动人员,根据重大科研项目需要,可以聘请学院教师,也可以聘请项目制科研人员和助理,科研团队随着科研项目结束而解散,又重新根据科研项目组建科研团队,形成人员流动机制。四是创新重大科研项目管理机制。探索实施项目经理制管理模式,聘请项目经理对重大科研项目进行全过程管理和监督,保证项目的有效执行,为项目研究开展提供专项支持与服务。

(六)科研评价改革,从"一把尺子"向"分类评价"改革转变

大学要建立与有组织科研使命和目标相一致的考核评价机制。科研评价涉及个体和组织两个层面。对教师个体进行科研评价,要注重团队评价、贡献评价,客观反映个体在团队的实际贡献;要突出用户评价、社会评价,有效反映教师科研成果对解决实际问题和促进技术进步的价值;要适当延长评价周期,让教师能够静心科研。在组织层面,建立有组织科研专门评价体系。学院要与有组织科研载体实行分类评价,学院评价以学科发展和人才培养为导向,有组织科研载体评价以服务贡献为导向,有组织科研载体评价指标以获得外部科研资助、解决社会实际问题,以及对国家社会发展的贡献等为主。

四、大学有组织科研的组织模式

创新科研组织模式是开展有组织科研的核心活动。基于对当前实践经验的总结,大学有组织科研共有九种组织模式。

1.依托政府平台建设计划,建设重大科研平台

科研平台能够起到汇聚人才和资源的作用,平台越高,汇聚的资源越多,能吸引到的人才层次越高,也就意味着能有更高质量的科研产出。通过科研平台建设,将教师凝聚在一起形成有组织科研力量,是有组织科研普遍采用的模式。我国大学普遍在校内建立"学院—学校—省部—国家"的金字塔式科研平台体系,通过平台层级升级,不断汇聚校内外科研资源,提升科研攻关能力,以最高层级科研平台承担重大科研项目攻关。

2.针对优势学科集群,设立校内"科研特区"

一些大学基于学校优势学科集群,围绕国家重大战略及科学前沿问题,设立专门科研机构以长期开展优势学科领域的前沿基础研究,提升学校核心科技竞争力。为了摆脱传统科研机构弊端和学校现有科技体制的束缚,学校对这些科研机构实施特殊的管理政策,在办公空间、人事岗位、人才帽子、研究生名额等方面进行专门资源配置,在项目申请、成果转化等方面给予重点支持,并实行相对独立的考核激励制度,使这些科研机构成为学校科研发展中的"特区"。我国一些研究型大学建立的高等研究院就是"科研特区"的典型代表。例如,武汉大学围绕生命科学、化学、物理学、材料科学、先进光源等相关领域建立了高研院;同济大学围绕土木工程建立了高研院。同济大学土木工程高研院,实施了特殊的管理政策,探索了灵活的用人机制,发挥了学科研究的团队作用,吸引了国内外杰出研究人才,集聚和稳定了一批专职科研队伍,选拔和培养了一批优秀中青年科研人才;该高研院围绕国家重大战略及科学前沿问题,长期稳定地开展基础研究、应用基础研究和关键工程技术研究,促进科技竞争力跨越式发展,最终实现研究型大学的建设目标。

3.以外部资助为契机,成立独立新型科研机构

一些行业龙头企业或者政府为促进某一特定领域的研究,往往依托高水平研究型大学建立相应的科研机构。大学以企业捐赠或政府资助为契机,成立独立运行的新型科研机构,开展某个领域的综合研究。例如,北京航空航天大学与中国航空发动机集团有限公司联合成立了航空发动机研究院,航发院不受校内科研管理制度的限制,是独立运行的实体。北京一些大学依托北京市政府支持建设高精尖中心,开展相关领域重大研究,例如,依托清华大学建立的北京未来芯片技术高精尖创新中心,独立于清华大学现有科研运行体系。

4.面向亟须解决问题,实施科技创新计划

对于一些研究需求较为明晰且亟须解决问题,一些大学直接制定大科研计划、设立大科研项目,整合多方力量开展专门研究。美国一些大学面向社会发展和人民生活中存在的棘手问题,制定大科研计划,吸引教师组建强大团队、关注社会发展重大问题,并开展相关研究。例如,加利福尼亚大学洛杉矶分校(UCLA)分别于2013和2015年发起"可持续洛杉矶计划"(SLAGC)和"抑郁症重大挑战计划"

（DGC）。UCLA 重大挑战计划是一个全校性的大科研合作计划，遵循"大目标，大影响"（big goals，big impact）的初衷，通过整合全校相关资源致力于解决一些重大社会挑战，并争取发展资源、扩大影响力、布局未来创新领域。[①]截至 2021 年，全美有近 20 所大学正陆续发起重大挑战计划，号召科研机构共同致力于解决重大社会挑战。[②]我国一些大学也实施类似的大科研计划，如深圳大学推出"2035 追求卓越研究计划"，结合国家重大战略和深圳"20＋8"产业集群领域的重大关键或科学前沿问题，通过设立重大项目、重点项目、探索项目进行前瞻布局和自主培养。[③]

5. 围绕重点战略科研领域，成立若干专门研究小组

大学围绕国家重大战略需求和行业或地区发展的重大问题，在优势学科领域成立若干专门研究小组，组织科研力量开展重点研究。采用这一模式，学校层面有明确的重点科研发展领域，围绕这些重点领域，学校整合校内院系教师并聘请大量专职研究人员或项目制研究人员组成专门研究小组。例如，芬兰应用科技大学围绕学校研究焦点领域（focus area）设立了若干专门研究小组，聘用专职研究人员，专门开展外部资助科研项目。在我国，由于学术型行政领导兼有学术权威与行政权力，由担任行政职务的学术领导牵头组建科研团队，开展所在学科的重大研究，是一种较为普遍的有组织科研组织模式。北京邮电大学、中国地质大学等一些行业特色大学，围绕行业领域重大问题成立专门研究小组，开展重点领域研究。

6. 面向未来科技前沿，成立跨学科交叉研究中心

由于学科交叉融合在重大科学发现、复杂问题解决中具有重要作用，跨学科研究日益成为当今世界科学发展和技术创新中备受推崇的科研组织模式。面向科技前沿问题，成立跨学科交叉研究中心是大学开展有组织科研的重要模式。伯克利分校是二战后创建有组织研究单位的先行者，[④]20 世纪 50 年代以来围绕实质性研究主题，伯克利分校在校级层面建立了多个跨学科有组织研究单位。我国大学也

①原帅,贺飞.UCLA重大挑战计划的特点及启示[J].中国高校科技,2018(7):35-37.
②吴伟,吴婧姗,何晓薇,等.如何在应对社会重大需求中推动学科会聚——美国部分大学"重大挑战计划"评述[J].高等工程教育研究,2021(1):122-128.
③毛军发.构建追求卓越的有组织科研体制机制[N].中国教育报,2022-11-21(5).
④Judson K C. The University of California: Creating, Nurturing, and Maintaining Academic Quality in a Public University Setting[M]. Berkeley: Center for Studies in Higher Education, University of California,2018:517-522.

成立了多个跨学科交叉研究中心，如北京大学成立了前沿交叉学科研究院，清华大学成立了未来实验室、脑与科学实验室等。

7.与龙头企业合作，成立校企联合研究机构

龙头企业是行业发展的技术引擎。龙头企业代表了行业技术发展前沿，龙头企业的技术瓶颈往往代表着行业发展的"卡脖子"技术问题。大学与龙头企业合作开展研究，是解决行业重大问题的有效方式。一些大学积极推动产学研合作研究，与龙头企业合作成立联合实验室、联合研究院等校企联合研究机构。例如，清华大学成立了科技开发部，其代表学校与龙头企业开展产学研合作洽谈，有针对性地拓展与重点企业和地区的科技合作，围绕学校主要学科领域对接龙头企业，力争让学校每一个学科或者院系都有"对口"的合作企业。如果校企合作领域比较宽泛，涉及多个院系或学科，科技开发部下设校企联合研究院，由科技开发部组织协调多个院系教师参与研究。

8.与地方政府合作，成立地方新型研发机构

我国一些研究型大学，在经济发展活跃和技术需求旺盛的地区，成立地方研究院等新型研发机构，进行技术二次开发与成果孵化。深圳清华大学研究院是我国最早建立的新型研发机构之一。为了克服地方新型研发机构成果孵化与大学科研成果"两张皮"的问题，2011—2017年，清华大学先后在天津、成都和苏州等地，为八个院系建立了产业研究院，并依托相关院系进行管理，这不仅进一步开发和验证了院系的原创技术，提升了原创技术的成熟度，还通过孵化服务，有组织地转化院系科研成果。我国其他大学也纷纷与地方政府建立类似的新型研发机构，如合肥工业大学与合肥市政府合作成立的智能制造技术研究院。

9.以高精尖项目研究为基点，依托整个二级学院开展全链条研究

极少数大学以整个二级学院为单位开展重大科研项目，建构从基础研究，到应用研究，再到关键工程技术研究全链条的有组织科研模式，完成科研产品的生产。例如，清华大学的核能与新能源技术研究院，在清华大学原子能基地的基础上，不断完善核科学与技术学科体系，发展成为一个兼具研究和人才培养的二级学院。核研院与研究平台合二为一，既是核能领域的科研基地，又是人才培养基地。采用这种模式需要满足两个先决条件：一是属于高端学科或高精尖学科领域。普适性

学科先培养本科生再招研究生,逐渐发展科研功能,建设科研平台的成长逻辑不同,高精尖学科领域始于科研功能,一开始就建有科研平台。由于高端学科知识的社会适应性差,所以研究生为起点培养学生,科研从高精尖学科领域发展到具有普遍规律性的大众研究后,再培养本科生,进而发展成为二级学院。二是发展于特殊时期。高精尖学科领域的研究是在特殊历史时期发展起来的,或者是由特殊事件促成的,有强大的精神意志支撑,例如,清华大学的"200号"工程,就是特殊历史时期,在奉献报国等强大信念的支撑下,经过几代人艰苦卓绝的奋斗取得的成就。

　　大学有组织科研采用何种组织模式,受到具体情境影响。总体而言,不同大学有组织科研组织模式的选择主要受到服务面向、经费来源、研究问题清晰度和研究实力等四个因素的影响(见图2-1)。

图2-1　大学有组织科研组织模式选择影响因素

　　一是服务面向。面向国家重大战略需求,主要是开展目标导向的基础研究,主要采用构建重大科研平台、"科研特区"的组织模式,有组织科研的重点是提升科研攻关能力,为申请重大科研项目做准备。越是面向区域与产业发展,产出技术的成熟度要求越高,越是要求产出能够直接使用的技术或产品,有组织科研直接开展产学研合作研究和技术商业化活动,倾向于采用构建校企联合机构和新型研发机构等组织模式。面向前沿技术研究的有组织科研,要兼顾基础研究和应用开发研究,通常采用构建独立新型科研机构、跨学科交叉研究中心、专门研究小组,实施科技创新计划的模式。

二是经费来源。有组织科研经费来源于学校内部还是外部也会影响其组织模式。越是基础性有组织科研,越采用构建重大科研平台、"科研特区"的组织模式;越依靠财政性经费的保障,越是由学校进行科研投入;越是应用开发性研究,越由外部经费资助,越倾向于采用后几种组织模式。

三是研究问题清晰度。研究需求越明确,研究问题越清晰,越是以科研计划、项目为引领组织团队开展问题研究。研究问题越是模糊,越是采用构建平台等正式机制开展研究。

四是研究实力。大学研究水平越高,实力越强,越以平台为载体进行组织,有组织科研管理上也越实现分权,有组织科研载体的学术自主权就越大。大学研究水平越低,实力越弱,越倾向于采用设立研究小组、项目这种更为直接的组织模式,有组织科研管理上更加集权,往往在校级层面进行组织,有组织科研载体的学术自主权也越小。同时,研究实力越强的大学,越是国家战略科技力量的重要组成部分,有组织科研的组织模式越丰富。

五、大学有组织科研的运行保障机制

打造与有组织科研生产方式相一致的科研组织体系、资源配置方式、科研评价与激励机制是提升战略科技力量,开展科技创新的关键。大学有组织科研不仅要求科研组织模式创新,更要创新科研组织管理方式。除了多样化的科研组织模式之外,大学还普遍建立包含行政驱动、资源配置、管理服务等在内的运行保障体系。

1.以行政力量为组织驱动

开展有组织科研,需要调动多方科技力量参与,还需要大量长期稳定的科研资源投入,但是,这些科研资源投入存在风险大、不确定性高等特点,因此,需要大学有强大的魄力和勇气,做出重大战略决断。有组织科研由行政力量驱动,而且往往是由学校层面的行政力量驱动,例如,明尼苏达大学重大挑战计划由教务长发起并实施。我国大学有组织科研行动计划基本上由学校层面启动。同时我国一些大学尤其是研究型大学,特别注重党组织的引领与保障作用。研究型大学主要定位为国家重大战略科技力量,它们需要"甘坐冷板凳"的毅力、"俯首甘为孺子牛"的情怀,"十年如一日"的坚持,注重科研团队的党组织建设,这为有组织科研提供了强有力的政治保证与信念引领。加强党组织建设,不断锤炼科研团队中党员的初心、使命和理想信念,增强整个团队成员的使命感和责任感,恰恰是中国科研体制创新的独特贡献。

2.强化专门的资源保障

无论是何种组织模式,有组织科研在机构设置、人员配置、人才引进、办公空间规划、实验室设施设备配置等方面有着完全不同于传统大学学术组织的保障机制。有组织科研载体在机构设置上多为实体,有专门的科研人员编制,是学校高端人才引进的重点"落户地",还有专门的建设资金、办公场所、研究生名额等。有组织科研建设资金主要来自三个方面:一是学校重点投入,如"科研特区"、跨学科交叉研究中心、二级学院、科技创新计划等;二是政府投入,如新型研发机构、独立法人机构等;三是企业、地方政府投入,如校企联合研究机构、新型研发机构等。

3.采用相对独立的管理服务体系

有组织科研采用相对独特的管理与服务体系。首先,在管理上,有组织科研载体一般设有学术委员会、发展战略咨询委员会、管理委员会等专门的议决机构。例如,航空发动机研究院,由北京航空航天大学和中国航空发动机集团有限公司组成的理事会作为研究院的决策机构,此外,还成立了联合院务会、党政联席会来负责研究院的日常运营管理。之江实验室设有理事会和学术咨询委员会两个决策机构,同时,内部设有一个强有力的创新管理团队来负责日常运转。其次,在服务上,有组织科研是大学科研管理服务的重点对象之一,如芬兰应用科技大学的研究小组由学校科研管理部门提供专门服务。一些大学还成立了独立的管理团队进行专门服务。中国地质大学(武汉)国家级科研平台采用"高研院统筹规划管理、科技平台独立运行"的矩阵式管理体制,由高研院统筹负责党建、思政、人事、大型仪器设备共享、研究生管理、群团工作等非学术事务管理工作,免去了科研人员的后顾之忧。

六、大学有组织科研的理性审视

有组织科研精细谋划组织科研活动,通过加强顶层设计,明确科研需求与产出要求;通过集聚科研资源,提高资源配置效率;通过推动科研成果转化,促进科研创新循环,大大提高了大学社会服务的能力和质量,尤其是服务国家和区域重大发展需求的能力。

(一)有组织科研的潜在风险

有组织科研存在潜在风险,尤其是在教育部印发专门文件,对加强有组织科研做出部署之后,全国大学开展有组织科研的热情高涨,但这容易造成大学组织化科研活动的过度开展,造成科研发展与管理上的新问题。

1.学术兴趣主导的基础研究受到"冷落"

在有组织科研模式下,那些基于学术兴趣的基础研究更不容易得到关注和支持。"随着大科学项目变得越来越大,科学家们开始变得举步维艰,因为用于解决迫切的社会问题所需的公共资源有很大一部分被大科学占用了。"[①]当代科学计量分析表明,在科学前沿问题上,90%的文献出自"当代小科学"研究;诺贝尔科学奖获得者,大多是"当代小科学"的项目主持人。20世纪中后期的美国科学史也表明,基础科学里的重大科学成就,75%来自"当代小科学"。可见,"当代小科学"不仅是当代基础科学研究中最活跃的部分,而且是基础科学领域内最具有创造力的科学组织形式。[②]显然,"当代小科学"研究越来越难以获得支持,教师要想获得大发现,不得不加入有组织科研的"大浪朝"中,成为"学术大牛"的附属品。

2.教师学术权力进一步受到挤压

"行政权力与学术权力有着截然不同的运行逻辑,前者的本性是控制与扩张,强调统一、标准、服从和效率,而学术权力强调独立、自主、个性和创造,以适应和保护学术自由、学术创新。在两种权力的博弈过程中,行政权力借助正式的制度化力量占据了上风。"[③]有组织科研重视科研项目的组织和任务的完成,在某种意义上,仅将科研人员看作完成任务的"工具人",而忽略科研人员作为自然人的成长与发展需求。有组织科研凭借其强大的组织决策与资源配置权力,可能使得学术权力大幅度萎缩,使得一些领域或专业的教师彻底失去了学术自主权,成为完成特定研

①希尔齐克.大科学:欧内斯特·劳伦斯和他开创的军工产业[M].王文浩,译.长沙:湖南科学技术出版社,2022:18.
②马陆亭.科学技术促进中的高等学校架构[M].广州:广东高等教育出版社,2006:26.
③张继明.大学共同体的涵义、分化与重塑[J].现代教育管理,2023(4):1674-5485.

究任务、具有"工具人"属性的职业科学家。大学向内发展才能对外服务,失去学术"灵魂"的科研人员很难在原始创新上有所突破,也就谈不上科技自立自强。

3.大学一般性科研投入受到压缩

从资源投入角度看,大学有组织科研主要有两个资源来源:一是政府财政投入,二是市场价值收益。在这两个领域之外,大学开展有组织科研要量力而行,因为从某种意义上说,有组织科研是一项风险投资,如果大学一味追求响应国家和区域重大发展需求,依靠自筹经费"举校投入"有组织科研,学校的正常发展可能受到影响。我国高水平研究型大学积极开展有组织科研,除了获得政府科研平台建设、科技计划的研究专项资助之外,"双一流"建设经费也为开展有组织科研提供了重要经费支持。

4.容易停留在浅层次的任务集成模式

有组织科研通常由多个科研团队集体协作完成,要求组织者具有较高的人力整合能力,要对各个科研环节都很熟悉,尤其是要具备跨学科、跨界技术深度整合能力的总师级科学家,现实中,这样的人才非常欠缺。我国重大科研项目,往往重视人员整合,而忽略技术深度整合,科研成果停留在浅层次上。有组织科研如果缺少外部需求分解与转化的制度性设计(保障技术分析的强制性)和战略性科学家(保障技术分析的可能性),容易停留在过去科研任务集成的模式上。

5.学术生态可能遭到破坏

面向重大战略需求的科研需要集成多学科、多团队、多院系的力量,统合学术力量和行政力量,往往由担任行政职务的学术型领导牵头组织,有行政职务的学术人员更容易获得科研资助,但是学术型领导"双肩挑"现象也存在弊端,学术型领导可能没有大量的时间从事科研但却手握资源,容易成为"分发任务"和"坐摘桃子"的"老板",不利于良好学术生态环境的建立。目前,我国大学科研诚信问题较为严重,赵延东和邓大胜的研究显示,我国学术不端行为呈泛滥之势。近半数的科研人员认为各种学术不端行为比较普遍,超过一半科研人员明确表示知道自己周围的其他科研人员曾经有过剽窃、弄虚作假、一稿多发和侵占他人学术成果等至少一种学术不端行为,这一比例明显高于其他国家。[1]虽然国家层面很重视,相关部委连

---

①赵延东,邓大胜.科技工作者如何看学术不端行为——问卷调查的结果[J].科研管理,2012,33(8):90-97.

续出台文件，并设立监督机构（如科学技术部科研诚信建设办公室），但是大学在主动发现和处理学术不端行为的力度明显不足。一旦学术型领导成为科研诚信问题的"嫌疑人"，可能进一步破坏大学学术生态环境，而且难以恢复。

(二)有组织科研具有适用范围

有组织科研并非适用于所有领域。从研究类型上看，有组织科研特别适合于目标导向的基础研究、解决实际重大问题的应用与开发研究，以及面向未来发展的国际前沿研究。有组织科研特别适用于目标明确、路径清晰或是需要大型仪器设备的基础研究，从"0到1"的探索性研究主要依靠自由探索，不适合通过有组织科研来完成。应用和开发研究以需求为导向，具有明确服务对象与科研产出要求，特别适用于有组织科研，但是，应用和开发研究解决的问题应该足够复杂。问题的复杂性决定了解决技术的综合性，重大问题往往涉及多个技术组合，需要解决的是行业产业的共性技术，需要多个团队合作解决，需要有组织科研才能完成。面向未来发展的国际前沿研究，不仅涵盖了前两种研究类型，而且还需要战略科学家的引领，需要通过有组织科研来完成。

从科研生产流程上看，有组织科研的重点领域应该在于不同科研生产环节的衔接处，主要包括产学研合作研究、科研成果转化及跨学科合作研究。"在基础研究和产品开发之间存在着创新断层，大学能够通过有组织的技术商业化，来弥补这一断层"[1]，大学创新断层往往出现在不同科研生产环节衔接处，科研生产环节衔接处的有组织科研，能够推动大学科研活动的延续，促进大学创新系统循环，还能促进科研价值增值，提高大学服务社会的能力。越到后端，科研生产的组织化程度应该越高，一方面，越到后端，科研生产目标越明确，路径越清晰，越适合有组织科研；另一方面，越到后端，科研生产越远离教师的学术特长与本职，越需要有组织科研。

(三)有组织科研下的教师成长

有组织科研就是要瞄准国际科技前沿和国家重大战略需求，把过去想干什么

---

[1]柯拉尔，弗朗汉姆，佩里，等.有组织的创新：美国繁荣复兴之蓝图[M].陈劲，尹西明，译.北京：清华大学出版社，2017：22.

就干什么、能干什么就干什么转变为国家需要我干什么我就干什么。[1]教师申请科研项目资助,以前主要看研究积累,现在更多要看是否符合需求,甚至有时候是"命题作文"。在此背景下,科研人员要及时调整研究方向,积极融入有组织科研。

一是重视实际问题解决。有组织科研背景下,科研人员要主动关注国家和社会需求,掌握研究领域要解决的实际问题;要将研究问题与研究兴趣相结合,将研究问题转化为学术问题。值得注意的是,并非所有社会问题都可以转化为研究问题,尤其是在人文社科领域,大部分实际问题是操作性问题或理念问题,而非学术问题,所以,有组织科研背景下,教师要提高对学术问题的辨别与转化能力。

二是改变科研生产模式。吉本斯等人提出,在传统学科生产模式之外,产生了在应用中生产知识的知识生产模式,这种观点已经被理论和实践界普遍接受。有组织科研更偏向于后者,有组织科研既要完成既定科研任务,同时又不能止于科研任务,要在解决实际问题过程中,挖掘背后的机理与规律,走向学科知识深处,最后慢慢向基础研究的方向发展。笔者从自身及周边同事的经验来看,在实践中发展理论的科研模式,确实存在很大的发展困境,一方面,从实践到理论的科研模式对科研人员要求很高,科研人员要具备从实践中发展理论的能力,在此过程中,往往需要很长的储备周期。另一方面,在人文社科领域,理论性研究成果仍是主流,一般性的实践性研究成果往往由于学理性不足而难以发表,这就需要教师有较强的定力、耐心与决心。

三是主动将自由探索与有组织科研相结合。有组织科研要处理好其与自由探索的关系。自由探索和有组织科研并不是对立关系,而是局部和整体的关系,自由探索是有组织科研的重要组成部分。[2]不论是对大学还是对教师个体而言,平衡外部需求驱动的有组织科研与学术兴趣驱动的自由探索,是一个崭新的课题,即如何让教师在有组织科研中找到自己的位置和兴趣点,同时教师又能够呈现离散状态。

①高校有组织科研怎么做?:教育部提出四方面任务[EB/OL].(2022-07-20)[2022-09-17]. http://edu.china. com.cn/2022-07/19/content_78331012.htm.
②以有组织科研推进原创性、引领性创新[N].光明日报,2023-02-18(10).

第三章　政府推动大学有组织科研的实践举措

在20世纪上半叶及此前相当长一段时间,科学技术活动基本上属于科学家、工程师,以及科研机构、大学和企业的自主行为,在国家层面尚缺乏有关科学技术发展的整体政策考虑和系统战略设想,以及相关体制机制建设。[1]随着基础研究从最初的以学术机构自由探索为主的"小科学"时代,进入到以国家为主导、社会各界力量共同推动协同创新的"大科学"时代,为了集中优势资源、推动基础研究满足国家重大战略需求,国家必须加强组织管理,重视优先领域的选择、科研任务的统筹部署、科技资源的优化配置与科研力量的分工合作。[2]大学科研参与国家重大发展战略始于美国,二战期间,在联邦政府战时科研合同的资助下,美国大学开始大规模参与国家重大发展战略研究。美国也是第一个以制度化方式向大学科研提供持续资助的国家,《科学:无止境前沿》报告制度化了政府向大学提供科研资助的政策,为世界各国政府支持大学科研发展提供了基本制度模板。二战后,在美国联邦政府科技政策的带动下,世界各国普遍加强对大学科研发展与科技创新的支持与管理,尤其是在20世纪80年代后,由于大学在知识经济社会中发挥了重要作用,世界各国大力推动大学科研发展。

"集中力量办大事"是我国社会主义制度的显著优势,也是"举国体制"的核心要义。2022年8月,教育部印发《关于加强高校有组织科研推动高水平自立自强的若干意见》,提出要"推动大学充分发挥新型举国体制优势,加强有组织科研"。从政府主体出发,有组织科研是一种针对大学的科研治理模式,国家通过体制机制创

---

[1]古斯通,萨雷威策.塑造科学与技术政策:新生代的研究[M].李正风,等,译.北京:北京大学出版社,2011:总序.

[2]曾明彬,李玲娟.我国基础研究管理制度面临的挑战及对策建议[J].中国科学院院刊,2019,34(12):1440-1447.

新引导大学在关键领域和"卡脖子"技术上下功夫。那么,政府如何发挥作用,在哪些领域发挥作用,采用何种方式引导,这些都是有待进一步研究的重要问题。周光礼和姚蕊分析了《无尽的前沿:未来75年的科学》报告,认为"报告倡议在国家科学基金会成立科学与技术部门,投资关键技术领域,开展战略性研究,同时拓展大学伙伴关系,推进研究型大学有组织科研,完善科研生态系统,体现了美国科教政策变革的有组织科研取向"①。张强介绍了澳大利亚政府通过建立分类资助的科研拨款机制、绩效导向的科研评价机制、观照责任伦理的科研诚信政策、指向数据驱动的科研管理系统等四大外部治理体系来确保大学科研发展符合国家利益,他认为这是澳大利亚促进大学开展有组织科研的有益经验。②已有研究关注到了政府在推动大学有组织科研中的重要作用,但是缺少对政府推动大学有组织科研举措的综合考察。本章要研究的问题主要有三个:一是政府采用何种政策工具推动大学有组织科研;二是政府主要在哪些领域推动大学有组织科研;三是如何推动企业等其他主体共同参与大学有组织科研。

一、政府推动大学有组织科研的基本政策工具

规划制定、项目资助、平台建设是政府开展有组织科研的三大基本政策工具。

(一)制定科技规划

统筹任务布局、明确战略科技力量分工是国家推进有组织科研的基本经验。③制定科技规划是政府明确重点研究领域、任务布局与资源配置的重要方式。制定国家中长期科技发展规划是我国推动科技进步与发展的重要举措,也是国家进行科技布局的重要方式。1956年,我国制定并开始实施的《1956—1967年科学技术发展远景规划纲要(修正草案)》是我国科技事业发展的一项重大战略举措。进入21世纪,我国通过《国家中长期科学和技术发展规划纲要(2006—2020年)》等中长期科技发展规划和《"十三五"国家科技创新规划》等五年科技发展规划持续进行基

①周光礼,姚蕊.有组织科研:美国科教政策变革新趋势———基于《无尽的前沿:未来75年的科学》的分析[J].清华大学教育研究,2023,44(2):12-20.
②张强.何以有组织:澳大利亚高校科研的外部治理机制[J].中国高教研究,2023(1):57-63.
③万劲波,张凤,潘教峰.开展"有组织的基础研究":任务布局与战略科技力量[J].中国科学院刊,2021,36(12):1404-1412.

础研究任务布局和创新主体建设。《国家中长期科学和技术发展规划纲要(2006—2020年)》提出了能源、水和矿产资源、环境、农业、制造业、交通运输业、城镇化与城市发展、公共安全等10个重点领域的62个优先研究主题;同时,还确定了16个涉及信息、生物等战略产业领域,能源资源环境和人民健康等重大紧迫问题,以及军民两用技术和国防技术的重大专项。同时,我国还通过了《基础研究十年行动方案(2021—2030)》等基础研究中长期规划、《"十三五"国家基础研究专项规划》等五年专项规划、国家重大科学研究计划等推进实施"有组织的基础研究"①。

美国联邦政府也通过制定创新法案,明确重点资助领域。2020年,在《科学:无止境前沿》报告发表75周年之际,美国对科技政策进行了反思与展望,出版报告《无尽的前沿:未来75年的科学》,提出政府将科研投资集中在关键技术领域,"拟迅速于五年之内,在人工智能、半导体、生物技术、量子计算、先进通信及先进能源等领域陆续投放1100亿美元,以支持这些领域的基础性与先进性技术研究、商业化、教育培训等项目"②。按照最初的设想,在1100亿美元的投资之中,美国国家科学基金会新设的技术与创新指导委员会(Directorate for Technology and Innovation,DTI)将用1000亿美元推动上述关键领域的研究与开发。2021年,美国参议院通过了修正案《2021年美国创新与竞争法案》,决定将国家科研投资拨款聚焦在10个"关键技术领域"。

(二)资助科研项目(启动科研计划)

政府大规模资助大学科研,始于二战,美国联邦政府参照企业与大学的合作模式,以科研项目的方式资助大学开展战时研究。1945年,在《科学:无止境前沿》的影响下,美国确立了政府资助基础研究的基本政策,随后成立了美国国家科学基金会,通过科研项目或科研计划对大学基础研究进行资助,"开启了政府与大学在科研上进行合作的资助之路"③。除了基础研究资助外,政府也针对重大发展需求启动专门科技计划,如2013年,美国白宫科技政策办公室提出了"21世纪大挑战"计

---

① 万劲波,张凤,潘教峰.开展"有组织的基础研究":任务布局与战略科技力量[J].中国科学院刊,2021,36(12):1404-1412.

② 吕恒君.《无尽前沿法案》:美国科技战略竞争的前沿与边界[EB/OL].(2021-05-20)[2022-03-17].https://m.thepaper.cn/baijiahao_12781305.

③ 黄福涛.外国高等教育史[M].上海:上海教育出版社,2003:234.

划,对美国的能源、教育、环保、卫生、信息技术、制造业、国家安全及太空科技等领域提出了具体的创新目标,力图通过落实该计划,进一步提高美国的创新能力。[①]

我国于1986年启动实施国家高技术研究发展计划(简称"863计划"),该计划明确了我国发展高技术的战略需求,大力推动了我国高技术的进步,成为面向国家重大需求的科学研究的典型代表之一。1997年,我国启动实施国家重点基础研究发展计划(简称"973计划"),旨在解决国家战略需求中的重大科学问题,在前沿高科技战略领域超前部署基础研究。研究型大学作为我国重要的科研力量之一,承担了大量"973计划""863计划"项目,以及重点研发计划项目,做出了突出贡献。

"为解决原有科技计划体系重复、分散、封闭、低效等问题,进一步提高财政资金使用效益,国务院于2014年部署国家科技计划管理改革,计划在2016年底前完成改革主体任务,将原有的100多个科技计划整合成国家自然科学基金、国家科技重大专项、国家重点研发计划、基地和人才专项、技术创新引导专项(基金)五大类科技计划。"[②]国家自然科学基金主要是支持基础研究;国家科技重大专项,即面向"2030计划",主要面向国家重大需求研制产品(如大飞机);国家重点研发计划支持带有公益性、全局性影响的研究(如大气污染);基地与人才类专项,主要支持包括国家实验室,全国重点实验室、国家技术创新中心等在内的科研基地建设和人才引进发展;技术创新引导专项,主要对企业技术研发进行引导。总体而言,国家科研项目资助,越来越以实用为导向,不完全鼓励纯粹的自由探索,除了国家自然科学基金一些项目之外,大多数科研项目要求围绕国家战略需求,解决重大基础研究领域的问题。

(三)建设科研平台

1.建设国家实验室,打造战略科技力量

发达国家从二战前后开始大规模布局重大创新平台,其中包括以面向国家重大战略需求和世界科技前沿为核心的国立科研机构。[③]国家实验室集中开展国家使命导向的研发任务,满足国家特殊的、长期的研发需求。源于二战的战时需求,

①原帅,贺飞.UCLA重大挑战计划的特点及启示[J].中国大学科技,2018(7):35-37.

②"973""863"取消后科研咋办? 国家重点研发计划正式启动[EB/OL].(2016-02-17)[2022-03-16].http://theory.people.com.cn/n1/2016/0217/c49157-28129301.html.

③吴伟,范惠明.协同创新:来自科技计划与学术机构的多案例研究[M].北京:科学出版社,2017:207.

经过二战后的布局、发展与调整,目前,美国13个联邦机构支持着42个国家实验室,并且探索形成了较为成熟的国家实验室建设运行模式。由联邦政府资助、其他机构管理科研机构是美国独具特色的科研组织形式,美国大多数国家实验室采用"政府所有—委托管理"的模式,其中,14个国家实验室由大学作为承包商负责管理。例如,劳伦斯国家实验室就是由加州大学伯克利分校进行管理,橡树岭国家实验室由田纳西大学进行管理。

1984年,为加快我国社会主义现代化建设,围绕国家发展战略目标,增强科技储备和原始创新能力,国家计委启动了国家重点实验室建设计划。1984年至1997年为国家重点实验室起步阶段,相继建成了155个国家重点实验室。国家重点实验室是依托一级法人单位建设、具有相对独立的人事权和财务权的科研实体,其作为国家科技创新体系的重要组成部分,是国家组织高水平基础研究和应用基础研究、聚集和培养优秀科学家、开展高层次学术交流的重要基地。目前,全国共有国家重点实验室500余个,其中大学联合共建的国家重点实验室共有177个。

几乎同时,我国也开始了国家实验室建设的探索。1984年,我国最早依托中国科学技术大学和中国科学院分别建设了国家同步辐射实验室和北京正负电子对撞机国家实验室。公开资料显示,目前,我国共正式建设有国家同步辐射实验室、北京正负电子对撞机国家实验室、兰州重离子加速器国家实验室、沈阳材料科学国家(联合)实验室、青岛海洋科学与技术国家实验室等五个国家实验室,其中,国家同步辐射实验室依托中国科学技术大学建设,中国海洋大学是青岛海洋科学与技术国家实验室的主要依托单位。另外,我国还有14个国家实验室处于筹建状态。

1999年,我国开始试点建设教育部重点实验室,首批批准了23个教育部重点实验室。目前,我国共有600多个教育部重点实验室正在建设和运行中。教育部重点实验室是大学高水平创新人才的重要阵地,尤其是国家重点实验室的培育基地,在2011年科学技术部批准立项的49个国家重点实验室中,28个是在教育部重点实验室基础上申报成功的。①

2.建立大学—企业/产业合作平台,促进产学研多主体协同创新

美国大学在国家科学基金会的规划与资助下,陆续建立了"大学—工业合作研

---

①吴伟,范惠明.协同创新:来自科技计划与学术机构的多案例研究[M].北京:科学出版社,2017:223.

究中心"(UICRC)、"科学技术中心"等研究基地。1978年开始,美国国家自然科学基金会支持在大学建立"大学—产业合作研究中心"。I/UCRCs旨在建立产业界、学术界和政府之间的长期合作关系,其愿景主要包括:(1)为推动大学、产业互利的研究项目做出表率;(2)为强化国家基础研究设施做出贡献;(3)通过科教结合的方式,提升科学和工程人才的专业能力;(4)开展国际科技合作。①国家科学基金会为大学—产业合作研究中心提供三期共15年的资金资助。②国家科学基金会对工程研究中心的资助强度一般为每个中心每年约200万—500万美元,以三年为一个评审周期,通常提供长达11年的资助。③

1987年,国家科学基金会的领导机构国家科学委员会(NSB)批准了在美国研究型大学建立科学和技术中心的计划。按照计划,科学和技术中心一般由多所大学组成,其中一所处于领导地位,参与中心建设的还有私营公司、政府实验室及非营利组织。国家科学基金会对中心的资助采用专项资助的方式,一般资助期限在10年左右。每个中心每年获得的资助金额在150万—400万美元,另外中心还能从合作单位获得匹配的资金。从1989年至2005年,国家科学基金会分五批共支持了36个中心,其中25个已完成资助。1989年和1991年分别支持第一批、第二批。1996年经过多方评估,国家科学基金会决定继续资助科学和技术中心。2000年、2002年和2005年分别支持了第三批、第四批、第五批。经过多年的运作,实践证明,科学和技术中心采取的以问题为导向的科研模式不仅可以有效地解决复杂的科研问题,而且还促进了大学之间,以及大学与国家实验室之间的合作。因此,美国国家研究理事会(NRC)在1996年的评估中指出:科学和技术中心的突出成绩在于,大多数科学和技术中心做出了世界一流的高质量研究。④

2011年,我国启动了高等学校创新能力提升计划(简称"2011计划"),以大学为主体,广泛吸纳科研院所、行业企业、地方政府及国际创新力量,为实现人才、学

①范惠明,邹晓东,吴伟.美国的协同创新中心发展模式探析——I/UCRC的经验与启示[J].高等工程教育研究,2014(5):153-158.

②吴伟,范惠明.协同创新:来自科技计划与学术机构的多案例研究[M].北京:科学出版社,2017:13.

③柳春.美国工程研究中心发展及模式分析[J].科技管理研究,2014(16):27-35.

④全国哲学社会科学规划办公室.跨学科研究系列调查报告之二(北京大学)[EB/OL].(2011-08-03)[2022-03-16].http://www.cssn.cn/gx/gx_zdjd/201310/t20131026_625153.shtml.

科、科研三位一体的创新能力提升而建设大跨度整合创新组织"[1],即协同创新中心。2013年,教育部开展首批协同创新中心认定,基于此,推动大学与科研机构、企业等社会团体建立创新联盟,协同开展集成攻关。

3.建设工程研究中心,加强关键核心技术攻关

1984年,为了解决美国乃至世界范围内面临的重大工程挑战,美国国家科学基金会开始正式筹备工程研究中心的建设。1985年,国家科学基金会批准在哥伦比亚大学、麻省理工学院等八所大学建立首批六个工程研究中心。工程研究中心的活动介于"发现"驱动的科学研究文化与"创新"驱动的工程活动文化,在科学、工程和产业实践间形成了新的协同。[2]

20世纪90年代,我国也开始建设国家工程技术研究中心和国家工程研究中心(国家工程实验室)。国家工程技术研究中心是由科技部组建的,主要依托于实力雄厚的重点科研机构、科技型企业或高等院校的科技中介服务机构。国家工程研究中心由国家发展改革委负责组织管理,是依托具有较强研究开发能力和综合实力的大学、科研机构和科技型企业等建设的研究开发实体,目前,国家工程研究中心共有349个。国家工程研究中心旨在服务国家重大战略任务和重点工程建设需求,开展关键技术攻关和试验研究、重大装备研制、重大科技成果工程化试验验证,突破关键技术和核心装备制约,切实为实现关键核心技术自主可控、提升产业链供应链现代化水平、推动高质量发展提供坚实的技术保障。[3]2017年,我国制定了《国家科技创新基地优化整合方案》,对现有国家级创新平台进行分类梳理,归并整合为科学与工程研究、技术创新与成果转化、基础支撑与条件保障三类进行布局建设。截至2021年底,纳入新序列管理的国家工程研究中心共有191个,其中大学牵头建设的共有52家,占总数的27%。依托大学建立的国家工程研究中心,为提高科研成果的配套性、成熟性,加速大学科研成果产业化发挥了积极的研究作用。为了进一步提高科研成果转化率和经济增长贡献率,目前大部分国家工程研究中心已经转制为企业,直接面向市场进行科研成果转移转化与经营。

2000年,我国教育部围绕信息、生物工程及制药、新材料、可再生能源等领域

①李爱彬,经曼.2011协同创新中心组织管理模式与机制研究[J].现代教育管理,2016(8):50-55.
②吴伟,范惠明.协同创新:来自科技计划与学术机构的多案例研究[M].北京:科学出版社,2017:79.
③曲云腾.国家工程研究中心管理模式及优化整合研究[J].中国铁路,2022(2):135-139.

首次批准建设 44 个工程研究中心。目前,我国正在建设或运行的教育部工程研究中心已经超过 370 个。

二、政府推动大学有组织科研的主要环节

美国推动大学有组织科研主要是集中在应用开发与成果转化阶段,直接面向社会经济领域。除了科研项目资助外,美国联邦政府几乎没有针对大学基础研究的组织举措,更多是推动大学进行组织创新,促进大学将科研成果转化成商业价值。

二战后,在《科学:无止境前沿》报告的指导下,美国联邦政府对基础研究进行资助,期待国家在支持"无用"中实现"有用"的转化。20 世纪五六十年代,美苏太空竞赛期间,美国联邦政府对大学基础研究的资助稳步增加,"1957—1967 年被大多数学者称为美国大学科研的'黄金期'"[①]。20 世纪 70 年代初,美国开始缩减对大学基础科研的资助,转向支持大学的应用开发与成果转化。如前所述,1978 年开始,美国国家自然科学基金会开始支持在大学中建立大学—产业合作研究中心、工程研究中心、科学技术中心等研究基地,促进大学与企业的科研合作与工程技术开发。此外,政府还通过支持建立新公司来商业化大学科研成果。1980 年,美国出台《拜杜法案》,大学获得联邦政府资助科研的发明专利权,大大调动了大学转化科研成果的积极性,大学纷纷成立技术转移办公室开展科研成果转化工作,并成立大学科技园区孵化基于大学科研成果的新创公司。1982 年,美国联邦政府启动小企业创新研究计划和小企业技术转移计划(STTR),为从事研究和开发的美国小企业提供种子资金,前者主要支持创业产品研发,后者主要支持创业启动——向小企业转化科研成果。大学科研人员是该项政策的主要受惠者之一,该项政策为大学进一步开发科研成果,孵化新创公司助力,"大学教师往往既是研究者,又是新兴高科技密集型中小企业的所有者"[②]。

为了商业化深层技术(deep technologies)或科学工程领域的根本性发现,美国国家科学基金会于 2011 年 7 月启动了一项旨在加速大学科研成果的商业化并以此来促进区域经济增长的科学技术转化孵化项目,即"创新合作计划"(Innovation

①杨九斌.美国大学科研创新发展中联邦政府角色研究[M].青岛:中国海洋大学出版社,2020:65.
②杨九斌.美国大学科研创新发展中联邦政府角色研究[M].青岛:中国海洋大学出版社,2020:29.

Corps,I-Corps)。该项目主要帮助科研人员以成立新创公司的方式来转化自己的科研成果。美国很多大学都设有专门的培训项目,教师可以报名申请参加,培训内容主要是如何围绕他们的技术进行产业发展调查、市场调查、产品设计等,如何将技术成功地转化为产品。2012—2018年,来自271所大学、研究所的3745名科研人员参加了培训,直接促成了644家新创公司的成立。[①]

近年来,美国对大学的科研资助也逐渐从基础研究领域转向应用开发和成果转化。美国科教政策除了继续资助和促进好奇心驱动的基础研究外,还扩展了边界,为新发现转化为新产品和新服务、解决现实问题提供支持。[②]美国形成了政府、大学、企业等多主体分工合作的科研发展机制,联邦政府是大学基础研究的主要资助者,企业是技术开发与应用的主体,通过捐赠、项目合作等方式资助大学开展应用导向的基础研究。在2020年公布的《无尽的前沿:未来75年的科学》报告和2021年美国参议院通过的《无尽前沿法案》中,美国科教政策方向发生了转变,联邦政府加强了对关键领域的科学研究、人才培养与成果转化的资助。一是加强对关键领域的基础研究与成果转化的资助。"《无尽的前沿:未来75年的科学》报告聚焦关键领域的战略性科学研究活动,强调政府在支持自由探索的基础研究的同时,还应集中力量对一些关键领域实施'有组织'的应用引发的基础研究。"[③]《无尽前沿法案》将人工智能、高性能计算机、量子计算机、先进技术、生物技术、网络安全、先进能源、机器自动化、自然和人为灾害防御、先进材料科学确定为10个关键领域,规定5年内分别提供40.6亿美元和52.2亿美元用于提升技术转化率和奖学金资助,以促进大学在这些领域的深度研究和人才培养,精确有效地提高其技术转化能力,加速产出科研成果。[④]二是加大对大学科技创新与科研成果转化的资助。《无尽前沿法案》计划投入95.7亿美元用于搭建大学创新技术中心,打通科研成果转化的

① US National Science Foundation. NSF Innovation Corps, Resources[EB/OL].(2019-05-24)[2022-03-16]. https://www.nsf.gov/news/special_reports/i-corps/resources.jsp.

② 周光礼,姚蕊.有组织科研:美国科教政策变革新趋势——基于《无尽的前沿:未来75年的科学》的分析[J]. 清华大学教育研究,2023,44(2):12-20.

③ 周光礼,姚蕊.有组织科研:美国科教政策变革新趋势——基于《无尽的前沿:未来75年的科学》的分析[J]. 清华大学教育研究,2023,44(2):12-20.

④ 卓泽林.美国科技战略变革中的高等教育布局及其理念转变——以《无尽前沿法案》为例[J].国家教育行政学院学报,2023(3):87-95.

"最后一公里";同时,法案还新布局了10—15个区域创新技术中心,弥合大学驱动科技创新的空间鸿沟,[①]以期破除大学技术转化的障碍。可见,美国新科教政策更多资助技术研究和成果转化方面的有组织科研。

我国主要在基础研究领域及关键核心技术领域推动大学有组织科研。改革开放以来,国家强化"有组织的基础研究"的任务布局与创新主体建设,通过实施重大专项工作、建设重大科研平台与设施等方式,系统推进有组织的基础研究。[②]可以说,我国对大学的大部分科研投入,主要是为了资助重点领域的基础研究,以期产生创新性成果。例如,为加强大学基础研究,实现重大创新性成果突破,2018年,我国教育部印发《高等学校基础研究珠峰计划》,提出要"布局建设一批前沿科学中心和重大科技基础设施,发起并牵头组织若干国家重大科技计划项目"。该计划共包括三大目标:一是建设前沿科学中心。教育部提出在高等学校布局建设一批科学前沿中心,以前沿科学问题为牵引,开展前瞻性、战略性、前沿性基础研究。在研究生指标、条件建设、人才引进、考核评价等方面给予政策支持和资源倾斜。2019年,东南大学、北京航空航天大学、武汉大学等七所大学获批建设前沿科学中心,根据要求,这些学校"要率先实现前瞻性基础研究、引领性原创成果的重大突破,在关键领域自主创新中发挥前沿引领作用"。二是建设重大科技基础设施。面向科学前沿问题和国家重大战略需求,形成一批具有大型复杂科学研究装置、系统或极限研究手段的重大条件平台,为科学前沿探索和国家重大科技任务提供重要支撑。三是培育基础研究重大项目。围绕符合科学发展趋势且对未来长远发展可能产生巨大推动作用的科学前沿问题,聚焦可能形成重大科学技术突破并对产业结构升级和经济发展方式转变产生重大影响的基础问题,培育重大项目。

此外,我国政府还通过建设集成攻关大平台,集中攻关关键核心技术。《教育部科技司2019年工作要点》提出,要大力推进高等学校关键领域自主创新能力提升攻坚行动,围绕国家急需的关键领域,以重大、系列研究设施为载体,统筹建设一批关键核心技术集成攻关大平台,汇聚和培养高水平人才和团队,推动基础研究和核

①卓泽林.美国科技战略变革中的高等教育布局及其理念转变——以《无尽前沿法案》为例[J].国家教育行政学院学报,2023(3):87-95.
②潘教峰,鲁晓,王光辉.科学研究模式变迁:有组织的基础研究[J].中国科学院刊,2021,36(12):1395-1403.

心技术自主创新,加快解决关键核心技术"卡脖子"问题。随后,教育部启动实施"关键领域自主创新五年攻关行动",推进关键核心技术集成攻关大平台建设。目前,围绕关键领域,已布局建设了一批关键核心技术集成攻关大平台,要加强从基础研究、关键技术、装备研制、成果转化到产业化的全链条设计、一体化部署,强化大学与行业领军企业、高水平研究机构的协同,深化创新链产业链融合,主动"揭榜挂帅"牵头承担国家重大攻关任务,推动大学关键核心技术攻关取得重要进展。目前,教育部已经建有山东大学新一代半导体材料集成攻关大平台、四川大学创新药物集成攻关大平台、上海交通大学深海重载作业装备集成攻关大平台、华中科技大学高端数控装备集成攻关大平台等六个集成攻关大平台。

三、政府推动大学有组织科研的主要模式

克拉克认为,高等教育的任务激增,信念繁多,各种形式的权力往不同的方向拉伸,国家权力、学术权威和市场呈三角形状拉伸高等教育,使得高等教育形成了政府、市场、大学的三角协调模式。[①]在政府、市场和大学三者之间,政府是最为关键的一角,政府权力在很大程度上支配与界定了大学自主权与市场力量的发挥程度。[②]英国学者加雷斯·威廉斯(Gareth Williams)根据高等教育经费分配的相关研究结果,将克拉克的"三角协调模式"进一步图像化为"政府、市场、大学三足鼎立"、"政府作为监督者""政府作为促进者""政府作为供应者""政府支持消费者""政府作为消费者"等六个细部模式。[③]褚建勋等提出了有组织科研概念,强调要完善国家创新生态系统,认为国家创新生态系统可以分为"自发市场行为的低级阶段""强势政府行为的中级阶段"和"政府引导、市场主导的创新自由高级阶段"[④]。政府在推动大学有组织科研方面起到关键作用,但是政府推动大学有组织科研的方式可

---

①克拉克.高等教育系统:学术组织的跨国研究[M].王承绪,徐辉,殷企平,等,译.杭州:杭州大学出版社,1984:153.

②彭湃.大学、政府与市场:高等教育三角关系模式探析———一个历史与比较的视角[J].高等教育研究,2006,27(9):100-105.

③彭湃.大学、政府与市场:高等教育三角关系模式探析———一个历史与比较的视角[J].高等教育研究,2006,27(9):100-105.

④褚建勋,王晨阳,王喆.国家有组织科研:迎接世界三大中心转移的中国创新生态系统探讨[J].中国科学院院刊,2023,38(5):708-718.

能不同,造成了政府在促进大学有组织科研中扮演不同角色。总体而言,可以分为投资者、引导者、协调者、监督者和消费者等五个角色。

在推动大学有组织科研中,美国联邦政府更偏向于引导者、协调者角色。在美国当前强调关键领域的基础研究模式中,联邦政府更多地发挥了统筹协调作用。联邦政府在国家科学基金会内部成立科学与技术部门,推动关键领域的基础研究;同时,联邦政府协调了政府、大学和企业的关系,与大学合作成立大学创新技术中心,推动大学基础研究创新,与企业合作在各地建立区域创新技术中心,促进科研成果转化,服务地区经济发展。[①]联邦政府并不直接投资大学科研仪器设施、科研平台、科研团队的建设,而是将由好奇心驱动的研究引导到解决现实世界中的问题、提升社会福利的方向上去,促进大学与企业等外部团体,以及大学团体内部的信息交流合作;通过市场价格、竞争机制来激励大学将精力资源投放在能够使社会受益的研究上,即引导好奇心、跨界合作和精心策划的商业化是美国大学有组织科研的三大支柱。[②]

我国政府在推进大学有组织科研方面主要扮演投资者和监督者角色。政府主要通过项目式科研资助和平台建设来推动大学有组织科研,同时通过定期评估考核等监督手段,来鼓励和鞭策大学努力作为。我国充分发挥"举国体制"的制度优势,在推进大学有组织科研方面采取了形式多样且富有成效的举措,但是,存在分散化倾向,如不同部委推动建立不同的工程中心、实验室,再加上地方政府推动形成的不同层级的战略科技力量,使得我国实验室、工程中心等有组织科研载体数量众多、管理部门众多、功能雷同、资源分散。同时,有组织科研载体新建与评估较为频繁,这点虽然有利于竞争和激励,但是不利于长期稳定,不利于大学在某一重大领域长期深耕。美国联邦政府推动大学有组织科研的举措虽然远不如我国丰富,但是,具有稳定性。例如,国家科学基金会对大学—产业合作研究中心提供三期共

①周光礼,姚蕊.有组织科研:美国科教政策变革新趋势———基于《无尽的前沿:未来75年的科学》的分析[J].清华大学教育研究,2023,44(2):12-20.
②柯拉尔,弗朗汉姆,佩里,等.有组织的创新:美国繁荣复兴之蓝图[M].陈劲,尹西明,译.北京:清华大学出版社,2017:56.

15年的资金资助。^①此外,我国有组织科研处于"强势政府行为的中级阶段"^②,对于企业等外部主体参与大学有组织科研的举措较少,在构建政府、大学、企业、科研机构、公益机构等多主体参与的有组织科研创新生态系统方面存在不足。

四、我国政府推动大学开展有组织科研的建议

我国创造性地将新型举国体制用于关键核心技术攻关,2022年9月,中央全面深化改革委员会第二十七次会议审议通过了《关于健全社会主义市场经济条件下关键核心技术攻关新型举国体制的意见》,指出,健全关键核心技术攻关的新型举国体制,要把政府、市场、社会有机结合起来,科学统筹、集中力量、优化机制、协同攻关;要推动有效市场和有为政府更好结合,强化企业技术创新主体地位,加快转变政府科技管理职能,营造良好创新生态,激发创新主体活力。新型举国体制是在原有举国体制基础上的继承与创新,理解了新型举国体制"新"在哪里,就抓住了健全新型举国体制的两个关键——有为政府和有效市场。

充分发挥新型举国体制优势加强大学有组织科研,要抓住有为政府和有效市场两个关键要素,在强调"举国体制"重点投入与保障的同时,更要凸显"新型"特征。第一,科研需要思想市场,大家互相辩论,产生新思想;第二,科研要有商品市场,将商品投放到市场,回收成本,科研才能继续。^③习近平总书记指出"要推动有效市场和有为政府更好结合,充分发挥市场在资源配置中的决定性作用,通过市场需求引导创新资源有效配置,形成推进科技创新的强大合力"^④。充分发挥市场机制在大学有组织科研中的作用,一方面,要推动大学与企业等外部组织的跨界协同创新。长期以来,我国采用的是政府主导的举国科研体制,通过行政主导的方式举全国之力完成科研攻关。^⑤在举国体制下,我国短时间内在一些关键领域取得了重要成就,但也出现了缺乏国家战略科技力量的有力牵引、各创新主体的功能不够明

①吴伟,范惠明.协同创新:来自科技计划与学术机构的多案例研究[M].北京:科学出版社,2017:13.
②褚建勋,王晨阳,王喆.国有有组织科研:迎接世界三大中心转移的中国创新生态系统探讨[J].中国科学院院刊,2023,38(5):708-718.
③张馨予,郑永年.走向高质量发展需要三大法宝[J].中国新闻周刊,2023(9):40-41
④习近平.加快建设科技强国 实现高水平科技自立自强[J].奋斗,2022(9):6-17.
⑤周光礼,姚蕊.有组织科研:美国科教政策变革新趋势———基于《无尽的前沿:未来75年的科学》的分析[J].清华大学教育研究,2023,44(2):12-20.

晰等问题。①我国应借鉴美国的科研体制,发挥政府、市场、社会的力量,建立政府、大学、企业等多元主体共同参与的新型举国体制,强化战略科技力量,实现关键领域的科研突破。

另一方面,要加大对教师学术创业的支持与帮助,以技术商业化激励大学技术创新。我国大力提倡创新创业,明确规定支持和鼓励事业单位专业技术人员兼职创新或者在职创办企业、离岗创新创业,并提高科研成果转化收益中教师的分配比例。这种强物质激励举措,在一定程度上提高了教师学术创业的积极性,但尚未形成鼓励教师学术创业的文化氛围和支持教师学术创业的服务体系,教师学术创业的制度性成本依然较高,教师学术创业的意愿不高,且成功率较低。短期内对失败容忍,允许试错和失败,同时长期对成功给予回报,这样的契约组合能够激励企业创新,②大学科研创新也是如此。政府要推动大学科研创新体制创新,允许、鼓励并支持大学科研成果商业化。美国顶尖的研究型大学多为私立大学,在学术自由、学术自治、个人主义盛行的美国,开展有组织科研难度较高。我国有集中力量办大事的传统和优势,这是美国及其大学所缺乏的,但是在现实中,美国研究型大学无论是公立还是私立的,在经济社会发展中都发挥了重要作用,政府如何与大学开展科研合作? 如何吸引大学参与国家科研创新? 这是我国政府在推动大学开展有组织科研过程中不得不深入思考的问题。

① 陈劲.以新型举国体制优势强化国家战略科技力量[J].人民论坛,2022(23):24-28.
② 田轩.创新的资本逻辑[M].北京:北京大学出版社,2020:4.

第二篇　科研组织体系建设

第四章　科研战略规划

"凡事预则立,不预则废",对于组织来说也是如此。规划是具有长远性、全局性、战略性、方向性的行动纲领和实施方案,我国大学非常重视战略规划制定,几乎所有的大学都制定了科研战略规划。科研战略规划为有组织科研提供了方向和结构上的统筹考虑。在加强科研发展顶层设计的同时,还要面向外部重大战略需求打造科研核心竞争力。

一、大学有组织科研战略规划存在的问题与建议

大学战略管理包括外部视角、内部视角和个体视角三个层次,[1]外部视角监控和扫描影响大学发展的外部因素,并寻求应对举措;内部视角关注大学内部情况分析及规划的合理框架;个体视角关注规划落实的举措与行动,以及组织的合作与分工。我国大学科研战略规划主要从内部视角和个体视角制定,对外部视角考虑不足,有组织科研战略管理主要存在两个问题:一是对国家和区域重大战略需求,被动接受多,主动谋划少,尚未建立起主动响应国家与区域重大战略需求的有效机制。二是有组织科研前瞻布局不够,主要呈点状布局,尚未建立起"横向融合"创新主体、"纵向贯通"创新链的有组织科研战略布局。

(一)原因分析

1."自内而外"界定需求,存在一定的需求"假想"

我国大学科研战略规划是学科规划的一部分。学科规划主要是基于学科知识生产打造科研优势,在理论上,学科规划应该包括要发展哪些方向,要达到什么水平,要配置什么人才,建设什么平台等四个要素。在实践上,大学学科规划主要是

---

①沃森.高等院校战略管理[M].孙俊华,等,译.南京:江苏教育出版社,2010:6.

根据教育部的统一要求,包括五个方面:口径范围、建设目标、建设基础、建设内容、预期成效。笔者对"双一流"建设大学的部分学科规划文本进行了分析,其中,学科建设目标主要包括四个方面的内容:学科水平、学科领域、服务范围、竞争范围等,同时,分为近期目标、中期目标和长期目标。大学学科规划通常以一级学科为单位,一般由某个学院所在学科牵头,其他学院学科参与。学科规划的内容由学科内部协商决定,各学科规划做好之后,交由学校进行备案。一般而言,学校层面不制定学科规划,主要是进行学科布局。学科布局就是决定学科建设的顺序,即决定优先发展哪些学科,重点发展哪些学科。可见,学科规划主要是从学校内部出发,提出学科发展的目标、举措及进行资源配置。作为学科规划子规划的科研战略规划,也主要是"自内而外"的,对于外部需求的界定主要是基于教师或学院的直觉性判断,可能没有挖掘到外部真实需求。

2.缺乏获取外部真实需求的动力

大学科研战略规划主要是对学科规划指标进行分解与落实。作为学科规划子规划的科研战略规划,关注的是任务分解,作为科研战略规划实现主体的学院,关注的是目标实现。

学院的外部办学环境主要指的是学校,学校的外部办学环境主要指的是社会,教师个体处于这个同心圆的中间。学院等基层学术组织受到社会办学环境的影响较小,可以说,学院是一个半封闭的办学环境。一个系统是开放的,并不是说它与环境之间存在交换关系,而是指这种交换关系是系统存活的关键。[①]在我国现有的学校管理体制下,学院存活的关键是是否能从学校获得资源,而不是与社会政府等群体进行信息、资源交换。学院缺少主动获取社会需求信息的动力,首先,在资源获取上,学院主要依靠学校的财政预算,几乎不直接从社会获得办学经费,所以对外部财政经费的减少或增加并不敏感。其次,在管理方式上,学校与学院基本上是决策和执行的关系,学院对科研任务和指标负责,至于科研成果是否对国家、经济社会发展做出贡献,学院难以衡量,缺少做出实质性努力的动力。

---

①斯科特,戴维斯.组织理论:理性、自然与开放系统的视角[M].高俊山,译.北京:中国人民大学出版社,2011:20.

（二）解决建议

针对大学有组织科研战略规划存在的问题，在制定有组织科研战略规划中要特别注意以下三点。

1.建立制度化的外部需求了解、分析、转化与传导机制

一方面，要加强大学领导与外界利益主体的信息交流与需求转化，加强对优秀教师学术领导力的培养。另一方面，要加强科学技术研究院建设，转变科研管理理念与职能，由单一行政性服务向集主动谋划、组织策划、服务支持于一体的综合管理转变。

2.加强与相关利益主体的沟通交流，共同挖掘定义科研问题

大学加强有组织科研合作要从"企业出资、大学研究"向"大学—企业交流合作"转变，加强与政府、企业等相关利益主体的交流沟通，共同发现有组织科研中的学术问题。大学尤其是地方大学不一定要追求与大企业的合作，可以选择最有技术需求、最有合作价值的企业进行合作，同时，要重视与政府业务主管部门的交流合作。在大多数情况下，业务主管部门和大学一样，也不知道其中的科研问题，因此大学要加强与业务主管部门的交流合作，共同挖掘定义科研问题。

3.改革院校管理体制，增强基层学术组织对外部环境响应的动力

"如果要在组织内广泛建立自治工作群体，必须有这样一种管理氛围，即必须发展一种自我调节的工作结构以对未来的环境变化做出反应。"[1]大学要进一步提高组织应变能力，就需要在组织结构和管理体制上有所改变，建立起支持性、激励性的管理体系，让基层学术组织具有自主满足环境需求的能力和积极性。具体而言，就是要深入推进学校综合管理改革，切实让二级学院对科研发展目标和结果负责，让二级学院成为能够进行自我规划、自我发展和自我实现的办学主体。

二、大学制定有组织科研战略规划的重点与难点

有组织科研需要具有相对明确的科研目标和相对清晰的科研任务，这是有组织科研能够进行集体分工合作，把人员组织起来的基础。与其他机构的有组织科研不同，以基础研究为主的大学开展有组织科研，主要是为了实现关键技术领域的

---

[1]沙因.沙因组织心理学[M].3版.马红宇,王斌译.北京:中国人民大学出版社,2009:193.

自主创新和原始创新,研究目标往往较为模糊,技术路线也不清晰,不具备"兵团作战"集体攻关的基本条件。采用"兵团作战"集体攻关模式需要满足"原理基本清楚、有一定技术基础、任务目标明确、是跟踪和追赶型任务"等四个条件。①

界定需求、凝练问题是大学有组织科研战略规划的重点与难点。有组织科研的关键在于能够凝练出面向国家和区域发展战略需求的重大科学问题与工程技术难题,但国家重大发展、区域高质量发展、行业产业创新等重大需求往往非常模糊,其中的学术问题尚未得到清晰表达。大学是基础研究的主力军和主阵地,但大学的基础研究离社会问题解决还有很长的距离。当前,我国大学对重大科研问题的凝练普遍不足,未能将国家和区域发展战略需求转化为教师开展科研的学术问题,有组织科研也未能与学校重点科研发展方向紧密衔接,缺乏目的性与有效性。大学加强有组织科研要建立重大科研问题凝练机制,主动挖掘并清晰定义重大科研问题,精准对接国家和区域发展战略需求。

结合当前的实践经验,我国大学将外部战略需求转化为重大科研问题主要有以下四种方式。

1.发挥战略科学家的作用

战略科学家既紧跟世界研究前沿,又能看到未来科技产业的发展趋势,能够"拎出"国家与社会经济发展中面临的难题,将其转化为技术问题,并站在国家发展、产业创新的高度设计研发项目。实际上,战略科学家在国家与区域重大科研项目设计中发挥了重要作用,一些大学在国家科研立项部门征集科研选题的过程中,通过校内战略科学家设计重大科研选题,反馈重大专项技术需求。战略科学家提出的选题一般与学校优势学科领域或研究方向密切相关,大学可以进行前瞻布局,提前组织力量开展预研,主动融入国家发展战略与区域发展大局。

在基础性、前沿性重大科研领域,战略科学家发挥了更为重要的作用。因为基础性、前沿性研究具有研究需求模糊、研究活动不确定、研究路线不清晰、研究产出不明确,但科研投入巨大等特点,尤其需要战略科学家的决策与组织。国家重大科研项目竞争激烈,很难获得立项,大学开展基础性和前沿性有组织科研,主要是围

---

① 李国杰.新时期呼唤新的科研模式——中国70年信息科技发展的回顾与思考[J].中国科学院院刊,2019,34(10):125–129.

绕国家和区域战略发展需求,建设重大科研平台,开展项目预研,提升科研攻关能力,以培育重大科研项目。大学的重大科研平台和重大科研项目,普遍采用战略科学家牵头组织机制,给予战略科学家足够的学术自主权,由战略科学家提出重大科研问题,并设计实施路径与路线图。例如,为了保证开展国家急需的需求研究,之江实验室在顶层治理基础上建立由国内外院士、顶尖科学家组成的学术咨询委员会,委员会负责向理事会提供有关创新研究方向、重点发展领域、重大研究任务和目标等学术问题的咨询意见和建议,指导和把握实验室科研方向,进行学术工作评估。在实验室三大研究领域设由知名院士担任的首席科学家,重大科研项目由院士级、浙江大学院长级以上的"学术大牛"提出,并经过一套严格的评审流程,最终由首席科学家把关。

大学加强有组织科研要培育具有深厚学术造诣、良好学术眼光、卓越科研组织谋划能力的战略科学家,但是,战略科学家是稀缺资源,在缺乏战略科学家的领域或学校,重大科研问题凝练往往"有心无力",有必要探索多元化的重大科研问题凝练机制。

2. 开展全校大讨论

这种方式是根据外部重大需求,围绕学校优势核心领域,组织专家教师进行广泛研讨,最终确定有组织科研的方向与选题。美国一些大学针对社会发展和人民生活中存在的棘手问题,设立大科研计划,吸引教师组建强大团队关注社会发展重大问题并开展相关研究。明尼苏达大学的"重大挑战计划"由教务长发起。2015年初,"教务长重大挑战计划研究战略小组"智囊团由30名各学院资深教授和杰出教员组成;2015年秋,战略小组先后组织了五场全校范围的学术论坛,广泛征集挑战主题及研究计划。北京航空航天大学也采用了类似的全校选题征集与遴选机制,例如,为了促进跨学科研究,北京航空航天大学面向全校广泛征集"理工交叉融合科学问题"的选题,组织全校教师开展大讨论,最后遴选形成10个科学问题。学校启动支持计划,通过"揭榜挂帅"的方式开展前沿技术集体攻关。

清华大学每五年举办一次全校科研工作讨论会,讨论未来学校科研发展的重大方向与举措,至今已经举办18次。第18次全校科研工作讨论会以"创新科研模式,建设世界一流大学创新体系"为主题,设置了"基础前沿与关键核心技术布局"

"重大创新平台与科研攻关团队建设"等八个研讨专题,在学校层面为每一个研讨专题设立专门工作组,组织全校教师开展讨论,最终形成《清华大学2030创新行动计划》及系列实施方案。

采用全校大讨论的方式,要求大学有一大批学术水平较高、与产业密切合作的教师群体,教师具备通过研讨提出基本合理的科研问题的能力。同时,要求大学有针对科研发展的定期研讨机制,充分调动基层学术组织参与研讨的积极性,组织教师进行正式讨论,并不断更新迭代。此外,还要发挥校内学术委员会、科研委员会等学术组织的把关作用。

3.借力行业领域顶尖专家

对于无法依靠校内教师凝练出重大科研问题的学校或领域,可以借助校外专家的力量,邀请行业领域顶尖专家围绕行业产业发展中的难题,总结行业产业发展的共性需求,凝练学术前沿问题。浙江农林大学在"十二五"时期提出"建设国内知名的生态型创业型大学"的发展定位与愿景,邀请农业和林业领域专家,开展对学校重点发展领域的诊断与规划,最终明确学校的10个重点发展领域,并在每个重点发展领域中确定三个优先主题("1030计划"),作为学校学术创业的主战场,纳入学校中长期发展规划。[①]

邀请校外专家进行发展诊断是"最省事"的方法,但存在过度依赖校外专家,无法根据校内实际情况转化科研问题的风险。校外专家了解行业产业发展中面临的问题,但是并不一定能够提炼出适合大学的科研问题,这就需要大学在校外专家诊断意见的基础上,根据学校实际情况再研究、讨论和转化。浙江农林大学的10个重点发展领域,结合了浙江省农业和林业的发展的重大需求,融合了与省内其他大学错位发展的思路,同时,兼顾了学校大多数教师的研究方向和领域。

4.与相关利益主体反复交流研讨

大学与相关利益主体进行反复沟通交流,在不断研讨中共同明确科研问题,为此,大学要建立一个非常活跃的科研交流合作网络。大学往往通过战略联盟、产学研合作伙伴、理事会、董事会等机制或平台将相关利益群体组织起来,频繁开展相关问题讨论,从而不断明确问题。例如,美国大学就非常热衷于建立各种"合作伙

①陈霞玲.创业型大学组织变革路径研究[M].北京:北京理工大学出版社,2015:136-145.

伴"，不论是学校，还是各个学院或研究机构，都有自己的产学研"合作伙伴"。"合作伙伴"类似于一个俱乐部，企业通过缴纳会员费或类似捐赠的方式加入。通过"合作伙伴"，大学建立了科研合作交流"小团体"，企业可在这里提出需求，由大学开展研究，大学的科研成果优先转让给"合作伙伴"。

芬兰应用科技大学的使命是开展应用开发研究，服务区域经济社会发展，但是，目前学校主要从欧盟地区发展基金申请科研资助。为了更好地服务区域经济社会发展，芬兰应用科技大学非常注重与地方公共机构、企业的沟通合作，通过创建或加入区域创新生态系统，与相关利益主体保持频繁互动与沟通。例如，芬兰卡累利阿应用科技大学（Karelia University of Applied Sciences）就与有关本地机构和企业保持了非常紧密的交流合作关系，该学校科研管理服务部门负责人在接受访谈时说"我们一直在讨论城市社会未来的共同需求，讨论应该做些什么来解决我们遇到的问题。当我们找到了答案，就一起合作来解决它"，这与芬兰卡累利阿应用科技大学主动创建区域创新生态系统的努力是分不开的。卡累利阿应用科技大学的校长、科研副校长以及教学科研处长都是区域创新生态系统的发起者和组织者，学校层面设有一个专门负责推进合作的行政部门。学校在组织层面先与有关机构或企业达成某种合作协议，为了保证合作协议的有效运行，为每一个合作协议指定一位负责人，这位负责人通常是与合作主题关系最为密切的专业教师。

第五章 科研团队建设

一、大学科研团队的类型与发展

团队是指为了实现某一目标而由相互协作的个体所组成的正式群体。有组织科研以团队的方式开展研究,科研团队的组建与管理是有组织科研的基础工作。团队是一个边界非常模糊的概念,虽然科研团队随处可见,但是大多数团队并没有组织依托,团队成员动态变化,且生命周期较短,使得科研团队往往难以管理和控制。

(一)科研团队的类型

根据不同的标准,科研团队有多种类型。从研究类型来看,可以将科研团队划分为基础研究型团队、应用研究型团队和发展研究型团队;从团队的研究内容所涉及的学科来看,主要分为单学科团队和跨学科团队;从团队所依托的单位来看,主要分为大学院所团队和企业团队。[①]

根据组建方式,我国大学科研团队可分为三种模式:(1)学术带头人团队,即选择该领域的顶尖学者作为团队的领导者和组织者。学术带头人团队主要凭借该学者的学术权威和人格魅力把其他优秀的学术骨干凝聚在一起,以学术带头人的名义对外交流、申请课题、开展产学研合作。(2)项目管理型团队,即基于项目的团队组建模式。(3)学科方向型团队,即明确以促进学科发展为目的而组建的团队。国内主要通过建立某一学科平台,引进国内外人才组建创新团队以实现该学科的突破性发展。[②]从1999年开始,多个国家、省部级科研创新团队支持项目陆续实施,

①郝志鹏,黄丹丹,董红敏,等.科研创新团队建设的探索与思考[J].农业科技管理,2015,34(2):80-84.
②祁娟.高校科研创新团队组建模式与运行机制分析[J].市场周刊,2010(5):11-12,6.

大力推动了我国科研团队的建设发展。[1]根据依托组织关系,可分为如下三种模式:(1)国家级科研团队。包括国家重点实验室、国家专业实验室,以及围绕"863计划""973计划"、国家自然科学基金项目等重大计划成立的科研团队等。(2)省部级科研团队。一般指由教育部、其他相关部门和大学所在省出资扶持的科研团队,以承担省部级科研项目为主要运作方式。(3)大学级科研团队。一般指由大学和地方出资赞助的科研创新团队。[2]这些划分方式都是从静态角度出发,不能很好地解释科研团队的运行。

从科研团队成因与互动方式来看,可以将科研团队分为:(1)情感型团队,如基于师徒、同门、同学、近亲、老乡、友人等情感关系而形成的团队,这种团队具有"相互帮扶"的利益共同体性质,容易形成稳定牢固的合作关系。

(2)任务型团队。任务型团队是一种松散的临时性团队,团队合作往往以完成某项科研任务或项目为目标,当科研任务或项目完成时,团队也就自然解散。例如,系里部分教师研究方向相同,为了申请或承担科研项目而组成团队。任务型团队的组成主要基于共同的学术兴趣、良好的情感关系、团队成员的专业技能及分工合作的需要。

(3)契约型团队。契约最初是指双方或多方共同协议订立的有关买卖、抵押、租赁等关系的文书,契约型团队指科研团队组成方经过协商或谈判,达成一致,共同确立合作的目标、任务分工、成果形式与处理等。

(4)制度型团队。制度型团队是依托组织或平台组建的科研团队,往往服从于组织或平台的目标,为了促进某一个研究方向或者学科的发展,以获得更大的学术声誉。制度型团队虽然也要申请科研项目,但并不是因为科研项目而成立的。例如,大学根据教育部、科技部、省级政府的科研创新团队计划而建立的科研团队。

大学科研团队有如下三个特点:首先,团队是不断成熟发展的。基于个人信任关系的社会网络关系合作模式最终将发展或扩展成更具有稳定性的市场契约式的合作模式,形成市场契约的条件是信任。初始状态的市场信任在中国缺乏根基,往往建立在个体的情感关系或"近亲"关系基础上,当团队或者组织形成了制度环境

---

①郝志鹏,黄丹丹,董红敏,等.科研创新团队建设的探索与思考[J].农业科技管理,2015,34(2):80-84.

②祁娟.高校科研创新团队组建模式与运行机制分析[J].市场周刊,2010(5):11-12,6.

后,陌生人可以借助制度环境的一般性信任进入团队,或者组织间的合作中,这时候,团队或者组织就成熟了,团队文化因此形成,这也是组织文化建立的机理。[①]

其次,大学往往建构多层次、多类型的科研团队。我国大学,即使是同一学科领域,在创新链上也建有不同的科研团队。例如,北京大学通用人工智能学科建设共有"四级架构":第一级是大学的PI制,以学院内学术带头人为核心,学术带头人带领研究生、博士后在有组织科研领域开展探索,即情感型团队;第二级是大学内的研究中心或重点实验室,如人工智能研究院聚集了兴趣相投或者互补的多个PI团队,形成领域优势力量或者跨领域的交叉研究中心,即制度型团队;第三级是校外新型研发机构,即任务型团队;第四级是校企联合实验室,即契约型科研团队。[②]

最后,大学教师同时属于多个科研团队,尤其是"学术大牛",其往往是多个科研团队的负责人。情感型团队是大学最原始也是最普遍存在的科研团队,几乎所有的教师都有情感型团队,他们非常容易把情感型团队的"家长式"管理风格迁移到对其他团队的管理中,这成为影响大学科研团队发展的个人因素,即团队负责人的领导能力问题。大学有组织科研主要是契约型团队和制度型团队,有组织科研服务国家和地区发展的重大战略需求并不明确,而且大科研项目申请很难,大学往往先组建科研团队,以科研力量培育的方式来开展有组织科研——团队力量强大了再申请大科研项目。

(二)科研团队的运行机制

1.信任机制

信任是交易或交换关系的基础,但是信任又是一个带有心理活动的抽象概念。信任机制代表着一种心理契约,人们相信参加科研合作,能够获得与付出成本相一致的回报。一些团队基于团队成员的亲密关系,有着先天的信任关系,如情感型团队是基于紧密的社会网络而建立起来的合作关系,是一种利益共同体。团队成员可以接受模糊回报、延迟回报或异物回报,这种信任机制的建立并不在有组织科研团队的研究之列。大多数科研团队是在后天合作相处中发展出了信任关系,如项目管理型团队中的利益分配问题。后天形成的跨学科研究合作的信任机制主要来

---

①刘亚荣,陈霞玲.中国大学组织变革案例研究[M].北京:北京理工大学出版社,2021:204-205.
②以有组织科研推进原创性、引领性创新[N].光明日报,2023-02-18(10).

源于两个方面:一是组织规则,即组织是否有共同的、公开的合理规则,以及这个规则是否得到有效执行,这个决定了个体对付出与回报对等概率的感知;二是组织态度,指组织对个体从事某一行为的支持程度,即"计划行为理论中的主观规范,指是否采取某一个行为受到周围主要群体支持或反对的影响"①。

2. 物质利益机制

物质利益机制指的是教师为了获得更多的物质收入而参加科研团队合作,例如,参加横向科研项目能够获得科研经费或科研绩效。

3. 成长机制

对于学术工作者来说,最大的精神激励就在于能够从跨学科研究中获得成长,这是一种延迟收益机制,即教师能够暂时性地不计较从事科研合作所获得的物质激励,因为,他觉得或相信,自己能够从科研合作中获得更好更快的成长,以弥补暂时性的"损失"。学术工作的成长机制就变得非常重要。成长机制包括能力成长和成长机会两个方面。科研团队的能力成长包括知识共享交流与团队负责人的学术指导两个方面;成长机会包括研究资助与奖励推荐两个方面。

4. 声誉机制

无论对于教师个体,还是对于学术组织或是大学来说,学术声誉都是高于一切的,大学的一切奋斗都可以归结为了获得学术声誉。"大学教师通过获得声誉来获得报酬"②,这是教师作为知识生产者的生存方式,也是教师不同于其他行业从业者的利益获得机制。

大学有组织科研以外部重大需求为导向,往往是由跨部门、跨学科、跨学校组成的大型制度型科研团队,兼有知识生产、项目完成和产学研合作等多种任务,有着不同于传统学科科研团队、产学研合作团队的显著特征。跨学科科研合作主要基于社会交往的利益共赢(即互惠机制),包括学术成长、学术声誉、物质利益、信任环境等方面,有着不同于传统学科科研团队和产学研合作团队的运行机制,而且随着不同学科人员交往的变化,出现多种运行机制并存的现象。

①黄雪梅."双一流"建设高校教师科研合作影响因素的思政研究[J].中国高教研究,2022(4):78-84.
②齐曼.真科学:它是什么,它指什么[M].曾国屏,匡辉,张成岗,译.上海:上海科技教育出版社,2002:20.

二、大学跨学科科研团队合作的制度影响因素

激励理论是关于如何满足人的各种需要、调动人的积极性的原则和方法的概括总结。根据激励理论,激励可以分为物质激励和精神激励;激励因素可以分为个体激励因素和组织激励因素两个方面。综合梳理激励理论,个体激励因素主要有:(1)生存性因素,如安全、物质等;(2)心理性因素,如关系、尊重等;(3)成就性因素,如成长、权利等;(4)动机性因素,如驱动力、需要等;(5)情绪态度等。组织激励因素主要包括:目标设置、工作岗位设计、工作规则与管理制度、资源分配、文化氛围等。本书主要研究影响跨学科科研团队合作的组织激励因素,组织激励通过"期望值""公平感""反馈""奖励"等中介变量来影响个体激励(见图5-1)。

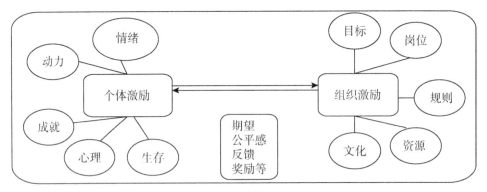

图5-1　科研团队的个体和组织激励因素

跨学科科研团队的有效合作,不仅受到团队内部个人因素的影响,更受到诸多组织和社会等外部因素的影响。综合激励理论和跨学科科研团队运行机制发现,跨学科科研团队的制度影响因素主要有学术成长、学术声誉、物质利益和信任环境等四个因素。学术声誉是物质利益的中介变量,对于科研人员来说,二者很难分开,科研人员通过学术声誉获得物质利益,通过学术成长获得学术声誉。

双因素激励理论认为激励分为"保健因素"和"激励因素"。"保健因素"指工作以外的激励因素,能消除个体不满情绪,维持原有的工作效率,但不能激励人们做出更积极的行为。根据双因素激励理论,可以将"学术成长"假设为"激励因素",即正向激励因素,物质利益、学术声誉、信任环境等因素假设为"保健因素",这些因素

本身并不会促进跨学科科研合作,但是如果缺少这些因素,教师的跨学科科研合作会受到影响。

（一）学术成长

知识尤其是隐性知识的共享与交流是教师学术成长的重要路径。"团队成员的知识交流共享与团队知识整合之间存在显著正相关关系,科研团队成员之间充分地交流和共享自己的知识、经验和观点是团队进行知识整合的重要途径。"[①]朱丽·克莱恩认为"学科知识交叉与融合中包含着差异、张力和冲突,它们不是不能排除的障碍,只是需要翻译和协作,需要交流"[②]。同样,美国国家科学院等做的关于交叉学科的研究中也表明,团队中跨学科科研合作的核心在于交流———对话、联系、结合,这些会为几乎所有学科的科研人员带来新的洞察。孙艳丽和于汝霜认为,提高跨学科科研团队组织绩效的关键是促进跨学科科研团队的有效沟通交流,以打破大学人为设置的学科制度带来的话语体系障碍。所以,组建跨学科科研团队就是在不同学科的研究对象、研究方法及概念术语等话语体系中架起一个沟通交流的平台。这些研究都指明了跨学科科研团队内部知识交流共享的重要性。不仅因为知识交流共享是跨学科科研团队知识整合的重要方式,还因为知识尤其是隐性知识的交流共享是教师学术成长的重要途径。很多学者对科研团队的知识交流共享进行了研究,也提出了一些关于促进团队知识交流共享的举措,但主要是关于团队知识共享的机理及团队内部的激励举措,还未深入到大学管理体制机制层面。

现阶段大学多以数名同一学科内教师组建科研团队的方式来开展科研攻关,教师较少与其他学科科研人员进行交流合作,也没有形成良好的交叉学科的交流合作机制。这种科研模式在很大程度上为研究思路、技术路线等带来诸多限制,导致大多数大学科研团队采取了模仿性、跟踪式研究路线,来降低科研过程中存在的风险。[③]

①晋琳琳,李德煌.科研团队学科背景特征对创新绩效的影响:以知识交流共享与知识整合为中介变量[J].科学学研究,2012,30(1):111-123.
②克莱恩.跨越边界———知识、学科、学科互涉[M].姜智芹,译.南京:南京大学出版社,2005:203.
③张宇庆,姬庆庆.知识创新视角下的大学学科交叉研究[J].中国高校科技,2020(6):63-66.

科学活动主体的互动是跨学科知识创新的关键。①长效的共享机制是大学跨学科科研团队协同创新的保障。②此外,汪丁丁认为,只有在local(局部的、本地的、当下的)的情况下,知识才可能被深化,这是因为其意味着人们可以面对面交流,可以直接体悟一些只可意会,不可言传的"隐性知识",知识的抽象性降低,并变得更为具体。③

(二)学术声誉

学术声誉的主要影响因素包括职称晋升和成果署名/作者顺序。

1.职称晋升

从事跨学科科研不利于评职称,可能有以下三个原因:一是成果难以发表。认定边界模糊造成了科研成果发表困难,现今科研成果认定还是主要基于学科分类,而跨学科科研成果由于难以认定其基本属性,无法在高水平期刊中被合理评价。成果发表困难必然导致成果评价体系缺失,现今的评价标准也是基于某一学科的专业认定。二是同行评议使得跨学科科研成果在评审中处于不利的位置。大学职称晋升主要采用同行评议,同行评议专家的选择较为困难,院系评审委员会成员选择时对于参加评审人员的学科交叉背景考虑不足,使得跨学科研究成果难以获得认可。吕黎江和陈平提出,院系岗位设置及任职基本条件主要从学科出发,基本很难考虑交叉学科。④目前,绝大多数大学对教师的绩效考核、职称评定等事关教师前途的考核还是固化于其在单一学科体系中取得的成果,这在一定程度上抑制了教师拓宽自身研究领域的积极性,致使教师在单一领域故步自封,无暇顾及其他学科。⑤三是职称名额难以获得。我国大学评职称,首先要在各个二级单位或学科之间进行职称名额分配,无论以何种方式分配,最终都由学院来分配。"在大多数学术机构,聘用、终身职位和晋升往往由各个院系控制,教员通常只能靠在本系实际进行的教学和研究来获得认可。在跨学科小组或院系外授课的教师可能很少甚至无

①柳州,陈士俊,王洁.论跨学科创新团队的异质性知识耦合[M]//柳仲林.中国交叉学科(第三卷).北京:科学出版社,2010:38-42.

②毕颖,杨连生.大学跨学科研究组织协同创新的本质及其政策建议[J].教育发展研究,2014,34(9):34-39.

③汪丁丁.记住"未来"[M].北京:社会科学文献出版社,2001:25.

④吕黎江,陈平.高校跨学科团队合作的障碍及其对策研究[J].中国高等教育,2019(18):53-55.

⑤张宇庆,姬庆庆.知识创新视角下的大学学科交叉研究[J].中国高校科技,2020(6):63-66.

法获得院系的奖励。而且,由于管理方式不同,不同院系往往不愿意合作。此外,资金一般是分配给作为运行单位的院系,因此,学校往往没有多少财政资源可用于启动或维持跨学科研究计划,各院系也不愿意将资源用于这些没有直接收益的跨学科活动,所有这些都严重阻碍了跨学科研究的发展。"[1]

2.成果署名/作者顺序

虽然院系组织形式、学科知识及研究规范等因素在某种程度上阻碍了跨学科科研团队的运行,但最主要的阻碍因素仍是"利益",如成果署名或作者顺序、成果归属哪个学科及科研经费的分配等。目前的科技管理评价体制及由此带来的院系对教师的考评,是造成以上局面最主要的因素。[2]

(三)物质利益

我国大学独有的"工分绩效"制度,不仅关系到教师个体的收入,同时还关系到教师所在院系获得的学校资源情况。采用强物质激励机制,对科研项目和科研成果进行"重金奖励",使得教师个体之间这部分收入差异较大,而且这部分收入往往超过了日常稳定性收入。这导致科研团体及教师个体之间的过度竞争,而且同一层级的组织和个人之间属于"零和博弈"关系。

总体而言,影响教师物质利益的因素主要有以下几个。

1.过于强调第一署名

长期以来,我国大学教师评价体系是一种针对个体的评价体系,评价指标往往具体到个人负责的科研项目、发表的论文等。大学科研团队的所有成果一般都是骨干成员特别是带头人优先冠名,所以,现行评价体系往往只对团队骨干成员和带头人有利,而对团队中的其他成员特别是青年学术骨干关注不够,这种评价机制不仅损害了团队成员的利益,而且严重打击了他们在团队中从事科研的积极性,变相地导致大学科研人员不愿意加入科研团队,不想为团队的共同科研成果而努力。[3]当前对科研团队科研成果的评价,多是对科研成果第一完成人的科研业绩的评价,

①程如烟.美国国家科学院协会报告《促进跨学科研究》述评[J].中国软科学,2005(10):154-156.
②孙艳丽,于汝霜.跨学科科研团队知识整合的障碍及其运行机制研究[J].黑龙江教育(高教研究与评估),2018(2):4-7.
③张茂林.创新背景下的高校科研团队建设研究[M].北京:中国社会科学出版社,2014:173.

团队中除科研成果第一完成人以外的其他成员所做的贡献未得到充分的认可。①

2.缺少团队整体考核机制

我国大学缺少对科研团队的整体性考核。科研团队考核结果简单地为个体科研成果数量的加总,由于科研团队边界具有模糊性,甚至存在将不属于科研团队的教师的成果也一并统计计算的情况。对科研团队的考核,重产出,轻运行,几乎很少涉及对科研团队管理制度、团队沟通、成员发展、团队负责人管理能力等内容的考核。这样使得科研团队内部管理相对落后,难以从传统情感型团队向契约型团队转变。

3.缺少公开透明的利益分配机制

科研团队缺少公开、透明的利益分配机制,对于科研项目的任务分工、科研经费和绩效分配等利益分配问题,鲜有公开的、明确的、大家一致认同的规则,使得科研经费和绩效分配权主要集中在团队或者项目负责人手中。

(四)信任环境

科研团队缺少信任的科研环境,主要原因有:首先,跨学科科研团队多为制度型团队,虽然有组织目标,但是这种组织目标不等于个人目标,且组织目标往往较为宏观和模糊,团队没能把个体目标和组织目标进行很好的结合,形成新的团队目标。其次,团队缺乏公开、合理的合作规则。团队合作规则主要包括任务分配规则、科研经费分配规则、绩效分配规则、考核评价规则、成果署名规则等。最后,科研团队周围人的态度(即主观规范)也会影响到跨学科科研的合作,主要是教师所在学科团队、所在院系对其参加跨学科科研的态度,以及学校对跨学科科研的态度等。科研团队、院系及学校在跨学科科研上的态度难以一致,重视程度也不一,大多数情况下,学校非常鼓励支持,但是院系和科研团队出于局部利益的考虑对教师从事跨学科科研的态度转为冷淡。

三、我国大学跨学科科研合作的制度性障碍

国内外大量的研究都指出了大学跨学科科研存在着严重的制度性障碍,例如,美国学者罗腾在其关于跨学科科研合作的社会与技术条件的多元方法分析中,运

①蒋科兵.高校科研团队建设存在的问题及对策初探[J].科技管理研究,2011(4):91-93.

用"变化的三角形"(triangle of change)理论,对科研环境进行考察,得出结论:阻碍向跨学科科研转变的因素既不是位于三角形顶角的"外部关注"(extrinsic attention,包括资助机构、研究经费)的缺乏,也不是位于三角形底部的"内部动力"(intrinsic motivation,教师与学生的兴趣)的缺乏,而是位于三角形中部的"系统实施"(systemic implementation,大学管理和结构)的缺乏。[1]同时指出,许多大学之所以没有实施彻底的跨学科改革,而只是在原有学科组织结构上贴上跨学科的新标签,其根源不仅仅在于原有结构对跨学科科研造成的实际阻碍和抵制,更关键的在于缺乏旨在为积极支持跨学科科研而对原有学术组织结构进行重新设计(redesign)的"系统",由此所谓的首创举措(initiatives)实际上并没有达到预期目标,也未能服务于"系统"想要支持的对象。[2]

我国大学在科研发展策略、学术资源分配、教师工资薪酬、科研业绩考核、学术职位晋升等方面有着不同于国外大学的制度体系,使得跨学科科研合作面临不同的制度性障碍。

第一,特有的学科内嵌单位制(以学科为单位划分资源),使得学术组织、科研组织之间处于非合作的博弈竞争关系,阻碍了教师参与跨学科研团队合作。

学科制度与我国特有的"单位制"文化和体制结合,产生了将学科嵌入"单位制"的学科建设和管理体制,形成了学校内部院系设置、学科资源分配、教师人事关系归属、学科岗位设置、工作绩效考核和评价的基本单元。[3]学科是学校分配科研资源的主要单位,学科资源分配加剧了学院与学院之间、学院与平台的矛盾。

我国以学科建学院,学院是在一级学科或者二级学科基础上建立起来的。学院是学科建设的责任单位,同时,在学院之外,学校又建立了科研平台。学院内的研究机构主要是虚体研究机构。学校内部一些实体研究机构是独立运行的,与学院并列,由学校进行直接管理,还有一些实体研究机构挂靠在学院下面。挂靠在学院下面的实体研究机构,虽然名义上设在学院下,但是学院不对这些研究机构进行管理。学院只能够管理学院内部的虚体研究机构,学院的学科建设工作主要是针

---

[1]Rhoten D. Interdisciplinary research: Trend or transition[J]. Items and Issues, 2004,5(1-2):6-11.

[2]张伟,赵玉麟.大学跨学科研究系统建构及其对我国大学的启示[J].浙江大学学报(人文社会科学版),2011,41(6):47-58.

[3]张洋磊,张应强.大学跨学科学术组织发展的冲突及其治理[J].教育研究,2017(9):55-60.

对这部分研究机构展开的。如果学院院长就是某学科带头人,学院就直接管理该学科,如院长不是学科带头人,学科带头人另有其人,则二者间存在如何协调的问题。

科研平台相对独立于学院,但又与学院存在千丝万缕的关系,二者在人员、资源等方面交互频繁。这种有组织科研载体和学院在功能和人员上存在严重重合。一是学院和平台都具有教学和科研功能:学院主要开展教学,同时也从事研究;科研平台主要开展研究,同时培养研究生,二者在研究领域、研究类型、研究生培养等方面存在功能相似性。二是部分教师身份归属在学院和平台上有重合。有组织科研载体虽然聘有专职科研人员,但是有相当一部分人员来自学院,而且是以"选调"的方式参与科研平台,这部分人员的人事关系归属单位为学院,他们在学院从事教学,在科研平台开展研究。这就不仅使得不同学科的学院和科研平台之间存在竞争,而且同一学科之内学院与科研平台也存在竞争。在我国现有的科研管理体制下,围绕科研项目第一负责人、科研成果第一署名人,以及第一负责人和署名人的人事关系归属等问题,科研平台与学院在教师时间精力分配、学科建设经费分配、实验室设备分配、研究生指标分配等方面存在竞争关系。学院与平台的关系越是模糊,竞争越激烈,矛盾越突出,越不利于组建跨学科科研团队。

第二,长期基于学术锦标赛制的科研发展策略与资源分配方式,使得二级单位、科研团队和教师过度竞争,追求"短平快"的科研方式,不利于团队合作与成长。

中国在学术治理模式和宏观学术制度上确实具有明显的学术锦标赛制特征,并相应地对大学进行组织层面的激励,而且很多大学为了追求更好的整体绩效,往往会建立内部学术锦标赛制,尤其是研究型大学或以研究型大学为奋斗目标的大学,一般倾向于层层加码,根据业绩尤其是科研业绩对学术人员进行晋升考核或"论功行赏"。[①]学术锦标赛制作为我国学术增长的动力机制与激励逻辑,将国家宏观目标、大学组织中观目标和学术人员微观目标三者统一起来,产生了强激励并推动学术高速发展。

我国大学在校院两级管理上,采用基于绩效考核结果的资源分配方式。每个学校的校院两级管理机制虽然有差异,但主要有两种方式:一是实行目标绩效管

①陈先哲.学术锦标赛制:中国学术增长的动力机制与激励逻辑[J].高等教育研究,2017,38(9):30-36.

理,如浙江工业大学。学校和学院签订目标绩效管理责任书,学校对学院进行年度和周期考核,考核指标主要是科研成果和学位点建设情况。目标绩效是资源分配的重要依据(目标与资源挂钩),而绩效考核结果不仅会影响学院获得的资金,还会影响下一轮的目标绩效。二是实行"日常经费＋高额奖励"机制。我国大多数大学都采用这种机制。校院两级管理主要解决的是学院日常运行所需要的经费问题,对于发展性导向成绩,武汉大学设立了专门的学术奖励机制,额度高达1000万元。对于学院中获得省级以上学科平台、国家奖等成绩,学校发放奖励,鼓励多出优秀科研成果。

大学关注个体科研产出,将科研成果视为学校进行科研评价与奖励的重要依据。在我国大学科研团队的治理过程中,管理者为了提高科研绩效,热衷于制定一些鼓励竞争的政策,通过内部竞争提高科研产出效率。[1]作为激励手段的团队知识生产激励锦标赛制度,试图利用知识生产者自利动机之间的相互制衡,以报酬支付差异来激励团队中每一个知识生产者,其缺点在于只能制衡知识生产的结果而无法考察知识生产的过程,暗示着收入的不平等。[2]锦标赛制度的不均等待遇诱使科研团队所有成员只关注各自的产出业绩,只关注与实现自己的业绩目标相关的资源分配,从而使团队成员之间原本该有的相互依赖、相互协作关系逐渐僵化,并不断被竞争关系取代,最终令团队成员之间的合作动力丧失殆尽,团队瓦解消失,整个社会的知识产出效率低下。[3]

此外,"赢者通吃"现象在学术领域尤为严重。无论是对某个学科的科研评价,还是对学校的整体科研评价,大学都面临着学术锦标赛评价。大学往往以堆砌科研成果的方式培养科研利益集团代言人,这种培养方式往往是以牺牲多数人的成长来成就少数人的发展。在代言人达到科研顶峰时,基于"赢者通吃"的游戏规则,"赢者"的资源集聚效应进一步加剧,反而难以"反哺"科研团队的发展。

第三,特有的"工分绩效"制度使得科研绩效成为影响教师收入的重要因素。

我国大学教师的薪酬结构包括基本工资、岗位津贴、绩效工资和科研奖励等四

①何朝阳.跨学科团队治理机制及其启示——以加州大学圣地亚哥分校SIO为例[J].教育发展研究,2013 (C1):46-50.
②许娇.团队知识生产互惠合作机制及制度安排[M].厦门:厦门大学出版社,2015:11.
③许娇.团队知识生产互惠合作机制及制度安排[M].厦门:厦门大学出版社,2015:11.

大部分。前两者主要由教师的学术等级(职称)和大学自身收入水平来决定,一般较为稳定,但是只占工资的小部分,"科研人员的基本工资不足以维持其体面的基本生活,其他的要靠挣工分/奖励,使得科研人员要做短期能完成/出成果的研究"[①]。教师奖金收入一般来源于绩效工资和科研奖励,这也是拉开教师收入差距的主要因素。"由于不同等级包括同一职位的内部分级,基本工资收入之间差别不大,且在扣除养老、医疗保险和公积金后所剩无几,所以,国家的基本工资很少为人们关注,也难以发挥激励作用。"[②]绩效工资和科研奖励主要取决于教师的教学和科研情况,而且不同学校、不同学科、不同院系的教师收入差距较大。

美国大学教师的工资主要由其岗位级别决定,每个岗位级别都有最高工资限制。教师工资用于支付教师的教学工作,由学校以教学经费的名义拨到系里。教师可以用科研经费来给自己发工资,但分为两种情况,一是教师除拿系里的全额工资之外,用科研经费给自己发工资,但是有额度限制。例如,"伯克利分校的教师分为学年聘期和财年聘期两种,教师可以自己选择。如果是学年聘期,学校只发9个月工资,教师可以用科研经费给自己发其工资总额1/3的工资;如果是财年聘期,学校发12个月工资,教师可以用科研经费给自己发其工资总额1/12的工资"[③]。二是教师不从系里拿工资,用自己的科研经费抵教学工作的工资,这样教师可以少上课,用更多的时间做科研,但是工资总额是固定的。当然,不同大学的财务能力有差异,不同大学的教师工资之间有差异,但是同一学校相同级别的教师收入差距不大。与美国不同,在德国,由于综合性大学学术水平之间的差异不大,影响教师收入的主要因素是学术等级。[④]在我国,影响教师收入的主要是绩效工资,院系的绩效由学校依据院系的"工分"来进行分配,所以,我国大学独有的"工分绩效"制度,不仅关系到教师个体的收入,同时还关系到教师所在院系获得学校资源的情况。

第四,PI制团队运行方式"泛在化",不利于重大科研项目组织,同时加剧了"赢者通吃"。

①阎光才.学术等级系统与锦标赛制[J].北京大学教育评论,2012,10(3):8-23.

②阎光才.学术等级系统与锦标赛制[J].北京大学教育评论,2012,10(3):8-23.

③University of California. Academic Personnel and Programs: Academic personnel policy[EB/OL].(2019-06-20)[2022-01-04]. https://www.ucop.edu/academic-personnel-programs/academic-personnel-policy/index.html.

④阎光才.学术等级系统与锦标赛制[J].北京大学教育评论,2012,10(3):8-23.

PI制是一种以学术带头人作为核心人物的科研组织形式,学术带头人在团队人员选聘、任务分配、资源分配、绩效考核等方面享有很大的权力,这种分权式科研组织形式,特别适合于研究领域稳定的自由探索性研究,但是不完全适合跨学科科研合作。当前,PI制团队运行方式已经被广泛采用,不论是重大科研平台、跨学科研究中心还是学院下面的科研团队,基本上都采用PI制团队运行模式。大学有组织科研载体根据研究方向或领域建立若干研究中心,每个中心就是一个PI团队。在这种以科研团队为基本单位的管理模式下,学术带头人具有相对独立的人事权和财务权,吸引和凝聚了一批拔尖创新人才,有效提高了科研效率,直接减少了行政方面的干扰。但过于分散、自由的探索,使科研项目跨学科性不强及研究方向趋同等弊端逐渐显现,PI制已很难实现满足国家重大需求的科技攻关。[①]

同时,由于学术带头人权力过大,又缺少科研团队相关管理措施,科研团队往往难以形成"利益共享、风险共担"的共同体,团队成员容易成为"廉价劳动力",成为为科研成果"添砖加瓦"的"学术工人",而难以获得成长。

在我国,无论是国家自然科学基金创新团队,还是教育部创新团队、大学内部科研团队,科研团队建设普遍存在"重组建、轻治理"的问题。在团队申报和组建阶段,行动轰轰烈烈,而当团队申报成功或是组建起来之后,在团队发展过程中实行"家长式"管理,未能建立起科学的团队领导体制和运行机制。团队其他成员只参与项目,团队的方向凝练、团队新成员的引进、团队资源的分配等重大事情大多是学术带头人说了算,团队其他成员很难对团队的发展提出建议。[②]学术带头人"会使用之前小学科的研究方法,即把任务和经费分解到个人,重新回到单一学科的研究状态,最后提交研究成果。由于研究形式并未发生本质上的变化,研究过程缺乏合作沟通,这种割裂状态下所产生的所有知识创新绩效,无疑是原本学科下的自我发展,与跨学科研究完全没有联系,归根结底,并未产生知识流动。没有组织内部知识流动与激发,跨学科组织也只是形式大于内容"[③]。

第五,频繁的考核评估和"零和博弈"的高等教育发展生态,使得大学注重显性

①张园.国家级协同创新中心新型科研组织模式发展[J].人民论坛,2015(11):85-87.

②何朝阳.跨学科团队治理机制及其启示——以加州大学圣地亚哥分校SIO为例[J].教育发展研究,2013:(C1):46-50.

③尹茜.跨学科科研组织发展困境及其策略研究[J].中国管理信息化,2021,24(18):221-222.

指标,忽视科研团队发展的制度建设,在学术生态建设方面无所作为。

一直以来,我国高等教育政策基本上属于零和博弈性质,大学之间不论是在教育经费拨款、评估评奖等方面都处于非合作博弈状态,大学面临较大的科研评价和考核评估压力。大学通过分解指标的方式,向下进行压力传导,使其成为学校考核评估二级单位和教师的指标。

虽然营造良好的科研氛围是大学高调宣扬的"口号",但是鲜有大学真正地在营造良好的科研氛围上有实质性举措。学术侵权或者学术不道德行为,只有被举报或者对学校声誉造成了实质性影响时,才会被列入学校"处理"的范畴,而对于那些"未造成损失"的行为,大学往往视而不见,这种不作为的态度,进一步加剧了学术不端行为。多数科研人员将造成学术不端行为泛滥的重要因素归结为当前的科研评价、管理和监督制度不完善。正是这种学术不端行为频频出现而没有得到惩戒的学术生态极大破坏了学术同行间的信任,使得他们不愿意公开核心科研成果,也不愿意分享隐性知识,跨学科科研团队难以进行真正合作。

四、大学推进跨学科科研合作的制度性举措

推进跨学科科研是一个组织问题,大学层面可以有意识地采取跨学科战略(interdisciplinary strategies)来促进大学跨学科科研的发展:(1)使用激励性的补助金(incentive grants)以启动新的跨学科单位,为跨学科科研组织的建立提供一次性的种子资金。(2)建立"全校范围内的机构",引导学校对跨学科科研进行投资。(3)采用新的教师聘用和评估模式。[1]美国国家学会(National Academies)在一份关于如何促进跨学科科研的报告中提到,大学层面促进跨学科科研的措施包括:(1)大学应该探索其他有利于跨越传统组织结构的跨学科科研的行政组织。(2)大学除了向学科驱动的系部和学院分配人员之外,应该基于跨学科单元分配资源,以促进其形成和持续性运行。这种分配应该是受科研的内在价值和跨学科科研在解决社会紧迫问题方面的价值驱动。(3)大学应该改变传统有关教师聘用和终身任职的规定,更充分考虑跨学科科研内在价值。(4)大学需要开展持续的以社会科学、人文和信息科学为基础的复杂社会研究和完善促使跨学科科研成功的智力过程

---

[1]Sá C M. Interdisciplinary strategies' in U.S. research universities[J]. High Education, 2008(55):537–552.

(intellectual processes)。

(一)大学跨学科科研的组织方式

组建跨学科科研团队、设立跨学科科研组织或项目,是大学推进跨学科科研合作的三个基本方式。

1.设立跨学科科研组织

"那些没有跨学科文化的机构,或者这种文化受到了威胁的机构中,需要采取中央行政管理措施,去培养追求跨边界合作研究关系的领头羊。"[①]建立诸如跨学科研究实验室、跨学科研究中心等跨学科科研机构就是培养跨学科科研"领头羊"的普遍方式。我国大学纷纷建立起跨学科科研机构,主要分为两种:一是直接以"跨学科"或"交叉学科"命名的综合研究院,如北京大学建立的前沿交叉学科研究院,浙江大学成立的跨学科社会研究中心;二是以跨学科科研为特色,针对某领域建立的专业研究院,如清华大学成立的未来实验室与脑科学研究实验室。这些跨学科科研实体的组建为我国跨学科科研的蓬勃发展提供了有效的组织保障。

2.组建跨学科科研团队

相较于设立跨学科科研组织,组建跨学科科研团队更为直接。组建跨学科科研团队需要有一定的依托,组织机构或研究项目就是依托之一。此外,我国大学还依托国家创新团队建设的政策,组建跨学科科研团队,如北京航空航天大学依托教育部的创新团队建设,建立跨学科科研团队,现有四个国家自然科学基金委创新研究群体、九个教育部创新团队、六个国防科技创新团队,这些创新团队是学校跨学科科研团队建设的重要依托。

3.设立跨学科科研项目

设立跨学科科研项目是促进跨学科科研最直接的方式之一,跨学科科研项目的设置方式可以分为:(1)设立专项资金,对跨学科科研计划进行资助;(2)确定重点领域,对重点领域的跨学科科研进行资助;(3)在产学研合作中,设立跨学科科研专项。

---

①Feller I. New organizations, old cultures: Strategy and implementation of interdisciplinary programs[J]. Research Evaluation,2002(11):109-116.

(二)大学跨学科科研的人事制度

美国是最早推进跨学科科研的国家之一。自20世纪以来，跨学科科研在美国大学普遍开展。美国大学除了为教师跨学科科研提供组织保障和资金支持之外，促进跨学科科研的制度性举措主要有三种：(1)实行双聘制，如密歇根大学于2004年发布的《双聘教师指导书》。双聘制是许多研究型大学采取的促进跨学科科研的教师聘任和评价的基本模式。(2)采用共同资助聘任模式，如宾夕法尼亚大学跨学科科研机构的岗位聘任采用"共同资助"模式。(3)采用集群聘任(cluster hiring)模式，如威斯康星大学麦迪逊分校于1998年实施了"集群聘任计划"，学校在校级层面建立"集群"，把新教师聘任到集群，同时把新教师的行政归属置于相关院系，并提供岗位资金支持。[①]

美国大学采取的岗位聘任和晋升相关的举措，主要是为了解决以下问题：一是职称晋升的归属、标准、程序等问题，如双聘制明确规定教师在其行政归属单位申请终身教职。"密歇根大学的备忘录中，两个聘任单位明确各自对双聘教师的教学和科研创新活动进行评定时使用的评价标准和规则。"[②]又比如，南加州大学自1994年明确跨学科科研是学校发展的重大战略以来，不断调整教师聘任与晋升的标准与程序，以期相对公平地评价教师的跨学科科研工作。2008年，该校规定，各个学术部门在开展岗位聘任和晋升的评审工作时，如果申请教师从事跨学科科研活动，那么该部门的负责人必须邀请其他院系的专家参加评审。同时，考虑到跨学科科研比起单学科科研需要更长的"创业时间"，该校还允许从事跨学科科研的教师申请延长获得终身教职之前的试用期。二是报酬由哪个单位支付的问题，不同聘任模式的出资方和出资方式不同。例如，在美国大学中，教师聘任实行按岗聘人的方式，一个岗位的增设往往需要一笔明确的资金支持。[③]实行"共同资助"模式的宾夕法尼亚大学，就是由跨学科科研机构为学系支付从事跨学科科研教师50%的工资。又如，密歇根大学2007年底推出五年计划，投资3000万美元，以期聘任100位初级教师以充实跨学科研究和教学。三是跨学科科研教师的成果归属问题，如

①刘凡丰.跨学科研究的组织与管理[M].上海：复旦大学出版社，2014：80—99.

②刘凡丰.跨学科研究的组织与管理[M].上海：复旦大学出版社，2014：86.

③刘凡丰.跨学科研究的组织与管理[M].上海：复旦大学出版社，2014：109.

在集群聘任模式中,因为教师的成果评估在其行政归属单位进行,教师科研成果会给所在院系带来较大的利益。

我国大学跨学科科研教师的聘任方式主要有以下几种:(1)直接聘任,即由跨学科科研组织直接聘任教师,他们的编制根据跨学科科研组织在大学中的地位和自主权决定。[①](2)第二聘任,即教师由行政归属单位聘任,同时参加第一个学术单位的活动,但是并不能从第二个学术单位中获得报酬。例如,清华大学允许教师在校内跨院系从事兼职活动,如担任研究生导师,参加学术活动,并规定教师跨院系兼课可与所在院系的教学工作合并计算为教师的教学工作量。(3)校内复聘,指教师由两个的不同学术组织同时聘任,一般其中一个为跨学科科研组织,另一个为传统院系。[②]如浙江大学系统神经与认知科学研究所为了促进学科交叉对学术带头人实行双聘,学术带头人根据不同的研究背景,可以同时双聘到相关学院,既可以得到相关学院的支持,也对相关学科起到支撑作用。[③]校内复聘是最接近美国大学"双聘制"的模式。

可见,国内外人事改革的实践举措主要聚焦在解决教师的岗位聘任问题上,不同的是,国外大学在进行岗位聘任时,就对从事跨学科科研教师的职称晋升问题进行了约定,而我国大学却没有。二者产生差异的原因可能是,国外大学从事跨学科科研的教师主要为未取得终身教职的教师,而我国大学从事跨学科科研的教师主要是功成名就的教授,他们担任跨学科科研团队的学术带头人。随着,跨学科科研的普及,大学将有越来越多年轻的教师加入跨学科科研,跨学科科研教师的职称问题将日益显现。

案例一:A大学科研方向凝练与科研团队建设

A大学位于我国东部沿海非省会城市。作为一所地方本科大学,近年来得益于地方经济繁荣发展与学校领导励精图治,学校科研实力迅速增加,初具科研规模,但是离高水平、密集型科研还有很大距离。在发展过程中,学校明显感到科研团队合作不足,研究力量和研究方向分散,为进一步凝练科研方

①项伟央.高校跨学科组织中的教师聘任制度研究[D].上海:复旦大学,2011.
②项伟央.高校跨学科组织中的教师聘任制度研究[D].上海:复旦大学,2011.
③陈婵.高校跨学科研究管理体制探析[D].杭州:浙江大学,2015.

向,凝聚科研力量促发展,学校在建设科研团队方面采取了一系列举措。

在原有的科研体系中,A大学一般是根据1—2个一级学科建立学院,并进一步在学院下面,依据二级学科建立研究所,在研究所下面依据研究方向建立创新团队。但是研究所的研究方向与目标不明确,有一些研究所的发展甚至脱离学院的发展目标;运行经费无投入保障;科研团队良莠不齐等问题频发。研究所的组织管理也比较混乱,存在着审批建设不严谨、责权利不清、长期无考核等问题。

为了进一步加强团队建设,一方面,学校提出"人人进科研团队"的原则,鼓励教师加入研究所组成科研团队,所有学校新引进教师都要加入创新团队;另一方面,对研究所进行改革,研究所实体化运行,学校在给予研究所科研任务、加强绩效考核的同时,也给予研究所一定的权力,主要集中在经费和管理两个方面。

在经费上,学校根据科研绩效给予研究所一定保障。首先,学校对研究所进行定期考核,根据科研绩效,直接给研究所一定运行经费。其次,学校将配套的科研项目经费的20%划给研究所,如果某教师没有加入研究所,那么教师个人将获得30%的配套经费,研究所不获得这部分的配套经费,这样可以鼓励研究所积极吸纳教师。再次,对研究所进行评优,评优标准突出服务地方、服务学校等发展目标,2021年学校对全校120个研究所进行考核,从中评出20个优秀研究所,给予每个研究所5万元的奖金和20万元的运行经费。未获得优秀的研究所,每年只能获得2万—3万元的运行经费。最后,在学术交流活动上给予支持。学校要求每个研究所举办一定的学术活动,对研究所的学术研讨会和团队分享交流活动做次数考核要求。同时,学校也给予研究所一定的管理权限,例如,研究所在人才引进上具有建议权,可以提出人才引进计划;教师评职称时,由研究所进行初始推荐。

通过组织设置、考核资助等管理活动,A大学重点对研究所的研究方向、人才队伍等进行优化,使得整个学校的科研发展方向越来越凝练,学校对全校科研情况也有了整体性把握和部署。在此基础上,学校遴选优秀创新团队,对优秀科研团队进行重点投入和支持。通过强化科研团队建设,A大学实现了从单兵作战向大团队作战的升级。

案例二:B大学学术团队组织模式

B大学以重点学科方向带头人为单位组建科研团队。2015年底,B大学在学院一级学科规划的学科方向中遴选认定重点学科方向,每个重点学科方向设学科带头人岗位1个,围绕学科带头人建设科研团队。首轮,学校层面共设了42个学科带头人团队,每一个学科带头人团队对应支撑着一个学科的发展。同时,学院(部)层面,也在学校政策的基础上,围绕学院重点学科方向设立学科带头人岗位,形成学校和学院两个层次的学科带头人团队。

学校重点对校级学科带头人团队进行支持与考核,院级学科带头人团队主要由学院支持与考核。学校对校级学科带头人团队的支持主要有:(1)经费投入,学校按年度对每个学科带头人团队给予项目经费支持。(2)人才编制支持,在学院(部)核定的学科团队编制基础上,学校根据不同学科方向的发展需要给予专门的学科建设编制。(3)研究生名额支持,学校在博士生名额和博士后研究人员指标分配上给予倾斜性支持,例如,重点学科方向在各学院(部)核定的编制基础上,在项目期内每年可增加科研流动编制1个、师资博士后编制1个、校资全日制博士后编制1个。(4)特殊劳资政策支持,学科带头人团队可以在学校人事政策基础上,调整引进人才的待遇,支持在岗教师的学术休假或研修访学,自主聘用短期工作人员等。(5)实行学科带头人岗位津贴制度,由学校依据年度考核结果直接发放岗位津贴。

学科带头人实行聘期制,由学院推荐、校长聘任,每个聘期为三年。学科带头人团队人员相对固定,可以说,全校所有教师基本上都可加入学科带头人团队。学科带头人的主要职责包括:(1)全面负责本科研方向的发展规划。(2)建设科研团队,如物色和引进高端人才;确定团队成员任务分工、考核标准和职业发展规划;建立团队内部的交流协作与激励机制。(3)带领团队开展科研,包括带领团队凝练和完善研究方向;建设和开放科研平台;规划和组织重大科研项目、开展攻关性学术研究、产出重大原创性成果。(4)人才培养,学科带头人团队除了开展科研之外,还要负责人才培养,要进行所在学科范围内课程建设与教学、研究生课程教学与指导等。

　　学科带头人团队具有较大的自主权，具有一定程度上的学术行政管理权。在人权上，可以独立核算人员编制；可以自主聘任、考核团队成员。在财权上，独立预算，可以统筹支配建设经费。在物权上，可以自主支配学科方向内的办学资源。

　　2020年，B大学启动了第二轮重点学科方向与重点培育学科方向的建设，新确立了26个重点学科方向及15个重点培育学科方向。通过两轮校院两级的重点学科方向带头人团队建设，B大学不仅建立了全校性的科研组织体系，进一步凝练了学科方向，确定了发展重点，同时，学科特色更加鲜明，优势更加突出。

第六章　科研组织体系建设

打造体系化战略科技力量是开展有组织科研的关键。科研组织体系建设,是大学科技创新得以建制化、成体系服务国家和区域重大战略需求的基础,"当前,我国高校科技创新仍然存在有组织体系化布局不足,对国家重大战略需求支撑不够等突出问题"①。近年来,我国大学不断创新科研组织模式,创建了诸如跨学科交叉研究中心、校企联合研究机构、协同创新中心、新型研发机构等不同层次和类型的科研组织,这些科研组织为开展有组织科研提供了重要载体,但是由于我国高校科研平台与组织数量众多且不成体系,"有组织科研面临资源配置效率不高、资源共享不足、重大科研项目得不到长期稳定支持等问题,亟待各创新主体合力解决"②。加强有组织科研,大学要练好"内功",做好科研发展布局,加强科研组织体系建设。

科研组织建设是高等教育研究的重要主题,但是,当前尚未有针对大学有组织科研体系建设的专门论述。已有关于科研组织的研究主要关注传统院系组织的设置逻辑及新型科研组织的形态,后者部分体现了有组织科研体系建设的思想。在实践上,已有研究介绍了大学新型科研组织管理模式,如"西北农林科技大学通过跨学科、跨领域的科研组织模式创新——成立中国旱区节水农业研究院——促进了专业相互渗透,学科相互融合,实现了科技创新要素的有效聚集"③。在理论上,已有研究从不同视角出发提出大学科研组织模式创新的建议,如张洋磊提出,在"知识生产模式转型的背景下,研究型大学推进科研组织模式创新应分类推进学科

① 突破"卡脖子"技术问题,实现高水平科技自立自强——加强有组织科研高校何为[ED/OL].(2022-11-17)[2023-01-04]. http://www.moe.gov.cn/jyb_xwfb/s5147/202211/t20221117_994240.html.

② 蒋劼.融合与共享:有组织科研的问题与发展路径研究[J].金陵科技学院学报(社会科学版),2022,36(3):31-36.

③ 张俊杰,王志刚.高校科研组织模式创新的实践与思考[J].农业科技管理.2012,31(4):34-36.

群建设,构建矩阵式科研组织体系和跨学科协同体系"[①]。这些研究从不同角度描述了大学科研组织体系建设的总体特征,但是对于组织变革的微观变化考察不足;多停留在对大学科研组织现状的静态描述,对大学科研组织变革的逻辑起点及其作用机制阐释不足;忽视了大学原有科研组织,没能理顺新旧科研组织之间的关系。本章试图解决以上问题,通过实证观察呈现有组织科研背景下大学科研组织的变迁过程,并通过案例呈现大学科研组织的演变实践,探究大学有组织科研体系建设的基本逻辑与策略特征。

一、大学科研组织体系内涵

组织针对个体而言,从语法上看,可以分为名词和动词,名词类似于"机构",主要指"为实现特定目标,经过细致建构的社会单元"[②],作为动词的"组织",主要指作为集合体的行为、激励、治理、制度等行动。科研组织作为科研生产的载体,为科研活动开展提供了基本场所和制度保障;为科研人员提供身份标识,为教师从事集体科研活动提供合法性。同时,"科研反映了不同类型科研活动的组织与实施方式"[③]。

广义的大学科研组织体系包括科研发展方向、稳定的科研团队、成结构的科研组织与平台、科研经费分配制度等要素,其中,成结构的科研组织与平台是大学有组织科研体系建设的核心。科研组织与平台体现了科研发展方向,构建新的科研组织与平台是促进教师朝着学校规划的有组织科研方向发展的有效机制;建设科研组织是组建稳定科研团队的普遍方式,没有组织建制的科研团队,往往是基于信任关系建立起来的松散团队或多个个体组成的群体;科研组织作为利益分配的基本单元,是有目的性科研资源分配的重要对象。

在大学的组织与管理问题中,组织结构即组织的分化与整合是关键,它规定了组织活动的基本框架,制约着大学组织及其成员的行为模式,并进而影响了组织

---

①张洋磊.研究型大学科研组织模式危机与创新——知识生产模式转型视角的研究[J].科技进步与对策,2016,33(11):152-156.

②阎凤桥.大学组织与治理[M].北京:同心出版社,2016.

③王勇,王蒲生.新型科研机构模型兼与巴斯德象限比较[J].科学管理研究,2014,32(6):29-32.

的效益和效率。①科研组织分化是大学面对不断增长的新需求做出的直接反应,整合则是提高科研组织效率、促进科研协同融合所做出的协调与控制。

大学科研组织体系建设包括两个层面的内容:一是大学建设满足外部重大战略需求的科研组织体系,即狭义上的有组织科研体系建设。有组织科研体系建设,要培育重大科研力量,当重大战略需求或任务出现时,学校能够迅速匹配合适的科研团队,这种科研团队不是临时拼凑的,而是在相关研究领域长期耕耘并卓有成效的稳定团队,以"选出"既能干又想干,且能干好的研究力量从事有组织科研,这就要求大学有布局合理的科研组织体系。二是大学处理好新型科研组织与诸如院系研究中心、实验室等传统学术组织之间的关系,这就涉及大学整体科研组织变革。"大学的教师和研究人员主要是因为在专门性知识领域中拥有专长而受到尊重"②,有组织科研背景下,大学不可能完全放弃传统以知识生产为主要目的的学科科研组织体系。那么大学如何构建一套新的科研组织体系,以同时兼顾学术逻辑与市场需求,并能使各类科研组织融洽相处并相得益彰?这是建立有组织科研体系无法回避的问题。

二、科研平台与组织建设逻辑

(一)科研平台建设逻辑

大学科研平台指以大学为依托单位建设的重点实验室、工程技术研究中心、哲学社会科学研究基地等科研机构,是科技创新、人才培养和技术服务的重要基地,是学科建设的有力支撑,是大学科研基础建设的重要内容。③科研平台主要有几个特征:(1)以大学为依托建立,(2)出资方是政府或企业,(3)虚体科研组织,(4)起到人才和资源汇聚作用。

截至2011年底,全国大学有上级主管部门批准的科研平台5010个,较2004年新增3091个。④大学积极培育、申请、建设科研平台,一方面,是因为科研平台的建设水平是衡量大学科研实力的重要标志之一,更高的平台代表着更高的科研水平;

①金顶兵,闵维方.论大学组织的分化与整合[J].高等教育研究,2004,25(1):32-38.

②盖格.大学与市场的悖论[M].郭建如,马林霞,等,译.北京:北京大学出版社,2013.

③曾芳.高校科技创新平台的构建研究[D].长沙:湖南农业大学,2016.

④金立波,黄海,尹海燕,等.高等院校科研平台承载作用的研究[J].科技管理研究,2014(8):112-116.

另一方面，平台越高，汇聚的资源越多，能吸引到的人才层次越高，也就意味着能有更高质量的科研产出。我国大学科研平台建设呈现出强劲发展势头，每年保持稳定的增长数量。

从建设主体来看，科研平台可以分为：政府部门批准建立的、学校自主批准建立的、学校以协议形式与校外独立法人单位联合建立的。政府部门批准建立的平台中，"我国代表性的科研平台主要有：国家发展改革委批准的国家工程实验室、国家工程技术研究中心；科技部批准的国家重点实验室；教育部批准的重点实验室、工程研究中心、大学科技园；农业部、国家中医药管理局、国防科学技术工业委员会、其他部级和省市级部门批准的研究机构"[1]。

从研究类型来看，科研平台可以分为基础性研究平台、应用性研究平台、开发性研究平台，如浙江大学将科研平台分为知识创新平台、技术创新平台、前沿科技研发平台和区域服务创新平台。一般而言，政府部门批准建立的多为基础性和应用性研究平台，学校与校外独立法人单位联建的多为开发性研究平台（见表6-1）。

表6-1　不同主体建设的科研平台

主体	类型						
	基础性研究平台		以应用为导向的基础性研究平台		应用性研究平台		开发性研究平台
政府建立	基础设施	国家、省部级实验室	国家、省部级工程中心	国家、省部级各类研究中心	国家、省部级各类研究基地	协同创新中心	
大学自建		院系研究中心		校级研究中心		校企联合研究中心	新型研发机构

从平台功能来看，科研平台可以分为：(1)基础支撑与条件保障，如实验设备/大型仪器设备，为开展基础研究提供实验支持；(2)学术兴趣引导，如院系研究中心、前沿性平台、交叉性平台等，起到研究方向凝练与引导作用；(3)技术创新，如各类工程中心，围绕相关核心技术开展攻关；(4)成果转化，如校企联合研究中心、产业技术研究院等，主要是开展技术二次开发，转化科研成果；(5)前沿科技研发，如

---

[1]金立波,黄海,尹海燕,等.高等院校科研平台承载作用的研究[J].科技管理研究,2014(8):112-116.

跨学科交叉研究中心等。一般而言,大学设置了不同类型的科研平台,建构了一系列"基础性平台—院系研究中心(纵向学科)—交叉研究平台—校企合作平台—科技成果转化平台"等科研平台,以弥合创新断层,保持创新链的完整。

(二)科研组织建设逻辑

近十年,我国大学基层学术组织改革已形成学部制、研究所制、学科制三种典型模式。[①]我国大学基层学术组织典型的三种改革实践模式为:(1)"校—学部—学院(系)"制;(2)"校—学院(系)—研究所"制;(3)"校—学院(系)—学科"制。[②]有组织科研体系建设存在两个典型的问题:一是教学与科研组织尚未分离;二是学科知识生产组织和解决问题的研究组织没有实现衔接与平衡。所以,大学需要在基层学术组织之外,建立体系庞大、功能繁多的以研究中心、研究所、实验室等为主要形式的科研组织,以弥补传统学术组织的功能不足。科研组织能够做系部无法做的事情:开展跨学科研究、开展应用性研究,并且还能够对新知识社会的社会需求做出响应。[③]科研组织的建立,是现代大学为适应外部需求和增强外部联系,在组织上做出的调整。科研组织的形成,为协调和扩大研究提供了组织框架,同时也是一个研究主题(research theme)组织内部资源和吸引外部关注、支持的方式。[④]

1.独立于教学的科研组织(分离教学与科研)

基于学科的系部,是传统大学最基本的学术组织。系部作为大学组织实体是伴随着知识的膨胀和选课制度出现而出现的,它通过追随者的专业学习,强迫把他们的观点融入一个拥有固定传统和经典课程的大学中去。系部的产生源于大学的教学功能,当研究成为大学的合法功能后,系部教师也进行了研究,但是系部内教师的研究大多数是以自我为导向的研究(self-directed search),也就是说,这种研究是基于教师的个人兴趣和好奇心,研究的目的是促进教学。

随着大学作为一个开放系统其开放的程度提高和大学作为一个科研组织其重

---

①魏小琳.治理视角下大学基层学术组织的重构[J].教育研究,2016(11):65-73.

②魏小琳.治理视角下大学基层学术组织的重构[J].教育研究,2016(11):65-73.

③Geiger R L. Organized research units—Their role in the development of university research[J]. The Journal of Higher Education, 1990, 61(1):1-19.

④Etzkowitz H, Kemelgor C. The role of research centers in the collectivization of academic science[J]. Minerva, 1998(36): 271-288.

要性加强,大学与外界的联系越来越紧密,尤其是在教师研究方面,部分教师把研究的目光转移到了学科之外。传统大学基于系部的研究往往是学科领域的纯理论探讨,这种研究不利于大学与外界的互动,也不利于大学从外界获得研究资助。20世纪五六十年代后,受到美国联邦政府竞争性科研经费和高等教育大众化时代的影响,美国研究型大学内部的教学和科研活动日益分化,"为了适应新的科研活动,大学内部增加了新的学术组织,这种新的学术组织往往是由有创业者特质的杰出教师成员创立的"①。刚开始的时候,这种新的学术组织可能只是一个项目或科研团队。随着大学外部研究资助(联邦政府研究经费和企业合同)的增多,这种模式成为大学内部研究的主流,那么这些项目或科研团队就越来越正式化,一种新的专门从事科研的正式学术组织——研究所中心——在系部内正式产生。研究所/中心的出现,就是为了适应大学解决社会问题需求的新的研究活动,增加大学与外界的联系。在大学内部"建立新的单元(研究中心)的建议,往往是基于能够获得外部新的资金,而不是要求现有的单元(系部)放弃它们已有的资源"②。

克拉克对美国大学教学和科研的关系进行了研究,根据大学内教学和科研发展的阶段,将教学组织和科研组织的关系分为四种类型(见表6-2)。

表6-2　教学组织和科研组织关系

类型1	T=R→包括所有的系部(inclusive departments)
类型2	T&R→系部＋研究所/中心(departments + units/centres)
类型3	T1 R→系部＋独立研究中心(departments + autonomous centres)
类型4	T≠R→大学＋独立研究所(university + autonomous institutes)

克拉克认为以上这四种类型是根据大学科研发展阶段而来的,按照研究强度从小到大、由疏到密的过程排列的。随着大学研究密度和强度的增加,大学科研组织越来越脱离于系部,教学与科研活动越来越分离。

在大学科研发展的早期阶段(类型1),大学以教学活动为主,尚未出现专门的

---

① Alpert D. Performance and paralysis: The organizational context of the American research university[J]. Journal of Higher Education,1985,56(3):241-284.

② Alpert D. Performance and paralysis: The organizational context of the American research university[J]. Journal of Higher Education, 1985,56(3):241-284.

科研组织,系部之内可能有教师的研究团体,但那是一种松散的组织关系,是教师个体自发形成的松散合作。

随着大量科研活动的出现(类型2),大学内部出现了正式的科研组织以支持和进一步推进系统内的研究,于是松散的教师研究团体就在教学的基础上,变成了研究中心。这个研究中心往往建立在某个系部之下,是系部的下级单位(隶属关系)。科研与教学活动相对独立,科研辅助教学(本科生教学)。

当该研究中心不断发展,水平不断提升时,大学要获得大型的科研项目,就要进行高水平的前沿研究。"当吸引大量外部研究经费的能力,日益成为增加科研产出和前沿成果的条件的时候,就出现了可能受日常科研工作抑制的因素,所以许多大学承认需要重新进行合同谈判,并采用战略性的方式获取这些科研合同。这样,当研究中心已经达到了和大学内常规学术机构不相容的规模,一种设在大学内部或者科学/工业园区,相对自治的研究中心或校园公司(类型3)就出现了。"[1]这时候,这个研究中心已经脱离了原来的系部,成为一个与系部/学院平级、相对独立自治的机构。科研与教学活动(研究生教学)分离。

当科研和教学完全分离,完全独立于大学的自治学术组织(类型4)就出现了。美国联邦政府在大学中建立的国家实验室,就是这类组织的典型代表之一。

2. 独立于学科组织的科研组织

盖格根据大学组织研究的形式和目的,将大学的科研组织分为四种类型(见图6-1)。[2]在图的左侧,是在系部(academic departments)之内开展研究,而不需要建立专门的科研组织,这是一种近似从学科范式(disciplinary paradigms)中产生研究主题的学术模式。在与此相反的另一个极端,也就是图的右侧,开展的是联邦政府的合同研究,这完全是机构项目(agency programs)的产物。在这两个极端之间,存在着各种各样的研究中心、研究所、研究项目,它们没有一个标准的名称。这些科研组织混合了大学教师的学术抱负和赞助商的利益。盖格区分了研究中心和研究所,认为研究中心的显著特点是它所进行的研究的目的性比较隐蔽,参加者大部分

①Hazelkorn E. Challenges of growing research at new and emerging higher-education institutions[M]//Gareth. The Enterprising University: Reform, Excellence and Equity. Buckingham: Open University Press, 2003:81.

②Geiger R L. Organized research units—Their role in the development of university research[J]. The Journal of Higher Education, 1990, 61(1):1-19.

仍然植根于原来的系部,它所承担的主要是具有学术性质的研究而不是外部机构支持的非学术研究,而研究所的突出特点是其所进行的研究与赞助商明确的效用之间的联系更紧密。

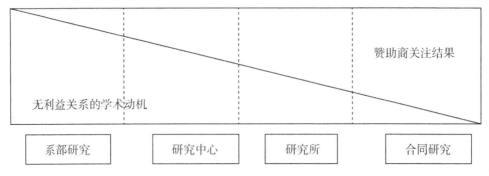

图6-1　资助研究的连续发展

20世纪以来,随着科研组织的大量设立,科研组织的形式和名称似乎更加随意,并非完全按照盖格的分类方式。如今,大学科研组织形式和名字五花八门,设置逻辑更能代表科研组织之间的区别。总体而言,这些科研组织的设立有三种逻辑:一是学术逻辑,以重大基础理论为导向,是对传统学术组织的深化。二是主题逻辑,以问题解决为导向,根据研究主题组建,针对产业链进行布局。三是前沿逻辑,体现学校学科发展方向、交叉学科研究前沿,前沿逻辑往往又兼顾理论创新与问题解决。四是市场逻辑,即根据市场需求建立,往往是受到外部资助机会的影响而建立。大学采用哪种逻辑设置科研组织,不仅受学科属性或自身发展情况影响,同时也是由学校的发展定位与战略所决定的(见表6-3)。

表6-3　科研组织设置依据

科研组织	设置依据									
	学术逻辑				主题逻辑			前沿逻辑		市场逻辑
	学科门类	一级学科	二级学科	研究方向	研究方向	研究领域	产业领域	交叉学科	学科	外部资助
学部	√	√								√
学院		√	√							√
研究中心			√	√				√	√	√
研究所					√	√	√	√		√
实验室			√					√	√	

注:"√"表示科研组织的设置依据。

　　学科目录逻辑、问题导向逻辑和单位逻辑是目前我国研究型大学科研组织的现实逻辑基础。[1]在高等教育组织体系不断改革与完善的过程中,当前,我国一些大学尤其是研究型大学建立起了"以学部为学科群、以学院为一级学科、以研究所/中心为二级学科、以科研团队为研究方向"的科研组织体系。

(三)从"虚体"向"实体"运行转变

　　实体和虚体科研机构的主要区别在于是否有专职的科研人员和稳定的收入来源。实体科研机构相对稳定,一般有较为持续的合作项目,团队成员有相对稳定的学术领域分工,并可进行学术工作和学术资源共享。虚体科研机构一般没有专职科研人员。大学科研平台与组织日益从虚体向实体运行转变。总体而言,大学有组织科研载体有两个显著特征。

　　一是以实体科研机构为主。有组织科研载体以实体运行为主,有专门的科研人员编制设置、稳定的科研团队和经费来源。在国家重点实验室等科研平台的重组政策下,我国大学重大科研平台也逐渐从"虚体"向"实体"运行转变。

　　二是独立运行于二级学院。根据有组织科研载体与二级学院的关系,有组织科研载体主要有设在二级学院之下、相对独立于学院、完全独立于学院、与学院融为一体、独立法人机构等五种存在模式。大多数大学有组织科研载体采用独立运行模式,主要是相对独立于学院、完全独立于学院和独立法人机构三种。第一种相对独立于学院的有组织科研载体,虽然不隶属于学院,但是与学院在人员、资源使用等方面交互频繁。这种模式下的有组织科研载体聘有专职科研人员,但是有相当一部分人员来自学院,主要以"选调"学术精英的方式吸收教师参与有组织科研载体,教师的人事关系归属单位为学院,教师在学院从事教学,在科研平台开展研究,这样有组织科研载体能够有效利用学院的学术力量开展科研。第二种完全独立于学院的有组织科研载体,是平行于学院的二级单位,可以说是没有本科生培养功能的二级学院。这种有组织科研载体建有专职科研队伍,不与学院共用师资,教师主要以参与项目的方式参与有组织科研载体。第三种独立法人机构的有组织科研载体主要依托大学的科研力量,但是是平行于学校的独立法人机构。独立法人机构在大学之外另建一套组织体系,需要投入大量资源,一般以国家或省级政府为

①郑晓齐,王绽蕊.我国研究型大学基层学术组织的逻辑基础[J].教育研究,2008(3):56-59.

投入主体。以大学科技成果转化、科技创新孵化和为地区经济社会发展服务为主要使命的地方新型研发机构主要采用这种方式，诸如劳伦斯伯克利国家实验室、之江实验室等依托大学管理的国家级实验室；此外，以建设国家实验室为目标的大型科研机构也采用这种方式。

三、我国大学有组织科研体系建设的主要模式与问题

（一）我国大学有组织科研体系建设的主要模式

面向外部重大需求，当前我国大学有组织科研体系建设主要有三种模式：一是"金字塔"模式，主要是借助政府科研平台建设政策，采用"拼盘"整合式升级发展策略——从学院级升到校级，再到省部级，进而申请国家级，从而搭建"金字塔"式多层次科研平台。二是事业部制模式，在校内成立独立运行的事业部制科研组织，学校在机构设置、人员配置、人才引进等方面给予重点资源保障。三是独立法人模式，主要是受政府资助，依托大学成立独立法人机构。

1."金字塔"模式：搭建"金字塔"式多层次科研平台

大学有组织科研体系以"矩阵式结构"镶嵌在传统院系之中，充分利用院系原有学术组织体系，在院系内建立科研平台，并借助政府科研平台建设政策，采用"拼盘"整合式升级发展策略——从学院级升到校级，再申请省部级，进而申请，搭建"院—校—省部—国家"四级科研平台，培育不同水平的科研力量，从而建构一个涵盖多学科、多领域、多层次的金字塔式的科研组织体系，越靠近金字塔顶端，科研水平越高。

"金字塔"模式采用分步骤、垒砖式的构造方式，首先，组建科研平台与团队，筑牢金字塔底端。通过科研平台在院系建立科研团队，引导教师组建或加入团队，引导教师顺着学校规划的科研方向开展研究，为重点研究方向和人才培育提供支持。其次，强化重点科研投入，建造金字塔塔身。学校通过建设不同层级的科研平台与团队，来建造科研组织体系金字塔的主体部分。在院系科研平台与团队的基础上，学校选拔校级科研平台与团队，铸造金字塔第二层级；在校级科研平台和团队的基础上，继续建设省级科研平台和团队，形成金字塔第三层级；在省级科研平台和团队的基础上，建设部级科研平台和团队，形成金字塔第四层级；在部级科研平台和

团队基础上,建设国家级科研平台和团队,形成金字塔第五层级。越高层级科研平台和团队代表越高的科研水平,也意味着大学更多的资源投入。通过五个层级的科研平台和团队建设,学校逐步确立科研组织体系的"金字塔"结构。最后,组织重大项目申报与攻关,建设金字塔塔尖。在金字塔结构的基础上,为了进一步构建大学核心科研优势,大学可通过引进高水平人才或遴选高水平人才,围绕人才配团队,建设更高级别的科研平台和团队。同时,辅助高水平科研平台和团队申报重大项目或承接重大攻关任务,产生重大科研成果,代表学校科研水平。

"金字塔"模式需要学校对全校科研发展进行结构和层次上的统筹布局,明确科研定位与科研发展方向。我国研究型大学普遍采用了"金字塔"模式,因为这些大学在"双一流"建设过程中,制定了学科发展规划,基本上建立了"以学部为学科群、以学院为一级学科、以研究所/中心为二级学科、以科研团队为研究方向"的科研组织体系,有组织科研体系能够在原有学术组织体系的基础上,进行科研力量整合。

2.事业部制模式:在校内设立独立运行的科研组织

大学在传统院系学术组织体系之外,建立了一套独立运行的科研组织体系。首先,学校明确全校科研重点发展领域;其次,针对科研重点发展领域进行有目的性的投入,如设立独立的科研组织、配备专门的科研人员等;最后,以行政力量推动科研重点发展领域的产学研合作,增加外部科研资助的同时,提高其社会服务能力。事业部制模式中,有组织科研体系直接归校长或科研副校长管理,学校在资源和政策上给予重点支持——有专门的科研人员编制设置,有专门的建设资金保障、办公场所、研究生名额等。

事业部制有组织科研体系主要包括三种类型:一是针对大学重点发展领域或优势领域,设立高等研究院等"科研特区",这种有组织科研载体一般完全独立于学院,是平行于学院的二级单位,与学院相比,其没有本科生培养功能。有专属专职科研队伍,不与学院共用教师,学院教师主要以参与科研项目的模式参与有组织科研载体的研究。同时,在实验设备、办公空间、资源配置、评价考核等方面有独立的管理体系。采用这种模式的大学也比较多,大学针对外部新需求或者是重点发展领域建立专门的独立科研机构。二是面向外部重大科研需求,成立独立科研机构。

这类科研机构的成立一般伴随着外部资金的进入，一些龙头企业或者政府为推动某一特定领域的研究，往往依托高水平研究型大学建立相应的科研机构，如校企联合研究院或高精尖中心等。三是面向未来科研前沿，成立跨学科交叉研究中心。如美国公立研究型大学的有组织研究单位，北京大学的前沿交叉学科研究院，清华大学的未来实验室、脑与科学实验室等。

3. 独立法人模式：受政府资助成立平行于大学的独立法人机构

独立法人模式是依靠大学研究力量成立平行于学校的独立法人机构，由于需要超大量的资源投入，一般以国家或省级政府为投入主体。目前主要有两种类型：一是国家实验室，如劳伦斯伯克利国家实验室，隶属于美国能源部，由加州大学伯克利分校负责运行。由浙江省政府、浙江大学、阿里巴巴三方共同建立的之江实验室，是具有独立法人资格的混合所有制事业单位，同时，由于依托浙江大学，之江实验室的主任由浙江大学校级领导担任。二是新型研发机构，我国一些研究型大学，在经济发展活跃和技术需求旺盛的地区，与地方政府合作成立具有独立法人机构性质的地方研究院，以进行大学科研成果的二次开发并开展科研成果孵化与产业化。

(二)我国大学有组织科研体系建设的主要问题

1. 科研组织体系庞大，多而不优、大而不强

我国大学科研组织数量较为庞大，但多而不优、大而不强。科研组织尤其是面向外部需求建立的虚体科研平台，其建立往往和科研项目联系在一起，科研组织随科研项目而建，缺乏统筹布局。在"金字塔"模式中，由于我国政府科研平台建设实行申请认证制，大学先投入建设，然后再申请政府的资质认证和资源投入，"科研平台重申报、轻建设和多而不优、大而不强的情况依然存在，尚未形成高效协同的创新组织体系"[①]。由于科研组织强大的资源集聚作用，大学建立了大量科研组织，但是大学教师和科研人员却是固定的，教师同时"供职"于多个组织，投入的时间和精力有限，团队合作松散，科研组织成为大学"跑马圈地"的手段。再加上，科研组织内部管理机制不完善，科研经费供给不到位，极易造成科研生产效率低下。随着科

---

①潘玉腾.高校实施有组织科研的问题解构与路径建构[J].中国高等教育,2022(C3):12-14.

研项目的结束,大学科研活动已经完成,如果没有新的科研项目,应该及时进行撤并,但是由于机构惯性和管理不到位等因素,有相当一些科研组织在项目完成之后难以退出,形成大量"僵尸"组织。

2.研究领域上存在重叠,重复性研究严重

科研组织研究领域上存在重叠,重复性研究严重。增设的科研组织嵌入校、院、系三个层次,难以进行研究领域整合,尤其是面向企业需求成立的科研组织,由于企业具有竞争性与技术保护要求,我国大学难以从组织上进行共性技术整合,大量重复性研究出现。此外,教师参加不同的科研组织,从事类似主题甚至是相同内容的研究,还有一些科研项目重复申报和资助,造成科研资源浪费。

3.科研资源配置效率不高,难以形成科研合力

人才、平台、组织、项目是科研生产的基本要素,数量众多的科研平台与组织,使得大学科研资源多点撒网,配置分散,难以持续"重力"投入有组织科研。同时,科研创新链衔接困难,我国大学主要通过在每一个科研环节上建立相应的科研组织体系,来建构"基础研究—技术开发—应用推广—产业化"的创新链,但是,每一套科研组织体系界限清晰、功能相对单一,在一定程度上加剧了创新链的割裂。一方面,由于科研环节衔接处的需求凝练、反馈机制尚未建立,产业需求难以转化成学术问题,科研供需不匹配;另一方面,科研环节协同不足,科研成果难以得到推广。教师多以兼职方式参与科研,在理论上,教师个体可以进行不同科研活动的整合,但在实际中,教师却很难完成这一目标,因为科研组织的增设往往是与科研资助联系在一起的,科研组织通过项目集聚教师,教师同时参加多个科研组织,容易造成"忙于参与、疲于应付"的现象,不利于其在某一领域长期坚持研究,使得科研力量更加分散。

四、大学整体性科研组织变革的实践策略

学术、市场和政府共同作用下的大学科研组织变革主要有嵌入、重组和融合三种策略,科研组织分别呈交叉重叠、同心圆和并行融通三个特征。下文分别结合三个国家的三所一流公立研究型大学科研组织变革的综合实践进行分析(见表6-4)。

表6-4　面向未来需求的大学科研组织变革策略与特征

	策略		目的		特征
嵌入	针对外部需求设立新科研组织，将新组织嵌入传统学术组织	研究问题复杂性提高，为了缓解学科体系与应用体系的矛盾	交叉重叠		多套组织体系，且在系、院和校三级都存在；依靠教师参与不同组织实现产出综合化
重组	不断合并，科研组织数量减少，功能更多样	生产技术成熟度提高，产出需要能够直接应用	同心圆		一套组织体系，发挥多种功能
融合	相对稳定，改变科研组织管理层级与研究性质	促进学科体系与应用体系分工与合作	并行融通		两套组织体系，分别设在院和校层面；科研产出综合但是各有侧重

（一）嵌入：以我国T大学为例

嵌入路径主要指大学将为满足外部重大需求而设立的新科研组织嵌入大学已有科研组织体系之中。为了解决传统以院系为基础的学术组织所导致的学科分化，与大学要解决的研究问题日益综合化所产生的矛盾，大学需要在学科知识体系之外建立科研组织来缓解这一矛盾，但是容易造成科技创新链的割裂。

以我国T大学为例，T大学是以理工科见长的综合性研究型大学，设有20个学院、3个院级系。T大学通过不断建立新的科研组织来满足不断增加的新需求，如图6-2所示，在类型和功能上，T大学存在四种科研组织体系：(1)学科知识分类体系，主要包括系下面的研究中心/实验室，主要起到教师学科研究方向拢合的作用，一般为虚体研究机构，由系里的教师组成。(2)前沿研究体系，根据研究前沿主题组建，研究前沿可能是知识前沿，也可能是应用前沿。学院层面的前沿研究体系通常以研究院或研究中心命名，与系平行，开展应用导向的基础研究，研究院下设各研究中心，代表着研究院的各研究方向。它们一般为实体研究机构，有专门的科研人员，同时也吸收各系教师参与。学校层面的前沿研究体系通常是面向知识或应用前沿的研究机构，分为两种：一种是学校针对重点发展领域成立的研究机构；另一种是跨学科交叉研究机构。(3)企业合作研究组织，如校企联合研究机构，主要从事企业合作项目研究。(4)产品开发和项目孵化体系，如新型研究机构，主要从事开发研究，产出以新产品为主要形式，同时进行项目孵化，成立新创公司。T大学共有16个这样的机构，其中学校直接管理7个，依托院系管理9个(简称派出院)。

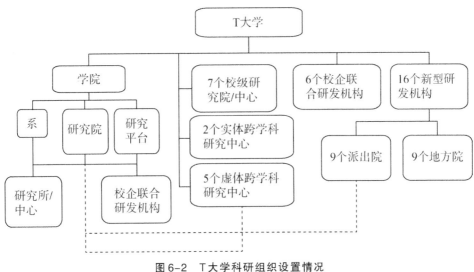

图6-2　T大学科研组织设置情况

　　院系组织层面,以T大学信息科学技术学院及计算机科学与技术系(简称计算机系)为例,计算机系自主成立了四个系级的研究所和三个校级研究中心,这些研究组织主要起到研究方向拢合的作用,将相同或相关研究方向的教师聚集到一起,基本上没有专职行政人员。同时,教师自主研究需要科研平台的支撑,计算机系下有一个国家重点实验室、三个省部级实验室(其中一个是和微软合建)和一个工程中心,作为对教师自主研究的支撑。此外,计算机系还与相关企业合建了10个校企联合研究中心,主要开展应用研究(转化教师科研成果)。

　　信息科学技术学院(简称信息学院)共有四个系,除了计算机系以外,还有电子工程系、自动化系、微电子与纳电子学系等三个系。在学院一级,信息学院设有一个软件学院和三个实体研究院(分别为信息技术研究院、微电子学研究所、网络科学与网络空间研究院)。这些研究院主要开展应用导向的基础研究,研究院下设备研究中心,代表着研究院的各研究方向。这些研究院同时也可能与企业合作,建立校企联合研究机构。此外,信息科学技术学院还拥有一个国家集成电路人才培养基地、两个国家工程技术研究中心[计算机集成制造系统(CIMS)、企业信息化应用支撑软件]和四个国家工程实验室[下一代互联网核心网、数字电视(北京)、电子商务交易技术、大数据系统软件],如图6-3所示。

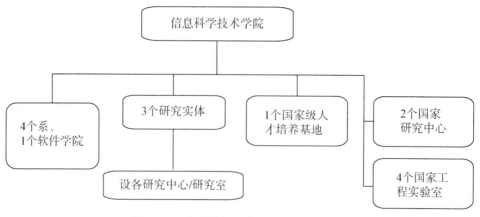

图6-3　T大学信息科学技术学院科研组织

　　T大学在校、院、系三个层级上都设立了以上四种科研组织,将校企联合研究机构、跨学科交叉组织、新型研究机构等增设的科研组织嵌入传统学术组织。根据研究领域匹配性和研究规模大小,校、院、系设有不同的校企联合研究机构,一般是虚体研究机构。校级虚体跨学科研究中心以院系为依托进行组建与运行;派出院依托对口院系进行管理。这样,通过不断增设并嵌入已有科研组织,大学在校、院、系三个层次都构建起从基础研究、技术研发到成果转化与产业化的科技创新链。

　　(二)重组:以英国沃里克大学为例

　　重组路径主要指大学对原有的科研组织进行重组,通过科研组织的合并,改变大学传统学术组织及院系的性质和功能。典型例子是被誉为欧洲创业型大学典范的沃里克大学,如图6-4所示,沃里克大学呈现的是一个高度整合和精简的科研组织体系。当前,沃里克大学共有三个学部和一个跨学部,每个学部下面设有若干个系、专业学院和研究中心,研究中心和系是同一层级的并列单位。沃里克大学共有54个研究中心,其中普通研究中心29个,设在学部下;跨学科研究中心25个,其中22个设在学部下,3个设在跨学部下。[1]实际上,沃里克大学的科研组织处于不断调整之中,2019年之前,沃里克大学共有66个研究中心分布在三大学部下,跨学部下设有30个研究中心、项目和倡议,同时还有8个其他的研究中心。[2]

①University of Warwick. Research[EB/OL].(2019-10-12)[2019-12-20].https://warwick.ac.uk/research/.
②University of Warwick. Faculties[EB/OL].(2018-08-01)[2018-12-21].https://warwick.ac.uk/fac.

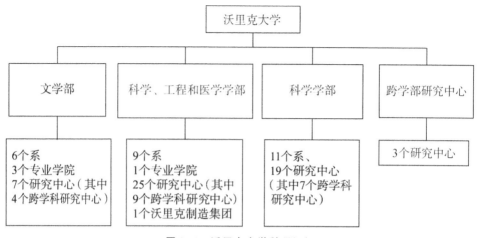

图6-4　沃里克大学科研组织

　　沃里克大学对科研组织的重组主要是促进各类型科研组织的一体化,和T大学在每个链条上都设置了相应的科研组织不同,沃里克大学只建立了一套科研组织体系,其同时具有知识生产、技术创新、产品开发孵化等多重功能。正如克拉克所描述的,"创业型大学具有已扩展的发展外围和受到激励的学术中心地带,这些与其他特点共同构成了'同心圆创业主义'"①。首先,沃里克大学没有在学校层面设立研究中心,除了三个跨学科研究中心外,研究中心及其他跨学科研究中心都设在学部下。其次,大学与企业等外部组织的合作直接在原有的研究中心进行。沃里克大学并不与企业等外部组织合作建立独立的研究机构,与企业的合作依托学部下面的研究中心开展。最后,研究中心也是技术开发和产品孵化的场所。作为一所创业型大学,有组织的"学术创业"②是沃里克大学的一大特色,沃里克大学还依托研究中心开展大量的学术创业活动。总之,沃里克大学通过对传统研究中心、跨学科研究中心和学术创业组织进行一体化整合,改造传统的系部,既集合力量进行学术转化,同时又充分利用系部学术资源开展学术创业活动。

　　从沃里克大学的经验来看,采用重组的科研组织变革策略需要满足一定条件:一是学科高度交叉融合,不同学科领域教师的合作频繁;二是行政管理扁平化,往

①比彻,特罗勒尔.学术部落与学术领地:知识探索与学科文化[M].唐跃勤,薄茂华,陈洪捷,等,译.北京:北京大学出版社,2018:192.

①指大学及其教师为获得外部资金开展了大量市场性活动或具有市场特点的活动。参见:斯劳特,莱斯利.学术资本主义:政治、政策和创业型大学[M].梁骁,黎丽,译.北京:北京大学出版社,2008:8.

往采用大部制管理模式,不同系部教师的合作顺畅;三是科研市场化程度较高,长期开展外部委托科研项目,具有较为稳定持续的科研资助。沃里克大学采用重组路径有两个优势条件:一是基于创业型大学的办学理念,沃里克大学能够迅速响应外部需求,能够将科研成果直接应用或商业化;二是作为一所创立于1965年的新型大学,大学进行机构重组的阻力较小。沃里克大学于20世纪70年代开始进行战略转型,在"学术创业"过程中逐渐成为一所研究型大学,各学科"学术部落及领地"尚未形成,跨学科交叉、跨组织协同整合较为容易。

(三)融合:以美国加州大学伯克利分校为例

融合路径主要指大学设立了不同性质的科研组织,但同时在不同科研组织之间搭建转化桥梁。加州大学伯克利分校是采取这一路径的典型例子。如图6-5所示,加州大学伯克利分校主要有三类科研组织:(1)院系下设的研究中心,是以学科为基础的学术性部门。专业和研究中心在管理上属于同一层级,并列存在。(2)校级研究中心,即有组织研究单位,共131个,围绕实质性研究主题主要开展跨学科交叉研究,直接归研究与技术副校长办公室管理。(3)与企业合作的研究项目/中心,即产业联合中心,[①]共有14个,归研究与技术副校长办公室下的产业研究联盟办公室进行管理,企业与大学在这些领域的研究合作,必须要通过产业研究联盟办公室才能开展。

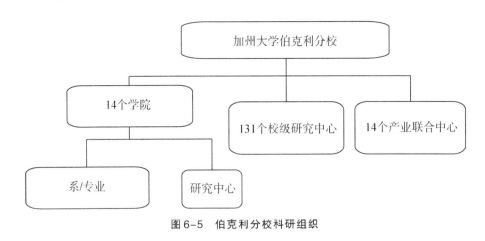

图6-5 伯克利分校科研组织

---

① Berkeley Office of Intellectual Property and Industry Research Alliances. Industry Affiliate Programs[EB/OL]. (2019-04-11)[2023-02-07]. https://ipira.berkeley.edu/industry-affiliate-programs.

这三类科研组织的功能定位不同,各有侧重。一是院系研究中心与有组织研究单元的区别体现在解决问题的综合性和外部研究合作的规模上。院系研究中心主要从事基础研究,而校级研究中心主要面向社会需求开展跨学科合作研究,与企业等外部组织合作密切。一般而言,有组织研究单元建立的时候都有一笔较大的、相对稳定的外部经费,即外部经费支持是有组织研究单元成立的必要条件,该外部经费并不仅来自企业,还包括联邦政府部门在内的政府机构、公益机构和私人基金等。有组织研究单元也可能开展基础研究,但是一般都有外部合作机构,院系研究中心也可能接受外部资金资助,但一般额度比较小。二是有组织研究单元与产业联合中心的区别体现在资助对象和技术成熟度上。产业联合中心是伯克利分校在重点领域与产业开展合作的组织载体,主要开展开发性研究,技术成熟度要求高,相对而言,有组织研究单元技术成熟度要求没有这么高。此外,有组织研究单元可能开展基础性研究,但是产业联合中心主要是进行技术开发与转化。

这三类科研组织的管理层级和研究类型不同,但是可以互相转换。(1)院系研究中心与有组织研究单元可以根据研究类型在管理层级上进行调整。当外部经费达到一定额度,院系研究中心可以申请成为校级有组织研究单位。同时,如果有组织研究单元外部资源萎缩或者没有发挥应有功能,经过学校评审之后,其也可能被关闭或降为院系研究中心。调整后的科研组织在研究领域上保持不变,但是在研究类型上出现变化。(2)产业联合研究中心与另外两种科研组织之间也存在转化通道,产业联合研究中心可能是新建立的,也可能是由其他两种科研组织转变而来。

伯克利分校三种类型科研组织构成了一套相互融通的科研组织体系。作为"老牌"研究型大学,伯克利分校传统院系下以学科为基础的研究组织极其牢固,所以伯克利分校在传统院系之外建立了一套科研组织体系——有组织研究单元——以响应外部需求。和T大学相比,伯克利分校学科知识分化的程度相对较低,除了工程学院、化学学院等少数学院按学科组建,大部分学院按照应用领域设立,如自然资源学院、验光学学院、公共健康学院、社会福利学院等,这些学院的学科界限并不非常严格,且大部分学院没有设系,而是直接设专业和研究中心。这样,伯克利分校在院系层面基本上已经实现了学科知识的综合和研究方向的融合,为学校在校级层面建立跨学科研究中心奠定了基础。

大学发挥"举国体制"的优势,聚焦关键领域,建立多主体协同的创新组织,科学合理地统筹配置科研资源并实现资源有效共享,是增强自主创新能力、有效推进有组织科研的有力举措。[①]"以大学为依托的拥有终身教职的研究院或者实现特定功能的政府实验室,以及拥有终身研究人员为特殊的单一文化研究而设立的常设性研究机构,将不再是未来的政策模型,这类机构对于满足弥散式知识生产的需要来说太过奢侈和僵化"[②],不同类型的科研组织的分化与整合将成为未来发展趋势,科研组织分化是大学面对不断增长的新需求而做出的直接反应,科研组织整合是对科研行为做出的协调与控制。有组织科研背景下,大学在针对外部重大需求建立有组织科研体系的同时,要注重传统学术组织、校企合作组织、跨学科交叉组织等各类科研组织的整合。

案例三:F大学科研平台建设的"拼盘"升级模式

目前,地方新建本科院校的科研平台普遍存在级别低,科研基础薄弱,高层次人才缺少,高质量科研成果产出不足等问题,而这些共性问题产生的原因主要在于以下几个方面:(1)校内外科研资源整合度不高,学科交叉融合度不够;(2)科研管理机制不顺畅,平台运行缺乏保障;(3)科研平台人事编制的设置不足以激发科研人员的积极性;(4)建设经费不足,平台运转缺乏动力;(5)科研基础薄弱,具备承担和完成高水平科研项目的教师数量少;(6)高层次人才引进困难,自身培养周期长;(7)大学科研人员对市场需求了解不足,影响成果转化。[③]F大学科研平台的建设,较好地克服了以上这些共性问题。

F大学是一所位于东部沿海省会城市的医科大学。全校共有九大学科,设有八个学院和六家直属附属医院。八个学院实行教学和研究双轨制,除了负责教学之外,每个学院还分别设有实体研究院,以基础研究为主。F大学发展中面临两个较大问题:一方面,虽然F大学是省内最好的医科大学之一,但是至今没有国家级的大科研项目;另一方面,虽然学校有六家直属附属医院,

①蒋劢.融合与共享:有组织科研的问顾与发展路径研究[J].金陵科技学院学报(社会科学版),2022,36(3):31-36.

②吉本斯,利摩日,诺沃提尼,等.知识生产的新模式:当代社会科学与研究的动力学[M].陈洪捷,沈文钦,等,译.北京:清华大学出版社,2011:161-162,157.

③杨慧敏.地方新建本科院校科研平台的培育与建设研究[J].教育观察,2019(13):75-77.

但是二级学院与附属医院的合作不够深入，主要停留在"请医院医生来给学生上课"的浅层次互动上。虽然个别教师也与附属医院有科研合作，但主要是基于个人友好关系的离散性合作，所以没有办法争取到更多的资源，也很难产生有影响力的重大成果。总体而言，学校并没有很好地将医院的需求、资源和平台整合起来。

第一，围绕重点研究方向建设校级科研平台。为了进一步打造学校科研特色与高地，有效利用附属医院的资源，F大学在临床与药学两大方向建设校级科研平台，即在学校层面建设临床医学研究院和创新药物研究院。

临床医学研究院是整合学校所有学科的科研平台，研究院院长由校长兼任，是面向医院收集临床问题、研究解决问题的平台。F大学原有的基础医学研究中心，主要做基础研究，未能充分利用附属医院的资源、平台等。通过临床医学研究院，学校收集、挖掘附属医院的临床问题，并把附属医院的临床需求转化为研究需求，通过设立研究项目的方式整合科研团队。具体而言，F大学根据学校的优势专业/领域，在临床医学研究院下面组建若干个比较小的研究中心或研究院，连接校内已有研究力量和附属医院，研究中心设置两位副主任。通过下设研究中心或研究院，F大学把原来做基础研究的教师整合到临床医学研究院。此外，临床医学研究院还建有一支专职科研队伍。学校拿出200个编制，用来聘请专职科研人员，由学校发基本工资，附属医院发绩效工资。学校没有将这200名科研人员分散到各个医院中去，而是将他们集中在临床医学研究院。

创新药物研究院下设国家地方中心及省新药研发中心这两个核心平台，把学校药学相关学科的教师整合到一起进行成果转化。院长由药学院院长兼任，还聘有专职的执行院长。

第二，依托实验室建设做好研究方向布局。F大学所有实验室都设在学院的研究院下，学校通过重点实验室的申报，来调整(干预)实验室的研究方向。F大学科研处一般要求重点实验室选定一个非常细化的研究领域。这就要求学院要事先做好学科规划，明确发展方向，并根据发展方向建设科研组织。

第三，依托实验室建设培育青年学术带头人。作为一所地方性大学，要引进重量级的人才很难,F大学主要是致力于面向本土培养年轻人才。依据学校学科规划中的重点发展方向,F大学遴选青年学术带头人,瞄准30—40岁的优秀人才进行培养。学校层面设立优青、杰青计划,通过先出人选、私下评估、同行评估、基金委专家把关等过程,选出青年学术带头人,并为其配备实验平台和人才,以实验室建设为载体培育青年学术带头人。

第四,以实验室为基点申报更高层次的平台。学校层面的实验室建设是从校级立项开始,校级实验室每年都可以申报,建设周期为两年,有考核要求,学校每年给予50万元运行经费。校级实验室要冲击省级实验室,省级实验室一年的运行经费是60万元,省级实验室的申报由学院层面进行规划、整合、组织。

有了省级实验室之后,才能"拼盘"交叉申报教育部实验室。教育部实验室一般由学校层面组织申报。因为我国政府层面的科研平台实行限额申请认可制度,对于省部级科研平台,一般一个省只有1—2个名额,F大学要申请教育部实验室,需要先申报到省科技厅,在全省进行竞争,所以必须由学校牵头。有了教育部实验室,才能冲击国家级实验室,在这个过程中,学校要不断进行资源整合与重点投入。"拼盘"就是进行实验室整合,比的是谁的资源多,在科研平台建设的"拼盘"模式下,不同层级的实验室建设需要进行不同层级的资源整合,即申报省级实验室要在学院层面整合实验室资源,申报国家级实验室要在全校整合实验室资源。

第三篇　科研组织模式创新

第七章　跨学科交叉研究组织

　　由于学科交叉融合在重大科学发现、复杂问题解决等方面发挥着重要作用，跨学科研究备受推崇，日益成为当今世界科学发展和技术创新的科研组织模式。研究组织是教师开展研究的重要载体，建立跨学科研究组织成为大学突破学科藩篱，推动跨学科研究合作的重要方式。那么，如何有效发挥跨学科研究组织的功能作用，是跨学科研究组织建设的关键问题。我国大学跨学科研究组织的发展既不缺乏外部动力，也不缺乏大学高层重视，却在一定程度上存在发展速度不快、发展绩效不高、发展活力不足等动力问题，[①]我国大学跨学科研究组织效能有待进一步提高，跨学科研究组织的运行管理机制有待进一步完善。

　　已有研究对跨学科研究组织的组织结构与运行机制进行了较为深入的研究，如刘凡丰等从组织设计策略角度将大学跨学科研究组织分为七种发展模式。[②]还有一些研究关注跨学科研究组织的创建方式，如焦磊和袁琴研究跨学科研究组织的组织形式创新路径。[③]茹宁和闫广芬提出跨学科研究组织在实践中探索发展了"自下而上""自上而下"和"由内而外"的三种组织运行策略。[④]对国外大学跨学科研究组织的研究也基本集中在组织形态[⑤]、运行机制[⑥]、组织机制[⑦]、管理模式[⑧]等方

① 关辉.大学跨学科组织发展的动力问题及平衡机制[J].高教探索,2015(6):10-19.
② 刘凡丰,徐晓创,周辉,等.高校促进跨学科研究的组织设计策略[J].清华大学教育研究,2017,38(5):75-83.
③ 焦磊,袁琴.组织变革视域下大学跨学科研究组织形式创新路径研究[J].江苏高教,2022(2):21-29.
④ 茹宁,闫广芬.大学跨学科组织变革与运行策略探究[J].高校教育管理,2018,12(4):58-65.
⑤ 焦磊,谢安邦.美国研究型大学跨学科学术组织的建制基础及样态创新[J].高教研究,2019(1):60-65.
⑥ 文少保,杨连生.美国大学自治型跨学科研究组织——结构惰性超越、跨学科合作与运行机制[J].科技与管理,2010,12(3):133-137.
⑦ 郭强.加拿大伯克利跨学科研究机构组织机制分析[J].高校科技,2014(8):70-73.
⑧ 朱永东."双一流"高校要重视跨学科学术组织建设——基于美国研究型大学跨学科学术组织管理模式的分析[J].研究生教育研究,2018,12(6):64-69.

面,这些研究总结提炼了跨学科研究组织运行的核心要素,但是忽略了组织设计与组织目标、功能之间的逻辑关系,未能说明这些要素如何促进跨学科研究组织目标与功能的实现。这些研究默认的前提假设是:组织结构、运行管理等设计因素决定了组织的功能与目标,而实际上,"组织的设计和管理是由组织目标和方向派生而来"①,组织设计和管理应服务于组织目标与功能的实现,组织设计反映了目标和战略实现的途径,这样能使得组织的精力和资源集中到实现这些使命和目标上来。跨学科研究组织采用何种组织形式、运行机制和管理体制,并无标准答案,主要看其是否有助于跨学科研究目标的实现,是否有助于推动跨学科研究组织功能的发挥。所以,有必要从组织目标与功能实现的视角来审视大学跨学科研究组织的管理保障机制,以进一步探究大学跨学科研究组织何以产生"1+1>2"的效果。

在实践上,随着对跨学科研究重要性的认识不断深入,我国大学在建设跨学科研究组织方面进行了多样化的探索,一方面,传统重点实验室、协同创新中心、工程研究中心等科研平台逐渐发展为跨学科研究组织;另一方面,投入专门资源在校级层面建立跨学科研究组织,并建立一支较为稳定的科研队伍和较为完备的运行管理体制。这些跨学科研究组织可能设在学院内部、相对独立于学院、平行于学院,或是独立法人机构。我国大学跨学科研究组织建设存在的一个严重问题是过于追求组织结构与运行的完美性,忽略了其功能性,未能建立与组织功能相适应的管理保障机制。在高度国际化的今天,我国大学对国外大学跨学科研究组织建设做法的学习已经较为深入,但是总体上偏重对组织形式与运行策略等显性因素的学习,且仍然存在"知其然不知其所以然"的现象,所以需要进一步探索国外大学跨学科研究组织结构设置与运行的背后原因及机理。组织有效运行并不等于组织目标的实现,随着我国跨学科研究深入开展,跨学科研究组织结构与运行机制的不断完善,跨学科组织的内涵建设和组织运行管理就显得尤为重要。本书聚焦跨学科研究组织功能及其管理保障机制研究,旨在探究跨学科研究组织推动跨学科研究产生效果的内在作用机理。选取在跨学科研究方面成绩显著的加州大学伯克利分校作为重点研究对象,提出我国大学优化跨学科研究组织的建议。自20世纪50年代以来,伯克利分校在校级层面建立了130多个有组织单位,其中大多数是跨学科研

①达夫特.组织理论与设计[M].12版.王凤林,石云鸣,张秀萍,译.北京:清华大学出版社,2017:54-55.

究组织,在建设跨学科研究组织方面积累了丰富的经验。作为公立研究型大学,伯克利分校跨学科研究组织的发展条件和管理环境与我国大学具有较高的相似性,其建设跨学科研究组织的实践经验对我国大学具有较强的借鉴意义。

一、伯克利分校跨学科研究组织的目标定位与组织功能

科学合理的目标定位是跨学科研究组织发挥作用的基础,总体而言,美国研究型大学有组织研究单位目标定位主要有两个:一是开展应用性跨学科研究,以响应外部社会对大学的研究需求。伯克利分校有组织研究单位规模有大有小,类型多样,围绕国际事务、信息技术和科学,以及环境等广泛的实质性研究主题进行组织,通过聚焦研究主题与问题,有组织研究单位建构了跨学科知识应用情境。二是促进跨学科研究,为跨学科研究提供支持服务。伯克利分校明确规定,"有组织研究单位为开展合作和跨学科研究提供支持性基础设施,以支持院系教学和研究部门的学术目标"。有组织研究单位的目标定位特别强调与院系学术组织的互补发展,"就开展研究而言,有组织研究单位的存在是为了做院系无法做的事情:在跨学科、应用或资本密集型领域开展工作,以应对社会对新知识的需求"[①]。组织目标可以分解为多个子目标,其实现依赖于组织战略的实施。我们无法得知伯克利分校跨学科研究组织的发展策略,但是可以通过分析其跨学科研究组织的功能作用,来探究伯克利分校跨学科研究组织如何实现其组织目标。综合而言,伯克利分校有组织研究单位主要有五个功能作用。

(一)组织与培育外部科研项目,增加科研效益

争取并承担跨学科科研项目是跨学科研究组织发挥作用的基本方式。跨学科研究一般具有较为明确的研究目的,以具体的科研项目为牵引,完成特定科研任务的目标是跨学科合作能够深入持久的重要因素。组织跨学科科研项目是跨学科研究组织的重要工作内容,也是组建跨学科研究团队的重要方式,通过组织不同学科教师申请并完成外部科研项目,跨学科研究组织增加了科研生产效益。积极争取外部科研项目,几乎是国内外大学跨学科研究组织的工作重点。有组织研究单位

---

① Geiger R L. Organized research units——Their role in the development of university research[J].The Journal of Higher Education,1990,61(1): 1-19.

将来自不同学科的研究人员汇集在一起,往往是为了提高教师申请政府科研资助的积极性。外部科研经费稳定且充足的有组织研究单位,通过设立种子科研项目帮助教师不断形成和发展自己的研究想法,开发新兴领域,促使跨学科研究不断深入,进而为申请校外重大科研资助做好准备。此外,一些有组织研究单位还为教师申请外部科研项目提供帮助和支持,包括在项目申请书撰写、拨款管理和报告撰写及项目开发方面提供协助,进而提高成功申请政府及社会科研资助的概率。

(二)组织内部学术交流,提升科研生产能力

作为一种生产活动,科学活动具有的心理的、理性的和社会三个相互不排斥的机制在起作用。[1]相较于单一学科的学术活动,跨学科研究还具有交往性。跨学科研究的前提是学者能有一个良好的交流网络和工作环境。[2]跨学科研究组织能否发挥作用首先取决于能否把不同学科的教师凝聚在一起,促进不同学科教师之间的交流互动与研究合作。伯克利分校有组织研究单位是跨学科知识信息的聚合地,在举办正式的学术交流活动之余,学校还经常举办各种小型的非正式的内部学术交流活动,为教师分享交流隐性知识提供场地和机会,促进了隐性知识的流动。以伯克利分校东亚研究所(Institute of East Asian Studies)为例,该研究所每年大概举办200场学术活动。显性知识和隐性知识分别代表了组织知识生产的水平和能力,诸如论文、专利等经过严格编码、以某种研究结果形式出现的显性知识,往往通过正式的学术活动来进行交流,主要是为了传播、宣传以得到同行认可或实际应用。大量的隐性知识附着于知识生产者的大脑和心理活动过程中,很难被有效观察并显性化,一般仅限于在内部很小的范围内传递,但是这些隐性知识却代表了大学知识生产的能力,决定了大学知识生产的水平。所以,学术交流尤其是隐性知识交流也是知识生产的重要环节,起到知识发酵与酝酿的作用,通过语言性的学术交流产生学术思想的碰撞,尤其有助于创新性知识的生产。跨学科研究组织在各个学科之间保持动态的智力桥梁,以便信息和观点有效流动,拓展新的研究领域与知识应用范围,增加新的研究机会,推动大学科研活动的开展,从而提升大学科研生

①刘亚荣,屈潇潇,康宁.大学办学自主权变迁的实证再研究(一)——高校办学自主权的内涵辨析及外部学术治理改革现状[J].复旦教育论坛,2020(1):19-25.
②刘凡丰.跨学科研究的组织与管理[M].上海:复旦大学出版社,2014:24.

产的能力。

（三）提供学术资源与服务,提高科研投入产出效率

伯克利分校的有组织研究单位不仅是一个开展研究的学术单位,同时,也是一个为教师提供相关领域研究资源和服务的学术平台。伯克利分校有组织研究单位主要为教师提供五大类的学术资源与服务:一是无偿提供工作空间、活动场所、会议室等,为学者(包括教师、研究生、博士后、访问学者等)提供固定的办公空间及用于学术交流活动的公共场所。二是核心科研仪器设备(core facilities),除了社会科学等少数有组织研究单位外,大多数有组织研究单位都有自己的大型专业性科研仪器设备,对一些领域的专业性研究,只能在有组织研究单位开展。一些有组织研究单位不仅提供仪器设备,还聘有专业的技术人员来进行维护,辅助教师使用设备,甚至是直接协助教师完成实验。三是专业图书馆或资料室,尤其是人文社科类的有组织研究单位一般都有丰富的专业性研究资料。四是研究助理,一些教师没有研究生指标或其研究经费不足以长期聘任专门的助理,有组织研究单位可以利用项目经费帮助教师多渠道有效共聘研究助理,以解决单个教师无法负担长期聘任研究助理的问题。有组织研究单位的研究助理主要包括两类人员:(1)研究生,有组织研究单位以奖学金形式支付研究生的学费和生活费;(2)短聘研究人员,主要是项目研究人员及仪器设备维护操作人员。五是学术资助,有组织研究单位还提供跨学科研究的会议、差旅资助,除了不能给教师发工资,其他研究费用,如参加学术会议、调研培训等都可以从中列支。这五种方式,为教师跨学科研究提供了便利和支持,提高了学术资源利用率,提升了教师科研效率。

（四）转化科研成果,激励高水平科研活动

伯克利分校有组织研究单位是学校面向实际进行二次应用开发和转化成果的重要基地。有组织研究单位开展以解决实际问题为主的应用性研究,是接受企业委托研究、开展校企合作研究的重要载体;其次,孵化学术创业,学校针对某些特殊领域的学术创业启动专业孵化器,如惠明中心(CITRIS)下设的"惠明中心铸造厂创新孵化器"(CITRIS Foundry Innovation Incubator)旨在将信息技术领域的研究成

果推向社会,实现其商业价值。①定量生命科学研究所(QB3)下设五个孵化器、两个种子期风险投资公司,以及医疗器械领域的一个特别研究所,为生命科学领域的创业者提供从创办新公司到运营再到成长所需的支持和资源,包括办公场地、投资资金、社会网络、研讨交流机会、咨询辅导等。②还有一些有组织研究单位本身就是创业企业孵化器(entrepreneurial business incubator),如能源生物科学研究所(Energy & Biosciences Institute)在致力于推动行业发展前沿研究的同时,还为专注于可持续发展的初创企业提供设备齐全、专用的研究空间,以开发产品。③通过转化科研成果形成正向反馈的科研循环,一方面,增强了跨学科研究的外部影响力,为跨学科研究提供持续的资金支持;另一方面,面向实际应用的研究,为跨学科研究提出了崭新选题和不断迭代的外部需求及更高要求,催生出高水平的科学研究。

(五)提供跨学科实习机会,培养跨学科研究人才

跨学科研究组织是开展跨学科教育的重要场所,伯克利分校"有组织研究单位为本科生和研究生提供研究与培训机会、设施,并促进由一个或多个部门建立、监督、支持的跨学科学术计划和课程的发展,有组织研究单位不向大学学生或公众提供学位项目或正式学分课程,除非与有关当局协商后获得授权"④。也就是说,跨学科研究组织没有学位授予权,甚至不提供正式学分课程,⑤这也是美国大学院系之外研究组织的普遍做法。

伯克利分校跨学科研究组织功能具有综合性,以上五个功能并非跨学科研究组织所独有的,但是,传统学科研究组织一般难以涵盖以上所有组织功能。通过以上五种功能,伯克利分校有组织研究单位将志同道合的学者有效聚集在一起,成为

---

①UC Berkeley. CITRIS Foundry Incubator[EB/OL].(2019-12-24)[2022-04-04].https://citrisfoundry.org/incubator/.

②UC Berkeley. Startup Support for Every State [EB/OL].(2020-03-10)[2022-04-04]. https://qb3.org/for-startups.

③UC Berkeley. Energy&Biosciences Institute [EB/OL].(2021-01-08)[2022-04-04]. https://energybiosciences-institute.org/.

④Vice Chancellor for Research Office, Berkeley University of California. Policy & Procedure Guide [EB/OL].(2020-10-24)[2021-01-03]. https://vcresearch.berkeley.edu/research-policies/ORU-policy-procedure.

⑤美国大学按照学向向学生收取学费,同时,提供学分也是各院系获得学校经费的最重要方式之一,也是教师获得工资的主要依据。

相关领域跨学科研究的"学术俱乐部",营造良好的跨学科研究氛围,促进跨学科研究活动的组织与开展。美国研究型大学有组织研究单位为大学科研获取了大量的经费,促进了大学不同学科的合作与发展,提高了大学的声望和影响力。[①]

二、伯克利分校跨学科研究组织的管理保障机制

管理机制是组织功能实现必不可少的保障,跨学科研究组织的功能能否实现,依赖于是否建立了一套与之相匹配的组织管理机制。"明确的组织目标、稳定的科研队伍、合理的资源配置、先进的设施与场地和明显的激励与回报等是大学跨学科研究组织有效运行的战略保障"[②],但并非跨学科研究组织功能实现的必要条件。跨学科研究组织的人员构成、教师参与方式及其报酬并非影响教师参与跨学科研究积极性的最主要因素,跨学科研究组织并不是通过物质激励来促进教师开展跨学科研究。伯克利分校有组织研究单位组织功能的实现,主要依赖于以下四个管理保障机制。

(一)充分的成立论证,为跨学科研究组织的功能实现提供条件保障

伯克利分校的有组织研究单位通常采取自上而下和自下而上两种相结合的成立方式,[③]无论何种成立方式,提议者都要为有组织研究单位的成立做切实的准备,并向主管研究与技术副校长办公室提交提案。为保证跨学科研究组织目标的实现,首先,伯克利分校对有组织研究单位的成立要求做了严格规定。一般而言,有固定办公空间和外部经费来源是有组织研究单位成立的必要条件。申请成立有组织研究单位时,提议者要提交包括有组织研究单位的目标、成立理由、管理建制、运行计划、预期收益、办公空间保障、外部资金来源与获取计划、竞争对手分析等14项内容的材料。[④]还要提供有组织研究单位满足这些成立条件的书面证明材料,如科研合同、捐赠协议、办公室租赁合同等(见表7-1)。

①於荣.有组织研究单位的发展及其对美国研究型大学的影响[J].清华大学教育研究,2011,32(4):86-91.

②文少保.美国大学"有组织的"跨学科研究创新的战略保障[J].中国高教研究,2011(10):31-33.

③伯克利分校有组织研究单位的成立以自下而上方式为主。

④ Vice Chancellor for Research Office, Berkeley University of California. Policy & Procedure Guide [EB/OL]. (2020-10-24)[2021-01-03]. https://vcresearch.berkeley.edu/research-policies/ORU-policy-procedure.

表7-1 伯克利分校有组织研究单位申请材料

序号	提议者需要提交的材料清单
1	有组织研究单位的研究目标、教育目标、公共服务目标和多样性目标
2	拟任主任、联合主任或副主任等的姓名,主任必须为终身教员
3	在有组织研究单位成立的第一年,咨询委员会的建议名单
4	核心科研人员的经验
5	有组织研究单位的附加价值和能力,并解释为什么这些不能在现有学术组织内实现
6	两年内的运行研究计划和对三年后的预测
7	有组织研究单位对参与教师所在系部的教学项目(人才培养)或其他现有的学术组织或项目的价值声明
8	以书面形式同意参加有组织研究单位活动的教师姓名
9	对一定期限内的教师、学生、专职科研人员和其他人员人数的预测
10	关于前两年的预算,以及预期的资金来源
11	关于所需空间的声明,以及前两年内如何满足这个需求
12	寻求和获得启动有组织研究单位研究计划所需的必要校外资金的实现计划
13	对竞争对手的分析,并说明该提案为什么适合伯克利分校
14	不再需要学校财政支持的日期

其次,伯克利分校开展充分的成立论证。评审会由研究与技术副校长办公室组建,分为两轮开展成立评审,第一轮主要审查提案的学术价值、提议的跨学科研究、教育、公共服务的质量,以及对校园多样性目标的承诺;第二轮主要审查有组织研究单位的资源和构建方式,如资金来源、办公空间等,以保障有组织研究单位的成功。综合而言,有组织研究单位成立时,主要审查两个关键性因素,一是组织功能,"提议者在成立之初就要说清楚一个新的有组织研究单位将带来的附加价值和能力,并解释为什么这些不能在现有学术组织内实现"[1],一方面,更加明晰跨学科研究组织的功能作用;另一方面,也使得跨学科研究组织的功能定位更加合理,严格区分跨学科研究组织与学校现有学术组织的功能,使得跨学科研究组织与现有

---

[1] Vice Chancellor for Research Office, Berkeley University of California. Policy & Procedure Guide [EB/OL]. (2020-10-24)[2021-01-03]. https://vcresearch.berkeley.edu/research-policies/ORU-policy-procedure.

学术组织错位发展。二是资源保障,尤其是经费来源,即提议者如何寻求持续的经费来源,以保障跨学科研究组织的运行。无论何种有组织研究单位,在其成立时必须有外部资金,资金可能来自联邦政府机构、地方政府、企业、捐赠等。即使是学校筹集到外部资金,一般还会要求跨学科研究组织自己筹集一定额度的匹配资金。通过严格的成立资格审查,不仅更加确定了跨学科研究组织成立的必要性,更确保了组织未来发展的可持续性。

(二)合理分工的科研组织体系,为跨学科研究组织获得稳定的外部科研资源提供空间

稳定的外部科研经费是跨学科研究组织发挥作用的重要支撑,是跨学科研究组织能够提供"公益性"学术资源和学术服务的保障,也是跨学科研究组织保持生命力的基础。伯克利分校有组织研究单位的经费来源较为广泛,主要包括私人慈善事业,地方、州和联邦政府,以及私人基金会的研究赠款等。有组织研究单位具有稳定的外部科研经费得益于伯克利分校强大的研究实力与社会问题解决能力。从组织管理角度看,有两个影响因素:一是有组织研究单元明确服务外部需求,以开展外部资助的研究为主。通过满足外部资助者的知识需求,有组织的研究单位为大学提供了更多的研究资源以发展研究事业。[①]对外争取筹集科研经费是伯克利分校有组织研究单位主任的重要职责,一些有组织研究单位还聘请专门的学术型职员来写项目申请书,帮助主任一起申请外部科研项目。二是有组织研究单位与院系学术组织合理分工。设在院系下的传统学术组织,以开展基础研究为主,校级层面的有组织研究单位,以开展应用研究和开发研究为主。"美国研究型大学院系和有组织研究单位之间一直是充满张力和共生的关系"[②],两个界限分明、功能有异的科研组织体系为有组织研究单位创造了发展与资源空间,使得有组织研究单位不仅是跨学科研究组织,还是汇聚与整合外部委托合同、政府资助、公益捐助等各类研究资源的平台。稳定的外部科研经费,使得跨学科研究组织提供学术资源与服务的功能成为可能。

---

① Geiger R L. Organized research units — Their role in the development of university research[J]. The Journal of Higher Education,1990,61(1):1–19.

② Geiger R L. Organized research units — Their role in the development of university research[J]. The Journal of Higher Education,1990,61(1):1–19.

(三)多元参与的内部治理,保证跨学科研究组织的代表性与吸引力

多元参与的内部治理是跨学科研究组织发挥作用的保证。伯克利分校有组织研究单位在主任之外通常还设有顾问委员会(advisory committee)以提供发展建议,一般分为学校内部教师顾问委员会(faculty council 或 faculty advisory committee)和外部顾问委员会两种。教师顾问委员会每学年至少召开两次会议,还要在每学年结束时向研究与技术副校长办公室和主任提交一份非正式报告。例如,大数据中心的教师顾问委员会由来自信息、公共政策、商业等不同学院的九名教师代表组成,代表伯克利分校和其他加州大学的教师共同治理该中心,通过和主任磋商,教师顾问委员会对大数据中心履行监督使命。[①]外部顾问委员会由加州其他大学或社会人员组成,帮助有组织研究单位进行决策,并提供新的研究和学术机会。外部顾问委员会每年要审查有组织研究单位的各项活动与计划,并向主任提供书面意见。有组织研究单位的年度报告提交之前要经过顾问委员会审查和批准。

伯克利分校有组织研究单位校内教师的参与治理,使得跨学科研究组织能够更加了解和满足教师的需求,更好地为教师服务。校外人员的参与治理,使得跨学科研究组织能够紧跟社会需要,根据外界环境变化调整发展方向,并把握外部发展机会。跨学科研究具有社会性,需要不同学科人员的共同参与,跨学科研究组织应该由不同利益相关者参与治理,使得不同利益方的声音都能够得到有效表达,多方的需求和利益能够得到满足和照顾,这样跨学科研究组织才能保持持续的吸引力。

(四)目标导向的评估考核,为跨学科研究组织的功能实现提供指引

评估考核是促进跨学科研究组织建设的重要手段。伯克利分校有组织研究单位的评估考核着眼于各单位是否成功地实现了先前制定的目标、项目目标的计划性变更及实现新目标的计划。有组织研究单位评估考核分为年度评估和五年周期评估。每五年研究与技术副校长办公室会组建评估委员会对有组织研究单位进行

---

① Berkeley Institute for Data Science. About: Faculty Council[EB/OL].(2020-12-10)[2021-01-03]. https://bids. berkeley.edu.

审查,"以重新评估其目标,并确保其对相关跨学科研究的持续和动态承诺"[1]。具体而言,评估主要围绕组织目标实现的程度和能力展开,一是组织目标实现情况,"评估内容涉及有组织研究单位的原始目标、当前功能、研究成果(如出版物、研究经费)、未来计划,以及是否能满足该领域需求"[2]。二是组织目标实现的能力,"有组织研究单位应向评估委员会提供清晰的预算信息,包括所有资金、支出的数额和来源,委员会应评估其预算是否充足、合理以支持其完成使命"[3]。和有组织研究单位的成立审查一样,外部科研经费也是评估考核的重要内容,如果有组织研究单位不能获得稳定的科研经费,就会面临关闭、合并或降级的困境。

三、我国大学跨学科研究组织的运行——以清华大学为例

清华大学是我国最早建立跨学科研究组织的大学之一,其实践探索在一定程度上代表了我国大学建设跨学科研究组织的努力。自2017年开始,清华大学确立了人工智能、脑科学、未来交通与智能汽车、大数据、医工交叉等五大战略发展方向,并陆续在这五大战略发展方向上建立了九个校级跨学科研究组织(见表7-2),主要分为两类:一是实体研究机构,即跨学科交叉实验室,其是校内独立设立的无行政级别的二级实体研究单位,共有两个。二是虚体研究机构,即跨学科交叉研究中心,主要依托牵头院系进行运营和管理,共有七个。此外,清华大学还有未来芯片技术高精尖创新中心、结构生物学高精尖创新中心,由北京市教委启动的"北京高等学校高精尖创新中心建设计划"给予全额资助。两个高精尖中心以清华大学为主要依托,汇聚了清华大学多院系、多学科的卓越人才,围绕相关领域技术开展跨学科研究,产生科研成果,并推动北京市相关技术领域产业的发展。

---

[1] Vice Chancellor for Research Office, Berkeley University of California. Policy & Procedure Guide [EB/OL]. (2020-10-24)[2021-01-03]. https://vcresearch.berkeley.edu/research-policies/ORU-policy-procedure.

[2] Office of the President. University of California. Administrative Policies and Procedures Concerning Organized Research Units[EB/OL]. (1999-12-07)[2021-01-03]. http://policy.ucop.edu/doc/2500488/ORU.

[3] Office of the President. University of California. Administrative Policies and Procedures Concerning Organized Research Units[EB/OL]. (1999-12-07)[2021-01-03]. http://policy.ucop.edu/doc/2500488/ORU.

表7-2　清华大学跨学科研究组织

跨学科交叉实验室(2个)	跨学科交叉研究中心(7个)
1.脑与智能实验室(2017年) 2.未来实验室(2017年)	1.清华大学智能无人系统研究中心(2017年) 2.清华大学智能网联汽车与交通研究中心(2017年) 3.清华大学柔性电子技术研究中心(2017年) 4.清华大学人工智能研究院(2018年) 5.清华大学大数据研究中心(2018年) 6.脑与认知科学研究院(2019年) 7.医工交叉研究院(2019年)

通过比较清华大学和伯克利分校跨学科研究组织的功能和管理机制发现,二者在组织结构、人员构成、兼职教师参与方式等组织形式上并无太大差异,但是在组织功能定位、内部治理结构、设立方式、设立条件、评估考核标准等管理内容上存在着较大的差异。

（一）在组织功能定位上存在一定差异

不同类型的跨学科研究组织的功能定位差异较大。跨学科交叉实验室重在基础研究,主要任务为突破学科壁垒,开展深入的跨学科交叉研究与学术交流,产生引领性原始创新重大研究成果,推动学科建设和发展。跨学科交叉研究中心重在成果转化,主要任务为凝聚多学科研究团队,培养高水平跨学科人才,开展跨学科交叉研究和学术交流,争取申报重大项目和申请政府批建科研机构,产生引领性原始创新重大研究成果。高精尖中心主要目的是围绕相关领域技术开展跨学科研究,产生科研成果,并推动北京市相关技术领域产业的发展。

和伯克利分校相比,清华大学跨学科研究组织的功能主要体现在以下几点。(1)在研究项目上,重视组织跨学科科研项目,但是更加重视申报项目与平台,在跨学科科研项目培育上投入较少。(2)在研究类型上,更加侧重于基础研究,伯克利分校跨学科研究组织主要开展应用性、开发性研究。(3)在成果转化方式上,主要是与企业合作研究,学术创业孵化功能较少。(4)在学术服务上,自设研究组织几乎没有提供学术资源与服务功能,高精尖中心为校内教师跨学科研究提供研究设施、研究助理、研究空间、研究资助等一系列服务和支持,从这个意义上说,高精尖中心和伯克利分校有组织研究单位的功能最为相似。(5)清华大学实体研究机构还担负着

"引进高水平跨学科学术人才"的任务。

(二)在人员构成上无太大差异

两所大学跨学科研究组织都有较为稳定的研究队伍,在人员构成上都包括专职研究人员和院系兼职教师。两所大学跨学科研究组织专职研究人员,在具体岗位名称上有一些差别,但是在岗位类别上基本相同。两所大学院系兼职教师都主要以参与科研项目的方式参加跨学科研究组织的工作,无论何种方式,兼职教师都不参与跨学科研究组织的决策,除非教师在跨学科研究组织担任行政职务或是某委员会成员,同时,两所大学教师兼职参加跨学科研究组织都不会增加其工资收入。

(三)在组织管理机制上存在较大差异

组织管理机制差异主要表现在内部管理结构、设立方式、设立条件与评估考核标准等方面。

内部管理结构上,两所大学跨学科研究组织都实行主任负责制,但是在参与管理的委员会的类型和功能上存在较大差异。伯克利分校设有内外部顾问委员会,清华大学设有学校管理委员会,跨学科研究组织直接向管理委员会汇报,管理委员会决定跨学科研究组织的运行和发展等重要事项,管理委员会的主任由校领导担任,凸显了跨学科研究组织的重要性(见表7-3)。

表7-3 跨学科研究组织的内部管理结构

学校	管理结构
伯克利分校	主任负责制 顾问委员会辅助决策、监督执行
清华大学	管理委员会领导下的主任负责制 学术委员会负责学术事务决策与咨询

设立方式上,伯克利分校的有组织研究单位采取自上而下和自下而上两种相结合的建立方式,而清华大学采取自上而下的设立方式。设立程序上,清华大学的跨学科研究组织是由学校顶层规划布局的,学校领导小组根据学校发展战略和国家重大需求提出建立跨学科研究组织的计划;科研院下属的交叉机构办公室,根据

领导小组提出的计划拟定组建方案;组建方案报经领导小组、学术委员会审议后,提请校务会议审议;校务会议讨论决定是否设立(见表7-4)。

表7-4 跨学科研究组织的设立

学校	设立程序	设立条件	启动经费
伯克利分校	自上而下:学校设立 自下而上:教师可以自主申报,学校评审	有外部经费来源、有独立的办公空间和固定的工作人员等	学校可以部分支持,严格规定时间;要有外部经费
清华大学	自上而下由学校设立		学校全额支持

设立条件上,两所大学跨学科研究组织也不相同,主要体现在启动经费方面。在伯克利分校,有固定的办公空间和外部稳定的经费来源是跨学科研究组织成立的必要条件。清华大学实体跨学科研究组织在建设之初,学校提供科研用房、基本运行经费及公共服务等方面的支持。学校在学科建设经费方面以一事一议的方式给予支持。同时学校也明确表示,跨学科研究组织的建设发展资金应当以社会资源支持为主。

评估考核标准上,两所大学都对跨学科研究组织开展定期评估,在评估方式、评估周期、评估结果运用上较为相似,但是在评估考核标准上存在较大差异。两所大学都重视评估跨学科研究组织的学术水平,但是,伯克利分校主要对照成立目标,评估跨学科研究组织的目标是否实现及组织的可持续性;清华大学主要对整体运行状况进行综合评价,重点评估跨学科研究的水平及贡献、跨学科研究组织的建设与人才培养情况、举办学术活动的影响力等(见表7-5)。

表7-5 跨学科研究组织的评估情况

学校	评估方式	评估标准	评估结果运用
伯克利分校	年度报告 5年周期审查 15年日落审查(sunset reviews)	学术评估、运行评估	未通过审查的组织将面临关闭或降级
清华大学	年度报告 5年建设周期评估	学术评估、结果评估	校内自设研究组织:未通过5年建设周期评估的予以撤销 校外资助研究组织:备案

四、我国大学跨学科研究组织的优化建议

与伯克利分校相比,我国大学跨学科研究组织存在组织功能定位不够合理、组织体系过于分散、成立论证不够充分、利益相关者参与治理不够、评估考核虚化等问题。进一步优化我国大学跨学科研究组织建设,要科学合理定位组织职能、推动科研组织体系整合、加强管理体制对组织功能发挥作用的保障。

(一)坚持以解决社会实际问题为导向

我国大学跨学科研究组织以学科建设为主要逻辑,具有学科平台属性,以产生引领性原始创新重大研究成果为目标,重视跨学科研究与学术交流、跨学科人才培养及重大项目申请等职能,同时,还是大学高端人才引进的重要载体。我国大学跨学科研究组织建设,要着重建构知识应用的问题情境,一是坚持以应用研究为主,围绕研究领域,为复杂重大社会现实问题提供解决方案,这是跨学科研究组织面向市场寻求外部科研合作与资助的基础。虽然跨学科研究组织也产生新知识,但是有别于传统学术组织,其主要采用"在应用中生产知识"的学术发展路径。二是重视学术创业孵化功能,在开展校企研究合作的同时,为教师科研成果商业化提供专业孵化,特别在生物医学、信息技术等当前产业发展前沿技术领域,依托相关跨学科研究组织,建立专业创业孵化器。三是加强跨学科研究组织的学术培育功能,通过设立跨学科科研项目,并加强内部学术交流,加强对跨学科科研项目的培育。四是强化对跨学科研究组织的学术服务支持功能,将跨学科研究组织建设成面向某研究领域的学术支撑服务平台。

(二)注重跨学科研究组织与已有科研组织的错位发展

在学科发展与建设过程中,我国学术组织不断分化,为了解决学术组织日益分化和研究问题日益综合所产生的矛盾,大学在传统院系基础上建立了多套科研组织体系来弥合这一矛盾。总体而言,我国大学主要存在学科知识生产、校企合作、产品开发和项目孵化组织及面向未来前沿研究的四套科研组织体系,并且基本上在学院和学校层面都建立了这四套体系。这容易产生重复性研究和分散科研资源的问题,同时造成跨学科研究组织与院系,以及其他研究组织在科研资源上的竞争加剧,进一步加固组织间的学科藩篱。

我国大学要加强科研组织体系建设，一方面，要加强学院科研组织建设，进一步做实做强学院科研组织，使学院切实成为学科建设的主体。当前我国大学学院内的研究机构主要是虚体研究机构，学院外多为独立运行的实体研究机构，由学校进行直接管理，还有一些实体研究机构虽然名义上设在学院下，但是学院不对这些研究机构进行管理。学院主要管理学院内部的虚体研究机构，学院的学科建设工作主要是针对这部分研究机构展开的。另一方面，要优化、整合学校实际管理的科研组织，使其成为学校有组织科研的重要载体，学校直管重大科研组织应以"需求贡献"为导向，从事跨学科应用开发研究，以承担外部资助的科研项目为主，解决社会实际问题。大学将捐赠、政产学研合作等资源与跨学科研究组织建设进行综合统筹，将跨学科研究合作与跨界协同创新进一步整合，将外部科研合作资源引入跨学科研究组织，促进并帮助跨学科研究组织拓展多元的外部经费来源。

(三)加强跨学科研究组织设立的灵活性

首先，增加跨学科研究组织设立的开放性。为跨学科研究组织成立设立条件，只要满足成立条件，教师可以提出成立申请。其次，加强必要性和可行性的客观论证。必要性论证方面，不仅要考虑学校发展战略和外部需求，还要考虑跨学科研究组织与已有科研组织的差异化发展，避免重复建设，以及跨学科研究组织对学校跨学科合作和科研发展的促进作用；可行性论证方面，重点审查跨学科研究组织的管理结构、资金来源、工作计划等是否足以支撑其目标的实现，是否能够保障跨学科研究组织的可持续性发展。再次，深化评估标准的内涵建设。评估考核已经普遍成为大学进行跨学科研究组织建设的重要手段。我国跨学科研究组织评估主要存在评估考核虚化、评估考核指标偏离其使命目标等问题。我国大学要把评估考核做细做实，切实发挥评估考核对组织建设的促进作用，不仅要注重评估考核形式，更要重视评估标准的内涵建设；不仅要评估跨学科研究组织的学术绩效，还要评估跨学科研究组织目标的实现程度、研究贡献、运行管理、可持续性发展等。最后，提高跨学科研究组织关闭的强制性。对于没有通过评估考核或没有实际运行的跨学科研究组织，应该及时调整与撤并，促使跨学科研究组织形成动态演变的循环系统。

（四）增加跨学科研究组织运行的开放性

首先，要增加教师参与跨学科研究的开放性。通过增加办公空间的开放性、扩大学术交流活动的公开性、仪器设施共享等举措，提高教师参与跨学科研究组织的便捷性，促进对跨学科研究组织的研究主题感兴趣的教师积极参与。其次，增加跨学科研究资源获取的开放性，改变科研资源"等靠要"观念，推动跨学科研究组织积极主动从外部获取科研经费，提高外部科研服务的导向性，提高跨学科研究组织成本核算的市场意识。最后，增加跨学科研究组织内部治理的开放性。我国大学跨学科研究组织以行政力量为主导，虽然往往设有学术委员会，但其主要是负责学术事务决策，担当学术事务专家咨询角色，学术力量参与内部治理程度弱。行政力量主导治理下的跨学科研究组织注重贯彻落实大学的意志，往往忽视普通教师和市场需求。我国大学跨学科研究组织在进一步发挥学术委员会作用的同时，应该优化内部治理结构，适当吸纳普通教师等利益相关者参与治理，可以采用"顾问委员会"等形式开展多元共同治理，一方面，教师的诉求得以表达，能够考虑并满足教师的需求，切实为教师提供所需要的资源和服务；另一方面，外部需求得以及时准确传递，能够迅速反应并满足市场的需求，实现产学研无缝对接，促进技术开发与转化。

第八章　产学研合作研究

产学研合作是大学科研发展和转化科研成果的重要方式。我国大学高度重视产学研合作,在促进产学研合作方面进行了诸多探索。学者对产学研合作的实践研究主要围绕"产学研合作模式"这一主题展开,主要集中在21世纪初。早在2000年,吴树山等就对我国产学研合作的典型模式与机制进行了归纳和提炼,将产学研合作模式分为"市场需求牵引型"(含技术转让、技术开发、技术咨询和技术服务)和"政府宏观引导型"(含联合技术攻关、共建工程技术中心、共建高新技术工业园区、共建大学科技园)两大类型。此后,我国学者或根据目标导向,或根据主体作用,或根据合作方式等标准对产学研合作模式进行了分类,并随着实践的发展变化不断补充新的发展模式,但是,这些研究对产学研合作模式的总结并没有太大的差别,例如,张经强认为目前大多数大学的产学研合作模式主要有"技术攻关、技术转让、联合建立研究开发机构、全面合作、建立高技术企业合作"[①]。吴绍波等将产学研合作模式分为"技术转让、共建研究机构、基于项目的短期合作、共建经营实体等四种"[②]。

关于产学研合作模式的综合性研究已经无法反映我国产学研合作的实践变化,也不能反映大学在推动产学研合作中的工作创新。当前,我国产学研合作已经从个体项目式合作向整体平台式合作转变,平台式合作形式相对稳定,但是大学推动产学研合作的举措不断变化发展且更加复杂和综合,更加难以被观察。近年来,关于产学研合作模式的研究,主要是针对一种或几种合作模式,结合大学具体实践进行案例式解析。孙伟等对深圳清华大学研究院产学研合作模式进行了深入介

① 张经强.高校产学研合作中的若干问题及思考[J].技术与创新管理,2006(1):92-94.
② 吴绍波,顾新,刘敦虎.我国产学研合作模式的选择[J].科技管理研究,2009(5):90-92.

绍;朱茜等介绍了江苏大学产学研创新模式;任志宽对新型研发机构进行了研究。实际上,这些研究主要是介绍大学推进产学研合作的举措和行为,已经超出了产学研合作模式的范围。例如,朱茜等总结出江苏大学产学研创新模式有研究生培养、教授团队进企业、建立战略联盟、搭建产学研合作平台等。[①]这些学者主要来自大学科研管理部门,基于工作实践,对大学产学研合作模式进行提炼。

综上所述,已有研究混淆了大学产学研合作模式与大学推动产学研合作的组织方式的区别,将二者混为一谈。产学研合作模式是大学与企业的科技合作形式,而产学研合作组织方式指的是大学推动产学研合作的组织方式,前者是对合作的形态描述,后者是对推动合作的行为描述。前者是后者的行为结果。虽然二者有一定的重合,但是在平台式合作时代,二者的差异日益加大,用产学研合作形态描述来替代大学推动产学研合作的举措,已不能为我国大学推动产学研合作实践提供较好的指导。对大学产学研合作的实践研究亟须采用新的视角,从大学主体出发,研究大学推动产学研合作的举措与行为,以反映我国大学产学研合作的实践创新,并为我国大学推动产学研合作提供工作指导。

本章研究聚焦大学推动产学研合作的举措与行为,并结合清华大学等大学的实践,对我国大学产学研合作工作创新进行综合性总结,以期反映我国大学产学研合作的实践与发展,为我国大学推动产学研合作提供建议。

一、大学产学研合作的组织方式

本书采用产学研合作的狭义定义,认为产学研合作指"大学、科研院所与企业开展的科技创新活动"[②]。大学产学研合作的组织方式指的是大学推动校企科技合作所采取的举措。

大学产学研合作的组织方式可对合作模式创新产生推动作用,同时也是在合作模式的影响下进行。针对不同的产学研合作模式,大学产学研合作的组织方式不同。总体而言,我国大学产学研合作有项目式、会员制、平台式三种模式,无论何种合作模式,最终都以签订"四技"合同的方式进行。项目式合作以企业直接与教

---

① 朱茜,董洁,邱光宇.产学研合作创新模式研究——以江苏大学"1863"产学研合作创新模式为例[J].科技进步与对策,2010,27(23):9-11.

② 贺哲.对我国高校产学研合作体系的再认识[J].中国大学科技与产业化,2009(8):72-73.

师进行"一对一"合作为主。大学产学研合作工作主要为教师和企业进行需求对接、和企业建立合作关系。项目式合作具有合作周期短、经费额度小、实用性强等特点,这种零散型合作不利于发挥教师的科研优势,学校也不能对产学研合作进行整体规划,难以产生重大科研成果。随着产学研合作的深入,推动教师与企业的个体项目合作已经不是学校层面的关注重点,学校越来越寻求与企业建立稳定长期的合作关系,关注校企"大额度""大领域"的科技合作,产学研合作模式以会员制和平台式合作为主。大学以与企业或地方政府签订战略性合作协议为基础,建立各种合作机制和平台,进一步密切合作关系,深化校企科技合作。

1.进行合作供需对接

进行合作供需对接是大学开展产学研合作的基本组织方式,在收集和发布技术供需信息的基础上,大学的主要做法有:(1)组织技术供需对接活动,分为大学自主举办项目推介会,以及大学与企业或政府合作举办定向的项目对接会两种。(2)建立定期联络机制,一些大学寻求与企业建立较为稳定的定期联络机制。例如,清华大学与地方政府合作共同建立了产学研合作办公室,定向对接当地企业与清华大学的科技合作需求。自2003年开始,清华大学已经与13个地区设立了产学研合作办公室。(3)聘请专门的技术对接人员,一些大学实行技术经纪人制度,聘请专门人员主动对接企业需求,比如浙江理工大学建设了一支100余人组成的专兼职科技经纪人队伍,科技经纪人深入企业了解需求,搭建企业与学校之间的沟通桥梁。

2.打造战略性合作伙伴关系

签订战略合作协议是大学与企业或政府建立长期、稳定合作关系的重要方式。但是,战略合作协议的签署并不意味着校企双方的实质性合作,而是表示双方已经建立合作友好关系,表明双方有进一步合作的意愿。在战略性合作伙伴关系的基础上,大学通过建立平台式机制的方式加强联系以进一步探讨合作方式与内容,主要方式有:(1)会员制,如清华大学于1995年成立了清华大学与企业合作委员会,将与学校签订战略合作协议的单位纳为会员,通过采用企业合作委员会会员制度,加强与相关企业的联系和交流,为开展实质性合作奠定基础。(2)联盟制,如浙江省一些大学牵头成立浙江省大学产学研联盟分中心,通过加入地方政府搭建的平台,迅速与企业建立合作关系。

3.建立合作中试基地

一些科技成果在进行产业化之前,需要进行投产试验,这种试验往往需要真实的产业环境。大学在产业相对密集的地区建立中试基地,为科研成果进一步投产试验提供基本条件。一方面,中试基地的建立,为大学提供了利用地方产业集聚优势的机会;另一方面,中试基地成功的项目,往往优先在地方投产。由于资源精力等有限,清华大学主要为一些技术比较成熟的重点科研成果建立中试基地,如在常州科教城建立了节能和新能源汽车中试基地。

4.设立校企科技合作基金

地方政府是促进校企科技合作的重要力量。大学充分利用地方政府资源,不断优化与地方政府开展科技合作的组织方式。清华大学与地方政府洽谈,推动地方政府与清华大学设立科技合作专项:(1)设立校企科技合作基金,即地方政府专门设立面向清华大学的校企科技合作基金。(2)打造校企"科技成果转化基金＋基地"双重模式。在设立校企科技合作基金的基础上,清华大学进一步与政府讨论设立科技成果转化基金,并在地方设立成果转化基地。接受科技成果转化基金资助的研究所产生的科技成果要优先在该地产业化,地方政府对落地项目提供政策、资金等方面的支持和优惠。

5.成立联合研发机构

校企联合研发机构是产学研合作的重要平台,也是落实校企战略合作协议的重要方式之一。联合研发机构往往聚焦某一个或某一类研究领域,全面统筹学校与企业的合作。清华大学与企业或地方政府建立的虚体联合研究院或研究中心,面向院系或全校教师发布技术需求,采用项目申请加重点邀请的方式进行。联合研发机构分为挂靠在院系和挂靠科研管理部门两种,如果合作领域较为集中,就挂靠在相关院系;如果合作领域较为宽泛,需要多院系参与,就挂靠在科研管理部门。目前,清华大学共有六个联合研发机构依托校级科研管理部门进行管理。

清华大学与地方政府共建虚体联合研究院可以看成是校地科技合作基金和产学研合作办公室的合作升级版,主要有企业需求信息发布与对接、产学研专项资金管理、项目挖掘与管理等职能。

6.成立产业技术研究院等新型研发机构

近年来,一种主要由地方政府出资、面向产业需求开展应用研究、以市场化机制运行、以事业单位独立法人方式成立的实体性新型研发机构兴起,其成为大学推动产学研合作的新方式。产业技术研究院是新型研发机构的主要形式,一般由大学与地方政府合作成立,旨在打通大学科研成果转化的通道,培育地方新兴产业,推动地方产业升级发展。产业技术研究院集多种功能于一体,主要包括:(1)研发功能,面向地方产业需求开展应用研究。(2)项目对接或引进,搭建大学基础研究成果与产业需求之间的桥梁,引进大学的科研成果到当地投产。(3)投资孵化,对基于科研成果建立起来的新创公司进行投资和孵化。(4)资源对接,为新创公司提供帮助和支持,如连接外部需求资源,争取和利用地方政府政策支持等。清华大学主要有两种产业技术研究院:(1)由政府出资、政府管理的地方产业研究院,共六个,主要针对地方重点发展领域开展应用性研究。(2)由政府出资、学校管理的派出性产业技术研究院,共九个,这类研究院虽然由地方政府出资成立,但是依托清华大学的院系进行管理,主要开展相关院系科研成果的二次产业化研发。

二、大学产学研合作推动学术发展

(一)大学产学研合作与学术发展的关系

1.大学产学研合作推动学术发展的作用被忽视

产学研合作是大学科研成果转化的重要途径,也是大学提升科技创新能力的重要方式。长期以来,我国科研成果转化渠道不顺畅,转化率偏低,大学将产学研合作视为科研成果转化的重要途径。理论界、大学和教育管理部门对产学研合作的认识大多停留在其是大学服务社会职能的重要载体,产学研合作经费是大学科研经费的重要补充等层面,这些认识将产学研合作更多地视为大学对社会单方面的付出,并没有从建设高水平大学、一流学术团队的角度认识大学的产学研合作。①目前,我国大学产学研合作对学术发展的作用主要体现在企业为教师开展学术研究提供信息和资金等社会支持。这些社会支持主要对人学学术发展起间接促进作用,而且往往依赖教师个体,没有发挥大学在产学研合作中的主体性推动作

①马卫华.产学研合作对高校学术团队核心能力作用机理研究[D].广州:华南理工大学,2016.

用,也没能促进教师在产学研合作过程中进行知识生产。

2.大学产学研合作应该促进学术发展

"学术"本指系统专门的学问,是系统性知识的统称。大学学术发展主要指大学知识的生产与更新。有学者提出"大学的科学研究、教学和大学生的学习等都是学术"①。不可否认,大学是一个学术共同体,大学的教师、学生和行政人员都是学术共同体的组成部分,甚至连"行政机构也是学术共同体必不可少的一部分"②。学生、行政人员并不是知识的直接生产者,他们虽然部分地承担了知识生产者的角色,但是主要还是知识的学习者和知识生产的支持者。本章中的大学学术发展特指教师和研究人员等以从事科研活动为职业的人员的知识生产与更新。

本书中的大学产学研合作主要指大学与企业的科技合作。大学产学研合作不仅要促进知识的应用和传播,也要促进教师知识的生产。大学是以人才培养、科学研究和社会服务等为基本职能的学术机构,校企科技合作的最终目的就是促进知识的生产与进步。知识创新能力是大学的核心价值,是大学联结政府、社会、企业、家庭的桥梁和纽带,大学唯有回归知识创新,将知识创新作为自身的核心竞争力,才能将政府、社会、企业、家庭等紧密地联结在一起。③科学研究需要产学研合作的支持和补充,同时更是产学研合作能够顺利开展的基本保障。

随着我国高等教育办学质量的提高,以及大学在科研成果转化方式方面的有效探索,我国科研成果转化已经取得显著成效。我国一些大学,尤其是"双一流"建设大学,学术水平较高,科研经费较为充足,产学研合作体量较大,一方面,大学产学研合作不再以追求规模增长为目标,在服务企业的同时,应适当考虑如何服务和支持大学发展;另一方面,学校在与企业合作谈判中有更大的话语权,在产学研合作方式上有更大的自主性,使产学研合作兼顾学术发展目标成为可能。

3.大学产学研合作能够促进学术发展

"科学知识生产既是一种需要依托科学家创造性和自由探索的个体认知行为,又是一种需要社会支持并为社会服务的社会生产活动。"④学术发展需要产学研合

---

① 周湘林,马海泉.探索科教融合下的大学学术及学术共同体[J].中国大学科技,2017(10):4-6.
② 周湘林,马海泉.探索科教融合下的大学学术及学术共同体[J].中国大学科技,2017(10):4-6.
③ 马海泉,樊秀娣.知识创新能力——大学的核心价值[J].中国大学科技,2019(5):1-5.
④ 李正风.科学知识生产方式及其演变[M].北京:清华大学出版社,2006:345.

作,而产学研合作也能够促进学术发展。产学研合作中的应用研究,能连接产品开发和基础研究,处于创新"上行"和"下行"①路径的中间位置。大学有效组织产学研合作,能够打通创新路径,促进学术发展。

新知识生产方式的出现,为产学研合作推动学术发展提供了更加清晰的路径。随着全球知识经济的兴起,传统的学科知识生产模式之外,出现了在应用中生产知识的新的知识生产模式,英国学者吉本斯等将这种转变归纳为知识生产模式2,新知识生产理论的出现,使得大学在应用中生产知识的路径变得相对清晰,为大学产学研合作推动学术发展提供了更大的可能性。

(二)大学产学研合作推动学术发展的实践探索

当前,我国一些大学越来越意识到产学研合作对学术发展的促进作用,在此方面进行实践探索,并初步取得了成效。清华大学就是最早探索在产学研合作中推动学术发展的大学之一。清华大学产学研合作主要着眼于三个方面:一是服务国家重大需求,提升合作对国家、对产业发展的意义;二是推动学校学科发展,结合学科发展优势,促进学校学科发展与人才培养;三是与企业建立深入的合作关系,切实解决行业企业的技术难题。经过多年实践,清华大学形成了较为有效的实践做法。

1.积极拓展有意义的研究合作

结合学校学科发展优势与发展重点,清华大学科研管理部门积极拓展有意义的研究合作,主要聚焦三个方面。

(1)产学研合作对标学科发展。清华大学科研管理部门定期制定工作计划,有针对性地开展与重点企业和地区的科技合作,力争让学校每一个学科或者院系都有"对口"的合作企业。例如,清华大学在汽车研究领域进行自我调整和重新定位后,2019年4月将汽车系更名为车辆与运载学院,随后,车辆与运载学院与中国一汽签订战略合作协议,与日本丰田汽车公司成立联合研究院。目前,清华大学主要学科基本上都与行业领先企业建立了合作关系,如电机系与国家电网、水利系与三峡集团、机械系与中国一重、航天航空学院与中国商飞等都在校级层面建立了合作

---

①周其仁.突围集:寻找改革新动力[M].北京:中信出版集团,2017.

关系。

（2）为重大科研平台匹配产学研合作资源。为了进一步开展国际学术前沿和国家重大需求研究，清华大学在校级层面成立了一些重大科研平台，如为响应国家智能制造发展需求，2018年清华大学成立了校级跨学科交叉研究中心人工智能研究院。科研管理部门积极为这些科研平台匹配和提供产学研合作资源。例如，在人工智能研究院成立后，清华大学与碧桂园集团合作成立国强研究院，共同合作开展机器人与人工智能先进制造领域的应用研究。

（3）为重点院系建立新型研究机构。清华大学针对一些应用性较强的院系，在经济发展活跃和技术需求旺盛的地区，成立新型研究机构——产业研究院，开展相关领域的应用研究和基于校内基础研究的二次开发研究。2011—2017年，清华大学先后为八个院系建立了派出院。这些派出院依托院系进行管理，与院系密切对接，一方面，进一步开发和验证院系的原创技术，提升原创技术的成熟度；另一方面，直接转化院系的科研成果，同时，院系还通过派出院与当地企业开展紧密合作。

2. 建立研发平台，整合零散合作

企业直接委托教师进行"一对一"的项目式合作，这是产学研合作普遍采用的方式。项目式合作具有合作周期短、经费额度小、实用性强等特点，这种零散合作容易产生低水平、重复性研究，不利于发挥教师的科研优势，也不利于学校对产学研合作进行整体规划，难以产生重大科研成果。随着产学研合作的深入，促进教师与企业的个体项目合作已经不是清华大学学校层面的工作重点，学校关注与企业开展"大领域""有难度"的科技合作，寻求与企业建立稳定长期的合作关系。

清华大学与企业建立虚体联合研发机构，将教师与企业的零散合作，与学校重点发展领域、行业产业发展趋势领域进行整合，开展有组织化的产学研合作。主要有两种整合方式：一是通过建立联合研发机构增强合作力度，即学校主动与地方政府或企业开展战略合作，通过成立产业领域的联合研发机构增强学校与企业的合作力度。二是在合作的基础上建立联合研发机构，即通过建立联合研发机构将原来教师与企业的零散合作整合成学校与企业的整体性合作。在这一过程中，学校职能部门对产学研合作项目进行实时跟踪和统计，对于和教师合作密切并达到一定规模的企业，职能部门主动介入，与企业深入对接，整合合作项目，成立联合研发机构。

清华大学与企业建立联合研发机构,通常基于双方长期战略合作协议,一般约定3—5年的合作周期。联合研发机构采用双方高层领导参加的管理委员会工作机制,共同设定产学研合作方向和主题,通过发布科研项目指南,教师申请与重点邀请相结合的方式立项,组织学校教师与企业进行合作。这种方式,一方面,有利于发挥教师的学术特长,通过教师自主申请合作项目,有效保障教师研究兴趣与研究主题的一致性,避免教师为寻求合作而被迫转变研究主题;另一方面,有利于保障教师的研究投入,教师不必自己去寻找企业合作伙伴,避免教师在事务性工作上花费大量时间和精力。

3.引导部分合作的研究方向

产学研合作主要围绕企业需求开展应用性研究,如果产学研合作"交付式"特性太强,过于关注解决企业现有具体问题,合作可能停留在低技术含量的浅层次上。大学和科研机构在技术及研究开发上应比企业具有更大的优势,与企业当前的技术水平相比,大学和科研机构现有或已有成果积累应当能够满足企业未来3—5年的需求。[①]为此,清华大学积极优化产学研合作方式,除了开展直接解决企业具体问题的研究合作之外,探索与企业合作攻关产业行业共性关键技术,以及在双方共同感兴趣、面向未来发展需求的技术领域开展深入合作。在合作中,清华大学花费大量的精力和企业一起对合作研究主题进行规划与布局。

目前,清华大学与企业科技合作的类型主要有四种:一是解决企业具体问题的应用性研究;二是行业企业或地方产业转型升级的共性关键技术研究;三是面向未来发展的探索性研究;四是进行成果转化的开发性研究。例如,2016年"苏州—清华创新引领行动专项"除了设立解决苏州企业急迫的技术问题的项目之外,还专门设立了两类项目:(1)紧密围绕苏州市经济和社会发展规划,依托清华大学优势学科和已有成果,遴选若干支撑苏州市战略性新兴产业布局、助力产业发展与转型升级的重大技术攻关和产业共性关键技术研发的项目;(2)从国家纵向重大重点科技课题中梳理凝练具有潜在重大应用前景并适合优先在苏州推广转化的项目。对于"非交付式"研究项目,清华大学做出"优先使用或转让"承诺,合作资助方可以优先

---

① 王王玉.有效利用产学研联合 提高中国企业的竞争力[J].上海财经大学学报,2005,7(1):32-38,81.

使用或受让其科研成果。

4.促进跨学科研究合作

在新知识生产模式下,跨学科研究合作对于大学科研发展的意义不言而喻。产学研合作为教师跨学科研究合作提供了两个必要条件:一是实际问题;二是相对复杂的研究问题。清华大学充分利用产学研合作,促进教师跨学科研究合作。首先,对于产学研合作中的大型复杂问题,清华大学专门设立跨学科合作的研究项目,鼓励不同院系的教师合作申报。例如,清华大学—丰田联合研究院专门设立跨学科研究专项,旨在通过跨学科交叉合作,解决中国社会及城市化发展过程中所面临的交通、能源、环境和老龄化等复杂问题。

其次,学校探索将一部分综合性的大型产学研合作项目或校企联合研发机构放在校级职能部门进行统筹管理,由学校层面整体推进,以推动不同学科的交叉合作。清华大学大多数校级校企联合研发机构挂靠在各院系,由各院系负责管理和运行。在这种组织方式中,企业与院系合作深入,但是不同院系教师协同困难,不利于跨学科研究合作。清华大学少数研发领域较广,涉及多个院系的联合研发机构,由学校科研管理部门进行管理可以协调不同学科的合作。目前,清华大学共有一个合作研发专项和六个联合研发机构依托校级科研管理部门进行管理。清华大学与佛山市合作的佛山先进制造研究院2018年共收到88份项目申请书,其中12份申请书由两个及以上院系的教师共同申请。

5.以校企科技合作带动师资建设

学校与企业的整体性战略合作使得校企科技合作带动师资建设成为可能。学校作为整体与企业、政府在合作谈判过程中,能够更加发挥引导和推荐作用,为企业提供除了科技以外的更多服务。清华大学不断拓展产学研合作领域,以校企科技合作为核心,带动了学校与企业在干部交流挂职、冠名讲席资助、青年教师培养、学术交流、企业人员培训等方面的合作,为教师尤其是青年教师的成长提供支持和机会。

(三)大学产学研合作推动学术发展的实现路径

科研生产及管理活动是学者自我决策、自我管理的过程。科研生产内容和方式取决于一线教师及其团队,这是教师的学术自由。学校不能"要求"或"命令"教师,但是可以对其进行"引导",促使教师在开展应用研究满足企业需求的同时,开展基础研究进行知识生产与更新。基于清华大学的实践,大学产学研合作推动学术发展,主要有三大实现路径。

1.有组织科研合作促进学科知识生产

教师通过产学研合作开展应用研究,但是,应用研究并不必然会促进基础研究的深入与发展,除了教师个体因素之外,可能有两个原因:(1)应用研究不是基于基础研究的成果,也就是说,教师开展的应用研究主题与教师的特长和兴趣不一致,教师需要"另起炉灶"开展研究。(2)应用研究不能发挥和增强学科优势。教师开展应用研究只是转化了其基础研究的成果,但是对基础研究没有促进作用。

清华大学强调开展有组织的产学研合作,学校一方面积极进行资源整合,主动为教师匹配产学研合作资源,促进基础研究和应用研究的主题衔接,保证教师研究的延续性;另一方面积极主动拓展有意义的产学研合作,与企业合作开展关键核心技术攻关。任务带学科是推动科技进步的有效范式,也是长期以来我国科技发展的主导模式。[1]通过集中攻关科研任务,一方面,能够高效地完成重大任务;另一方面,能够迅速积累系统知识,推进学科发展。清华大学通过积极拓展有意义的合作,组织和促进基础原理已经清晰、技术相对成熟的优势学科或院系与重点企业开展科技合作,不仅能够解决国家、行业的重大技术问题,同时,也能够在解决问题过程中积累知识,进一步增强学科优势。

2.改变科研模式,在应用中生产知识

线性科研是我国科研生产的传统模式。线性科研模式的依据是科学一定先于技术和工程,只有基础研究才能发现新知识,而应用研究只是对知识的应用,然而事实并非如此,科学、技术与工程是平行发展的,并无绝对先后。[2]尤其是在知识经济高度发展的今天,随着大学知识的应用和商业化,非线性科研模式已经成为科研生产的重要模式。但是,教师开展应用研究也并不必然会主动寻求问题背后的基本原理和规律,需要学校的支持和引导。产学研合作为非线性科研模式提供了"应

①李国杰.新时期呼唤新的科研模式——中国70年信息科技发展的回顾与思考[J].中国科学院院刊,2019,34(10):125-129.

②李国杰.新时期呼唤新的科研模式——中国70年信息科技发展的回顾与思考[J].中国科学院院刊,2019,34(10):125-129.

用场景""异质性组织""社会责任"等基本条件,大学需要在此基础上,补足条件,促进非线性科研的产生。清华大学通过引导部分合作研究方向,设立基于应用场景的知识生产任务,直接打造了非线性科研模式的生产条件。

在非线性科研模式中,应用研究和基础研究相互交替、相互促进,大学要打破基础研究和应用研究的界限,引导教师应用研究向基础研究发展。清华大学在产学研合作中,开展面向产业共性关键技术的攻关和面向未来的前瞻性、探索性研究,大学产学研合作的内容从企业工程问题向产业技术问题、未来发展转变,为"在应用中生产知识"的新知识生产模式创造了条件。

3.跨学科研究合作促进新知识生产

跨学科研究合作已经成为当前新兴的科研生产方式,跨学科研究合作有两个基本功能,一是能够解决复杂的现实问题;二是有利于知识创新。国际科研经验已经表明,跨学科边界的研究往往是知识的新增长点,而且产生的往往是颠覆性知识。借助产学研合作,清华大学将教师的跨学科研究合作从"强行搭配"转变为"自发形成",从"外部要求"转变为"内在需求",不同学科教师紧密合作,不仅有利于解决重大复杂问题,还大大提高了新知识生产的可能性。

三、大学产学研合作组织方式的发展趋势

不同时期大学推动产学研合作的工作重点不同,产学研合作新组织方式的采用并不代表原有组织方式的废止,而是在原有组织方式的基础上不断优化,尝试更适合新时期产学研合作的新组织方式。

1.在合作组织的范围上,从全面战略合作向重点领域区域合作转变

大学对外建立产学研合作关系的范围从"面"向"点"转变。大学与企业签订战略合作协议是促进产学研合作的重要方式,这种方式覆盖面广,能够在较短时间内与尽可能多的合作对象建立联系,但是合作实效性较差。新时期,大学不再追求与企业建立"面上"的合作,而是更加重视实质性合作,这也表明我国大学产学研合作从规模化发展进入内涵式发展阶段。例如,清华大学与企业签订战略合作协议的同时,往往附带X个具体合作项目,简称"1+X"模式,将产学研合作"做实"。

大学推动产学研合作从与各企业、各省市政府签订全面战略合作协议向与重

点区域和领域进行深入合作转变。如清华大学,在与地方政府合作上,不断收缩"战线",对于已经到期的战略合作协议,如果没有具体的深入合作,就不再与对方续签,重点开展与苏州、无锡、昆山、佛山等经济活跃、技术需求旺盛地区的合作。

2.在合作组织的目的上,从促进科研成果转化向促进学校学术发展转变

由于我国大学科研成果转化工作起步较晚,成果转化渠道不顺畅,大学普遍将产学研合作当作科研成果转化的重要途径。随着学校科研水平的提高和产学研合作工作的大量开展,大学推动产学研合作时越来越考虑如何促进学校学术发展。例如,清华大学积极开展有组织的产学研合作,与企业建立联合研发机构,双方事先商定合作主题与金额,整合全校学术资源与企业开展合作,主要举措有:(1)发布科研项目指南,教师申请与重点邀请相结合,尽量使产学研合作匹配教师研究兴趣,保证产学研合作与教师研究特长和学术兴趣的一致性。(2)开展双方共同感兴趣、面向未来的研究。通过校企双方领导参与联合研发机构管理委员会工作机制,双方对产学研合作的主题进行统一规划与布局,除了设置解决企业具体问题的应用性课题之外,还设置一些面向未来发展的探索性、基础性研究课题。(3)促进跨学科交叉合作。清华大学还探索在校级层面建立一些大型研发机构,由学校科研管理部门进行管理和推进,以推动不同学科的交叉合作。

3.在合作组织的内容上,从科技合作向着力于构建创新生态链转变

以校企/校地科技合作为基础,我国大学着力构建一个集科技创新、技术开发、创业孵化、创业投资等于一体的创新生态链。在这个过程中,大学不仅开展科学和技术研究,同时,还承担起企业、金融机构和政府的部分职能。首先,大学承担了技术二次开发或技术产业化开发的功能。其次,大学承担了创业孵化的职能。创办基于科研成果的新创公司成为产学研合作的新模式,学校对新创公司进行孵化,对新创公司的建立和成长提供支持和帮助。最后,大学成立创业投资基金,承担金融投资的功能。

地方产业研究院是目前大学构建创新生态链的主要方式。创办新公司是地方产业研究院推进成果产业化的主要方式,对新创公司的投资和孵化是产业研究院的重要职能,也是其产生收益的重要来源。

4.在合作组织的领域上,以校企科技合作带动其他领域的全面合作

产学研合作领域不断拓展,以校企科技合作为核心,带动学校与企业在干部交流挂职、教师冠名讲席资助、学生实习实践、就业、创新创业、企业人员培训等各个方面的合作。学校与企业的整体性战略合作使得大学科技合作带动人才培养、师资建设等其他领域的合作成为可能,学校作为整体与企业、政府在合作谈判过程中,能够更加发挥引导和推荐作用,为企业提供更多服务。

5.产学研合作的职能部门角色,从合作"供需对接""技术营销"向"资源供应""资源整合"转变

科技信息服务和供需对接是大学产学研合作部门的初始职能,在此基础上,产学研合作部门根据学科优势和规划重点,有针对性地开拓一些与重点企业和地区的科技合作,成为大学技术的营销者。平台式合作中,职能部门作为产学研合作组织者的角色进一步升级,独立于教师直接与企业洽谈,达成合作协议。大学产学研合作部门在寻求与企业合作中越来越注重为教师寻找合作资源,成为产学研合作的资源供应者和整合者。依托职能部门,清华大学作为一个整体与企业开展合作谈判,事先约定合作领域、合作方式和金额等,然后再整合校内资源,组织教师与企业开展合作。同时,通过地方产业研究院等产学研合作平台,大学还进一步整合地方政府、金融机构和企业等外部资源,共同参与产学研合作。

产学研合作组织方式从"帮助教师找合作资源"向"学校找合作资源、教师使用合作资源"转变,教师在产学研合作中的角色也发生了变化,产学研合作越来越聚焦教师学术研究。在"供需对接"举措中,教师既是产学研合作的执行者,同时也是独立组织者——教师需要自己联系企业,与企业进行合作洽谈。在"技术营销"举措中,教师参与产学研合作组织,但部分脱离于产学研合作事务。在"资源供应与整合"举措中,教师完全从产学研合作的事务中脱离,不参与合作组织事务,成为产学研合作的执行者。

四、大学产学研合作组织方式及其发展趋势的成因分析

和国外相比,我国大学产学研合作组织方式具有独特性,主要表现在:(1)地方政府是大学积极争取的合作对象;(2)不仅要转化科研成果,还要组织和整合科学

研究与技术开发活动;(3)孵化和投资新创公司是产学研合作的重要内容。

1.地方政府是产学研合作的重要力量

近年来,我国地方政府的财政科技拨款额度逐年增加,2017年甚至超过了中央政府。多数地方政府设有专门支持大学与本地企业合作的科技经费预算,一些地方政府还设立了专门的科技计划或基金,成为校企科技合作的重要出资方和组织方,是大学推动产学研合作积极争取的对象。

在推进产学研合作组织方式上,(1)技术合作供需对接工作显得特别重要。校企双方通过地方政府支持开展合作,大学需要与地方政府共同开展技术供需对接工作,以寻找到最需要、最适合技术合作的企业。(2)主要开展战略性平台式合作,地方政府支持的校企科技合作具有合作额度大、面向产业共性技术等特点,大学与地方政府的合作一般以平台式合作为主,或在学校内建立联合研发机构,或在地方设立产业研究院。(3)需要组织大量项目孵化工作。地方政府支持产学研合作的最终目的是促进地方经济发展,除了促进现有产业的转型升级外,培育新的产业、吸引高科技公司落地也是地方政府与学校合作的重要目的。在联合研发机构的合作方式中,政府会从其资助的科技合作项目中,重点挑选高潜力项目进行孵化,最终实现孵化项目在地方产业化。所以,联合研发机构也部分地承担了孵化器的功能。大学与地方政府建立的联合研发机构更是以创办新创公司为最终产出形式。清华大学在具备承接和转化技术成果能力的经济发达地区设立派出研究院,通过承诺未来众多技术项目优先在当地落地和可能带来的潜在经济贡献来争取地方政府的初期财政支持。[①]

2.企业缺乏技术产业化开发的能力和意愿

我国大学产学研合作不仅要专注未来发展研究,同时还要解决企业的当下问题,这是我国大学产学研合作不同于国外的显著特点之一。长期以来,我国企业的技术研发能力比较弱,也没有意愿对大学基础研究的科研成果进行二次开发,通常希望大学能够直接为企业提供解决方案,但教师的科研成果无法直接转化为企业所用。企业是技术创新的主体,"在理论上,产学研合作的主体应该是企业"[②]。但

---

①姜永锁,张虎,陈霞玲.科技成果转化如何服务和支持大学发展[J].中国高校科技,2019(9):71-74.

②李志强,李凌己.国内产学研结合发展的新趋势[J].清华大学教育研究,2005,26(4):97-103.

是,在实际中,我国大学产学研合作的主体是大学,大学承担起了企业技术开发的工作,一方面,将技术开发和科学研究相结合;另一方面,技术开发和技术转化同时进行,技术开发就是技术转化的过程。国外大学的科学研究、技术开发和技术转化分开进行,大学专注于基础性科学研究,产生的科研成果以产权交易(技术许可)的方式转移给企业,由企业对其做进一步研发,一些企业还将研发中心设在大学附近以便和大学里的教师进行合作。我国大学建构了一个从基础研究到应用研究和开发研究的科研体系,产学研合作已经融入大学整个科技创新工作。

3.部分科技创新要素缺失

创新是一个生态链。大学开展基础研究,产出的技术成熟度很低,需要市场金融的介入以驱动技术的进一步研发(提高技术成熟度),然后企业对技术进行产业化,产生税收,政府获得收入再投入基础研究,以此形成良性循环。科技创新需要较长周期的巨额资金支持,而且技术是否能进行产业化,充满不确定性,这需要"发挥风险投资和投资基金作为产学研联合催化剂的作用"[1]。但是,我国产学研合作缺乏系统稳定的金融支持,多数的产学研合作项目具有高风险、缺乏抵质押物等特点,无法满足金融机构风险防范的需要,致使产学研合作项目从基础研究、中试到产业化各个环节都存在金融支持不足的问题。[2]我国大学在推动产学研合作过程中,倾向于整合地方政府、企业等相关资源,依托产学研合作平台成立科技中介和金融中介机构,通过在内部建立新创公司,来推动科技创新的良性循环。

五、我国大学推动产学研合作的建议

1.产学研合作是科技创新体系的重要组成部分,大学要将产学研合作工作纳入学校科技创新体系

"产学研合作既是一种学术性的产业活动,又是一种产业性的学术活动"[3],具有产业性和学术性双重特征。产学研合作是一项科技创新活动,一方面,产学研合作转化了大学科研成果,为教师学术活动提供了前沿信息和资金支持;另一方面,

①王玉玉.有效利用产学研联合提高中国企业的竞争力[J].上海财经大学学报,2005(1):32-38,81.

②李新男.当前产学研结合发展的趋势、问题与对策[J].中国科技产业,2008(7):42-44.

③徐忆琳.析产学研合作中的信息不对称[J].高等工程教育研究,2003(3):38-40.

产学研合作也是教师开展学术研究的重要方式。"在应用中生产知识"[①]的新知识生产模式的出现,为教师将产学研合作与学术研究活动相结合提供了更加清晰的路径。

大学推动产学研合作不仅要转化科研成果,同时要考虑如何促进大学学术发展。大学要对科技创新链条有整体性的设计,对学校整体的科研发展进行统一建构,要强化基础研究、应用研究、开发研究及成果转化等各个环节的对接,明确产学研合作在科技创新体系中的作用和功能。此外,大学还要将产学研合作工作与科研发展、学校发展乃至国家振兴和富强紧密结合,发挥产学研合作在促进学校发展、解决国家产业发展关键技术问题中的作用。

大学科研管理部门在促进产学研合作中,要兼顾社会服务和学术发展双重目标。虽然我国大学在产学研合作推动学术发展方面进行了积极探索,取得了一些成效,但是尚有较大的提升空间。当前,大学产学研合作已经普遍从教师与企业的个体项目式合作向平台式合作转变,但是产学研合作的层次还有待提高。大学与企业的协同创新,主要集中在资源协同、平台协同和信息协同等方面,处于核心地位的知识协同创新关系尚未建立,校企科技合作中的知识双向流动较弱。

当前,我国在创新驱动发展上迈出了坚实的步伐,传统生产制造型企业正在向科技制造型企业转型升级,同时一大批新型科技企业不断兴起,为大学提供了更多的产学研合作机会,也为大学进一步深化产学研合作关系提供了新契机。大学要与企业建立深入的知识协同创新关系,为产学研合作从科研成果转化向推动学术发展转变探索出更多实践路径。

2.产学研合作是一项组织运营活动,大学要转变科技管理的组织职能

大学产学研合作是一项科技管理和服务活动,同时也是一项组织运营活动,这是产学研合作不同于大学其他业务的最主要特征之一。通过产学研合作组织运营活动,一方面,大学能够提高科研产出的附加值,促进科研知识增值;另一方面,能够弥合基础研究和开发研究之间的创新断层,促进科研活动的创新循环。大学产学研合作管理部门要转变和升级组织职能,在为教师提供科技服务的同时,更应该

---

①吉本斯,利摩日,诺沃提尼,等.知识生产的新模式[M].陈洪捷,沈文钦,等,译.北京:清华大学出版社,2011:20.

发挥统筹规划、资源整合的作用,成为产学研合作的组织运营者,以提高学校科研成果产出价值并推动学术发展。

3.我国大学组织产学研合作具有制度优势,要充分发挥有组织科研管理的优势

"集中力量办大事"是我国政治体制的优越性,也是我国大学开展产学研合作推动学术发展的重要优势,大学应该充分发挥这一制度优势,推动有组织科研。大学应该对产学研合作的促进机制进行统一设计,建立形式多样的促进机制和平台,同时,各种不同的促进机制和平台之间能够相互补充,相互促进,使得产学研合作平台能够充分汇集各种研究资源,融合教师学术兴趣和学校学术规划,将企业问题解决、学校发展目标,以及国家振兴和富强紧密结合起来。产学研合作的深入开展向大学科研管理部门提出了更大的挑战。大学科研管理部门推动产学研合作,除了做好合作供需对接、技术宣传和技术营销等传统工作之外,更应该发挥统筹规划、资源整合的作用,将产学研合作与国家建设、学校发展相结合。

4.产学研合作组织方式具有变化性,大学要不断探索产学研合作新的组织方式

产学研合作是一项对政策和市场高度敏感的工作,产学研合作模式可能相对固定,但是大学推动产学研合作的组织方式应该各异,而且是不断发展和变化的。随着我国经济发展逐步过渡到创新驱动发展阶段,创新也成为企业发展的内在需求,大学与企业有了更多的科技合作空间。当前,我国传统产业正面临着技术转型升级,企业对技术的需求明显增多,同时,我国一大批高新技术产业兴起和发展,愿意与大学就影响未来发展的前瞻性技术进行合作研究,为大学探索更多新的产学研合作组织方式提供了机会。大学科研管理部门要根据形势变化,不断探索产学研合作的新组织方式。

大学产学研合作功能的转变,向大学科研管理部门提出了更高的挑战。清华大学早在1983年就成立了专门负责产学研合作的职能部门——科技开发部,在不断拓展产学研合作方式的过程中,科技开发部的角色和功能也在进一步升级。在产学研合作初期,科技开发部主动与企业和地方政府联系,为产学研合作提供技术

信息和合作供需对接服务。科技开发部不断进行职能升级,为教师寻找和提供产学研合作资源,同时,整合校内外资源,组织策划与重点企业和地区的科技合作,成为产学研合作的组织运营者,以及学校学术发展的支持者和推动者。

第九章 学术创业孵化

学术创业日益成为技术发展和经济增长的重要引擎,对于从大学到产业(U-I)的知识转移研究,学界也取得了丰硕成果,但是,在学术创业生态系统中,产业到大学(I-U)的反向知识流动却被忽视了。[①]清华大学等国内若干研究型大学在这个方面走在全国前列,较好地形成了大学与企业知识共创互促的局面。因此,本章主要从狭义的学术创业内涵出发,即从大学创办基于科研成果的新公司出发,呈现研究型大学学术创业现状与特征。

研究型大学拥有丰硕的科研成果,是学术创业的积极实践者和开拓者,在支持和服务教师学术创业方面积累了丰富的经验。本书在此选取国内外三所公立研究型大学的实践进行梳理,主要从具体举措角度归纳和分析各自支持与服务本校教师学术创业的基本路径,最后总结其经验特征,为我国大学促进教师学术创业提供借鉴。

一、我国大学教师学术创业的历史发展

大学创办基于其科研成果的新公司,在学术创业主体上主要分为两种:一种是以学校为主体创办企业;另一种是以教师为主体创办企业。二者的差异不仅体现在出资来源,还体现在创建公司的方式,以及由此对教师带来的激励。总体而言,以清华大学为代表的我国研究型大学的学术创业发展路径是从以大学为主体创办公司向以教师为主体创办公司转变,主要经历了以下四个阶段。

---

① Meng D H, Li X J, Rong K. Industry-to-university knowledge transfer in ecosystem-based academic entrepreneurship: Case study of automotive dynamics & control group in Tsinghua University[J]. Technological Forecasting and Social Change, 2019(4):141.

(一)学校出资创办企业

20世纪八九十年代,我国一些大学主要是研究型大学,以学校全额出资的方式,创办了基于学校科研成果的企业。由于学校是唯一的出资主体,也是主要管理者和经营者,这些企业就成为学校办的企业,简称"校办企业"。清华大学的同方集团和紫光集团,还有其他研究型大学创办的校办企业,如北京大学的方正集团、青鸟集团等,都是校办企业中的典型代表。

校办企业是我国大学创办企业的一种特殊方式,在特殊时期对转化科研成果起到了重要的作用。但是,校办企业在发展过程中也逐渐暴露出许多管理问题,严重影响了校办企业的发展。随后,在国家政策要求下,我国大学对校办企业进行了改革,最主要的是实现校办企业经营权与所有权分离。各大学纷纷对校办企业进行合并改制,退出对校办产业的经营,改由占股控制。例如,2003年12月,清华大学对清华大学企业集团、清华科技园发展中心和清华紫光集团总公司等企业的资产进行整合、吸收、合并和改制,设立清华控股有限公司。①2006年3月,清华控股有限公司顺利完成同方股份、紫光股份、诚志股份三家上市公司的股权分置改革工作。

(二)学校投资创办企业

在校办企业改革之后,我国大学主要通过投资的方式创办企业。对于这种方式,大学主要是通过入股的方式来创办企业,不再直接负责学术创业公司的经营与管理。前期校办企业创建与改制为学校投资创办企业提供了大量的原始资本和组织平台。一方面,大学通过校办企业积累了大量的资金;另一方面,通过校办企业改制,大学成立了独立的资产经营管理公司或产业投资公司,为投资创办企业奠定了基础。

例如,清华大学通过下属控股公司——清华控股有限公司对基于校内科研成果成立的创业公司进行投资,主要有两种:一种可以称为衍生企业,这些企业承担了大学无法通过行政职能来承担的部分职责,如山西清创华源清洁能源有限公司,

---

① 该公司定位于深度参与创新驱动发展战略,促进大学科研成果转化,同时,要促进清华大学学科发展,确保国有资产保值增值。

由清华控股100%投资,在管理上,清华大学将其看作依托能动系建立的派出院,但产权归清华控股所有;另一种是直接对教师的科研成果进行投资,例如,2015年清华控股投资成立了北京华控创为信息技术有限公司;2005年投资成立了北京辰安科技股份有限公司等。

(三)学校持股创办企业

随着市场的发展,大学学术创业公司的投资主体不断扩展,除了学校投资创办外,逐渐出现企业、社会投资机构、自然人等投资主体,甚至学校不再对某些学科性公司进行投资或出资,尤其是那些没有创建校办企业或者校办企业没有发展起来的大学,基本上已经不再出资或者投资教师的学科性公司。但是,学校依然在学术创业中起到主导作用,主要表现在学校对知识产权作价入股股份的控制上。也就是说,教师创办企业,不管投资主体是谁,都必须通过学校,且知识产权作价的股份由学校统一持有,然后学校内部再进行投资收益分配。例如,某大学与一家生产电机的企业合作成立了一个新公司,双方达成协议,学校占股25%。学校股份由资产经营公司来运作,代表学校参加公司会,收益分割根据学校政策,25%的股份在学校、院系和教师之间分配。

一般而言,学校设有专门的部门或者成立专门的公司,代表学校持股,同时代表学校监督创业公司的运行与履约情况。国内研究型大学较多地通过资产经营公司持股,清华大学通过清华控股持股。清华大学将知识产权作价所获股权全部划转华控技术转移有限公司,取得投资收益后按学校政策在学校、院系和教师之间进行分配。大学投资或者大学持股创办的企业,在我国一些大学中直接被称为"学科性公司"。例如,2009年,北京理工大学利用校内教师毛二可院士团队的科研成果,由学校和教师团队共同出资,建立了北京理工雷科电子信息技术有限公司;2010年,利用孙逢春院士团队的科研成果创建了北京理工华创电动车技术有限公司。这类学术创业公司,均可称为学科性公司。

(四)教师自己创办企业

在大学积极创办企业的同时,一些教师也通过自己的方式创办企业以进一步转化自己的科研成果。2015年之前,教师在岗或者离岗创办企业可谓凤毛麟角。

在2015年"大众创业,万众创新"的号召下,国家各部委颁发了一系列促进科研成果转化和创新创业的文件,将"创新创业"作为推进科研成果转化的重要方式,支持和鼓励事业单位专业技术人员兼职创新或者在职创办企业、离岗创新创业。在国家政策的肯定和提倡下,越来越多的教师自己创办企业。

教师自己创办企业,主要是采用知识产权作价入股的方式,根据知识产权评估作价,教师按照出资额占有创业企业的一部分股权。在这种创业方式中,教师直接根据学校政策,占有相应的股份。例如,清华大学规定,科研成果作价投资所获股权,学校享有15%,原则上成果完成人所在院系和对完成、转化该项科研成果做出重要贡献的人员分别享有15%和70%股权,其中学校和院系享有的股权由学校统一委托股权管理公司经营管理,教师所获得的70%股权,可直接在教师团队中分配,不需要经过学校委托的股权管理公司。2014年3月,清华大学通过清华控股成立了全资子公司——华控技术转移有限公司,作为清华大学科研成果转化的平台性公司,代为持有清华大学在新创公司中所占股份。

二、我国大学推进教师学术创业的路径

无论是以大学为主体的组织创业,还是以教师为主体的个人创业,拥有关键技术的大学教师是学术创业的核心。因此,当前包括清华大学在内的国内研究型大学,普遍关注如何鼓励与支持大学教师开展科研成果转移转化。对于这些研究型大学而言,大学教师学术创业的推进路径主要有以下几个。

(一)设立技术转移机构

20世纪80年代末90年代初,各大学纷纷成立了技术转移机构,积极探索合理有效的运行机制。在过去很长一段时间,支持教师学术创业并不是这些机构的主要职责,因为此前,我国大学以知识产权方式转化科研成果的情况非常少,这些机构的主要职能是促进产学研合作、进行知识产权申请与保护等。随着我国科研成果转化实践的不断发展,这些机构的存在形式和职能范围也在不断变化。我国研究型大学设立的技术转移机构由负责科研成果转化的管理职能部门,演变为目前的职能部门模式、公司模式和研究院模式三种基本类型。[①]职能部门模式是大学建

立技术转化机构的传统方式,一般代表学校行使行政权力;公司模式是由学校出资成立技术转移有限公司,名称多为技术有限公司、科技开发总公司、科技园发展有限公司、资产经营有限公司、技术成果转移有限责任公司等,属于经营实体;研究院模式的名称常为工业技术研究院、工程技术研究院等,其可能是职能部门,也可能是公司,或者是二者的合体。

以清华大学为例,成立于1983年的科技开发部是负责全校科研成果转化的职能部门。1995年成立的清华大学与企业合作委员会,成为学校与企业合作的纽带,秘书处设在科技开发部;2001年,清华大学成立国际技术转移中心,主要开展国际技术转移、组织和管理国外技术资源与国内产业界对接等业务,挂靠在科技开发部。2014年,科技开发部划入科研院,从处级职能部门变成科研院的一个部门,负责全校的产学研合作工作。2015年,学校设立了知识产权管理领导小组,统一领导知识产权和科研成果转化工作,同时借鉴国外技术转移办公室(office of technology licensing,OTL)模式,设立了成果与知识产权管理办公室,作为知识产权管理领导小组的执行机构,专门负责学校科研成果转化工作。[①]学校成立的成果与知识产权管理办公室的英文缩写也为OTL,包括科技奖励、专利管理、技术转移和综合法务等四个方面的职能。

清华大学还于2014年成立了专门负责促进学校科研成果转化和技术转移的技术转移研究院,明确规定技术转移研究院通过创办企业和技术入股,实现科研成果转化和技术转移。在2019年的综合改革中,清华大学将成果与知识产权管理办公室的知识产权保护和技术转移职能,以及科技开发部的技术转让、合同管理职能,划入技术转移研究院。成果与知识产权管理办公室保留科研成果管理职能,划归到科研院,并更名为科技成果与奖励办公室。清华大学技术转移研究院与大学传统的产学研合作部门分开,在业务内容上,专门进行知识产权许可转让,通过设立战略性投资基金、建设重点领域创新中心、提供知识产权等专业服务,建立专业的科研成果转化与技术转移服务体系;在业务性质上,不是进行传统校级职能部门的行政管理,而是从事知识产权和学术创业相关的运营工作。

① 王玉柱,张友生,王燕.高校科技成果转化和知识产权管理实践探索——以清华大学为例[J].北京教育(高教版),2018(5):80-82.

与清华大学不同,我国某些大学的技术转移机构更加呈现出市场运营的特征,甚至在积极探索公司化的运行模式。例如,北京理工大学成立了技术转移公司,通过市场化的手段转移转化科研成果。北京理工大学在2016年初成立了技术转移中心,同时注册了北京理工技术转移有限公司作为其市场化运行平台。中心和公司"一套人马、两块牌子",由技术转移中心副主任兼公司总经理。中心是学校科研成果转移转化的归口管理部门(独立建制的二级部门),主要履行科研成果转让、许可,以及作价入股审批和报批等职能,技术转移公司作为学校的全资公司,是技术转移中心的市场化运营平台,重点负责搭建市场化的技术转移体系(如负责技术转移分中心的运营等),组织学校创新资源与市场进行有效对接,搭建各种转化平台,如引进社会资本、设立转化基金等。"在运行机制上,将成果转化收益的10%作为部门经费,包括人员工资在内,均不再单独拨付其他经费。"①

(二)建设大学科技园

20世纪90年代,我国大学相继成立了大学科技园。大学科技园曾经在我国大学的学术创业中发挥了重要作用,尤其在校办企业时期。可以说,我国大学科技园和校办企业是同步发展起来的,甚至可以说,正是校办企业的发展促成了大学科技园的建设——随着校办企业的扩张及数量增多,大学科技园的建设直接源于校办企业办公场所不足的问题,同时,科技园为校办企业提供了一系列服务,包括直接的经营和管理。科技园成为大学学术创业的孵化器,为学术创业提供了场所、资金、服务和资源等。

1994年,清华大学启动科技园建设,并让清华科技园发展中心负责管理和运营。2000年7月,启迪控股股份有限公司成立,清华科技园划归启迪控股管理,即启迪控股成为清华科技园的开发建设与运营管理单位。启迪控股是一家依托清华大学设立的聚焦科技服务领域的科技投资控股集团,旗下业务板块除了清华科技园之外,还有启迪孵化器、启迪科技园、启迪科技城等。启迪控股已经演变成以清华科技园为本部,辐射全国的科技孵化和投资集团。

随着国家对校办企业的改革,一些大学的校办企业逐渐从学校剥离,成立独立法人的国有资产公司,大学科技园也多以独立法人的方式运行。大学科技园的发

①付丽丽.专业机构:让技术转移事半功倍——科技成果转化一线调查(三)[N].科技日报,2018-05-01(4).

展对大学学术创业起到积极作用主要表现在以下几个方面:第一,在特殊的历史时期,促进了校办企业的创立和发展;第二,大学科技园发展而来的创业投资和产业孵化功能,在一定程度上促进与帮助了大学教师的学术创业;第三,大学科技园集聚了大量的科技公司、孵化器、科技中介公司,形成产业集聚群,为转化大学科研成果、促进教师学术创业起到了重要作用。

(三)设立创业投资基金

随着大学学术创业的纵深推进,国内不少研究型大学还成立了创业投资基金来投资教师的科研成果,这些投资基金也慢慢从以学校出资为主向学校与社会机构合作转变。当前,清华大学的创业投资基金可以分为两类:一是清华控股下设的各类投资基金,如清华控股下的启迪控股有限公司(设有启迪孵化器)、荷塘创业投资管理(北京)有限公司(原名"启迪创投")、清控创业投资有限公司等下属公司发起的各种投资基金,虽然这些基金面向全社会进行投资,但是清华大学的科研成果是其重要的投资对象。二是学校与外部机构合作发起的投资基金,如清华大学技术转移研究院和清华控股合作,发起设立了5亿元的"荷塘探索基金"和25亿元的"荷塘创新基金",专门用于投资清华大学校内的科研成果。

(四)设立地方产业技术研究院

1996年底,清华大学与深圳市政府共建的深圳清华大学研究院是我国最早的新型研发机构。由于其在文化、内容、目标和机制等方面与传统研究机构不同,所以被称为新型研发机构。借鉴深圳清华大学研究院的模式,我国一大批大学也与地方政府合作建立这种整合大学资源、面向地方产业发展、实行自收自支、以企业化方式运作的事业单位。新型研发机构集多种功能于一体,至少有以下五种功能:(1)研发功能,主要面向地方产业需求,开展应用研究;(2)项目对接或引进,搭建大学基础研究成果与产业需求之间的桥梁,引进大学的科研成果到当地投产;(3)创业投资,成立创投基金,对基于科研成果建立起来的新创公司进行投资;(4)企业孵化,普遍设有孵化器,为新创公司提供办公场地及各种服务;(5)资源对接,为新创公司提供连接外部资源、争取和利用地方政府政策支持等方面的支持和帮助。大学主导建设的新型研发机构的主要业务包括创新载体建设、研究中心及团队建设、行业关键技术研发及转化、企业孵化与服务、智库建设和人才培养这六个方面。[①]这种新型研发机构很好地整合了学校的优势和地方政府的需求:一方面,帮助大学科研跨越了从基础研究到商业化的"死亡之谷",转化了大学的科研成果;另一方面,通过解决地方产业技术问题、创建新创公司等方式,促进了地方经济社会的发展,建立新型研发机构成为备受提倡的一种产学研合作方式,同时新型研发机构也是大学教师进行学术创业的有效平台。

从1996年开始,清华大学在京津冀、长三角、珠三角等经济活跃地区,相继建立了七个地方产业研究院,这些研究院由清华大学和地方政府共同建立,属于设在地方的事业单位独立法人,虽然在业务上与清华大学存在联系,但是主要依托地方政府进行管理,在转化科研成果等方面存在一定问题。从2011年开始,清华大学开始依托院系等二级实体机构,与地方政府合作成立新兴产业研究院。和地方产业研究院相比,虽然这些新兴产业研究院也是与地方政府合作、设在地方的独立事业法人,但是这些产业研究院是清华大学自己在地方创办的,不论在业务指导还是运营管理上,清华大学都具有主导权,称其为"派出研究院"。其成立的目的,除了要促进科研成果转化并带动产业发展外,还要支持依托单位及相关领域的学科建设和人才培养。目前,清华大学已经建立了清华大学天津高端装备研究院、清华大学天津电子信息研究院、清华青岛艺术与科学创新研究院、清华大学合肥公共安全研究院、清华大学无锡应用技术研究院、清华大学苏州汽车研究院、清华苏州环境创新研究院、清华山西清洁能源研究院和清华四川能源互联网研究院等九个派出研究院。

和地方产业研究院相比,派出研究院更加注重对校内科研成果尤其是对其所依托院系科研成果的二次开发与转化,从而对教师科研成果在地方的产业化(学术创业)起到了很大的促进作用。派出研究院通过以下三种方式,推动大学教师的学术创业:(1)组建工程团队,和校内教师一起对科研成果进行二次开发;(2)提供实验基地、中试平台等,为技术转化产品提供条件支撑;(3)通过科研成果转化平台与项目服务团队,为教师创办企业提供孵化和投资。例如,清华大学天津电子信息研究院,依托电子工程系进行运营管理,由管理团队、支撑公共实验平台的工程技术

---

①赵剑冬,戴青云.高校主导建设的新型研发机构运作管理模式[J].中国高校科技,2017(12):11-15.

团队、若干个负责成果转化的项目团队组成,业务范围包括电子信息领域技术和产品研发、科研成果转化、高科技企业孵化、技术和检测服务四个方面。清华大学天津高端装备研究院依托于清华大学机械工程系,是集协同创新、产业孵化、投融资服务于一体的综合性科技转化和产业孵化平台。如图9-1所示,除了科研部(研发平台)和院务部之外,还设有投融资部和产业部,分别为投资平台和产业孵化平台,对基于研究院研发技术建立的新创公司提供投资和孵化服务与管理。

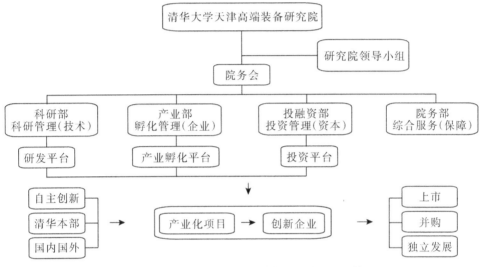

图9-1 清华大学天津高端装备研究院组织架构

(五)超强物质激励大学教师学术创业

2015年,《促进科技成果转化法》加大了对科研人员的奖励力度,将对科研人员成果收益奖励的比例提高到50%以上。事实上,在实际操作过程中,包括清华大学在内的几乎所有公办普通本科院校的教师获得的收益比例远超过50%。例如,2020年1月1日正式实施的《北京市促进科技成果转化条例》规定,"将职务科技成果转让、许可给他人实施的,可以从该项科技成果转让净收入或者许可净收入中提取不低于70%的比例;利用职务科技成果作价投资的,从该项科技成果形成的股份或者出资比例中提取不低于70%的比例;将职务科技成果自行实施转化或者与他人合作实施转化的,在实施转化成功投产后,从开始盈利的年度起连续五年内,每年从实施转化该项科技成果的营业利润中提取不低于5%的比例。目前,北京市大学教师获得的科研成果转化的收益比例普遍在70%以上。在全国范围内,有些大学教师获得的比例甚至更高。可以说,教师基本上获得了科研成果转化的大部分收益。例如,南京理工大学规定:"科技创业创新人员以技术成果作价入股创办公司,学校(含学院、系)所获股份和学校股份分红所得,可视为其当年或次年进校科研经费,作为其业绩考核。教师创办公司,还可拿承接的企事业单位产学研项目横向科研经费结余入股,最高比例达70%。"[①]

三、我国研究型大学学术创业的特征分析

当前,以清华大学为代表的研究型大学,其学术创业模式已经从以学校为主体创办企业向教师个体开展创业转变,但是,大学促进学术创业的举措仍然表现出强行政主导特征,主要表现在:(1)学校直接通过行政手段创立学术创业公司,这些公司是学校相关职能部门的主要服务对象;(2)学校对其参与创立的学术创业公司进行强资源投入,学校资源投入使得公司能够迅速发展起来;(3)对于教师个体或团队自行创办企业的行为缺少有效的支持和服务。虽然学校对教师的强物质激励在一定程度上提高了教师学术创业的积极性,但是,学校的支持和服务配套不足,教师为学术创业付出的成本超过了科研成果转化带来的收益,即教师努力的制度成本过高,因此教师不会采取创业行动。一方面,教师学术创业的内在动力和潜力没有得到充分激发;另一方面,少数想要创办企业的教师得不到组织支持。缺少组织支持,学校可能会"冒出"几个成功的学术创业案例,但是,很难涌现出大批学术创业公司。学术创业难以从"个别"现象向"普遍"现象转变,大学也就很难形成学术创业的文化氛围。

我国大学长期高度重视科研成果转化,主要集中在产学研合作和专利转让方面,即使建立了技术转移机构,这些机构大多以专利申请和许可为主要业务,较少主动提供服务。我国大学没有明确反对教师创办公司,但是也不提倡,更不会对教师创办公司进行支持和帮助。实际上,我国大多数大学对教师学术创业的态度并不明确,学校针对教师学术创业的政策不明晰,对于教师从事学术创业过程中各种角色和工作的矛盾,没有很好地进行解决。

---

① 韦铭,葛玲玲.南京理工大学:教师创业经历可用来评职称[J].人才资源开发,2012(1):52.

　　大学对教师自己创办企业的模糊态度,在一定历史时期有其特殊的形成原因,主要是由于国家关于学术创业的政策不够明朗,相关配套措施不完善。2015年,国家大力提倡科研人员创办公司,但是,关于国有资产管理、科研成果转化的收益所有权,以及科研经费管理、科研人员创业时间分配等相关规定没有改变。教师个体创办公司存在国有资产流失、评估作价不合理等风险,通过学校创办公司,学校能够对学术创业公司进行管控,从而减少风险,但在效率效益方面常遭到质疑。此外,我国科研经费管理和评价制度也在一定程度上影响大学对教师创办公司的支持,学校不希望且不愿意让教师单独成立公司,成立公司可能造成科研项目经费的体外循环——横向科研经费可能直接进入教师个体公司,使得学校横向科研经费减少。同时,学校也不能反对教师自己创办公司,因为这和国家的政策是相悖的。

　　当前,我国大学学术创业的外部环境得到极大改善,市场经济高度活跃,投资金融等中介机构不断涌现,国家也在不断优化学术创业的政策环境。国家不仅支持和鼓励事业单位专业技术人员兼职创新或者在职创办企业、离岗创新创业,[①]还不断完善学术创业的相关政策和配套措施。例如,下放科研成果的各项权利,简化转化程序,放宽转化办法,科研成果可以通过协议定价的方式进行交易等。这些举措有力破解了制约教师学术创业的制度障碍,大大降低了教师学术创业的法律风险。同时,也向大学转化科研成果提出了更严格的规定和更高的要求:一方面,未经单位允许,任何人不得利用职务科研成果从事创办企业等行为;另一方面,大学要加强技术转移与知识产权运营机构建设。在此新形势下,我国大学应该着力提高支持和服务教师学术创业的水平和能力。

四、伯克利分校支持教师学术创业的实践举措

　　本部分根据学术创业过程,将教师学术创业分为创业技术培育、新产品研发支持、产品—市场匹配与验证、创业启动支持和创业公司管理等五个阶段,并根据这个框架对两所案例大学进行梳理分析。

　　伯克利分校对教师学术创业的支持和服务并不是由一个机构来统一提供,而

---

① 人力资源社会保障部.人力资源社会保障部关于支持和鼓励事业单位专业技术人员创新创业的指导意见[EB/OL].(2017-03-10)[2019-05-23].http://www.mohrss.gov.cn/gkml/zcfg/gfxwj/201703/t20170318_268143.html.

是由多主体提供,包括伯克利分校、加州大学总校和美国联邦政府三个层面(见表9-1)。

表9-1　伯克利分校对教师学术创业的支持

主体	创业技术培育	新产品研发支持	产品—市场匹配与验证	创业启动支持	创业公司管理
伯克利分校	校级跨学科研究中心	巴卡尔研究员项目	伯克利创业集群	"天花板"孵化器、"天花板"基金、伯克利催化基金	未来空间、OTL、为初创企业提供免费法律服务
加州大学总校	CITRIS种子基金	CITRIS发明实验室	—	校级研究中心下设的专业孵化器,如CITRIS铸造中心、QB3孵化器等	
联邦政府	—	SBIR	I-Corps	STTR计划	

伯克利分校层面,直接负责教师科研成果转化的职能部门是技术许可办公室,技术许可办公室隶属于知识产权与产业研究联盟办公室(Office of Intellectual Property and Industry Research Alliances,IPIRA)。[①]知识产权与产业研究联盟办公室下还有一个产业联盟办公室(Industry Alliances Office,IAO),其负责大学与产业研究关系的建立,并负责所有校企研究合作的合同谈判与管理。加州大学总校层面主要是在伯克利分校设立大型跨校区、跨学科研究中心,对一些特殊领域的学术创业提供支持,其中较为有名的是成立于2001年前后的惠明中心和定量生命科学研究所。此外,联邦政府层面也有一些支持教师学术创业的政策。

(一)创业技术培育

伯克利分校在校级层面建立了多种类型的跨学科研究组织,其中,一部分研究中心特别面向实际应用或问题解决,开展以应用和开发研究为主的研究,例如,成立于2010年的加州大学伯克利分校合成生物研究所(Synthetic Biology Institute,SBI)、伯克利数据科学研究所(Berkeley Institute of Data Science,BIDS)等组织在开发学术创业技术方面发挥了重要的作用。

①该办公室是伯克利分校校企科技合作和技术转移的管理部门,下设两个办公室,一个是技术许可办公室,另一个是产业联盟办公室,负责大学与企业的科技合作。

加州大学研究中心也设有一些种子资金项目支持教师进行创业技术培育,如惠明中心下面设有两个种子资金项目:一是核心种子资金项目(Core Seed Funding Program),该项目每年为教师提供4万—6万美元的创业种子资金,要求每个申请提案要有两名首席研究员,成员必须来自惠明中心合作大学。二是蒙特利技术中心①种子资金项目(CITRIS&Tecnológico de Monterrey Seed Funding Program),每年为每位教师提供2.5万美元的种子资金,总金额为10万美元。该项目也要求每份提案至少有两名首席研究员,成员至少一名来自惠明中心,一名来自惠明中心合作大学。这两个种子资金项目都规定了具体的资助领域,主要支持教师开展相关领域的研究。

(二)新产品研发支持

伯克利分校设立了一些项目以支持教师将科研成果转化为产品,例如,巴卡尔研究员项目(Bakar Fellows Program)主要是培养"STEM+"领域的教师创业,这些领域包括工程、计算机科学、化学、生物科学、物理科学和建筑。入选该项目的教师能够获得一定的研究支持,以进一步完善他们现有的发现和创新,并转化成商业方案。该项目从2012年开始,每年支持几位教师,如2019—2020学年共资助了七位教师。

此外,还设立了巴卡尔创新同伴项目(Bakar Innovation Fellows Program),支持获得巴卡尔研究员项目资助的教师、具有创造性和创业精神的研究生或者博士后,对他们的实验室发现和创新成果进行商业转化,帮助他们从学术研究员过渡到创业创始人。

惠明中心设有发明实验室、社会应用软件实验室、移动应用软件实验室、多校园测试设施设备等能帮助教师进行产品原型设计和生产的"创客空间"。发明实验室是一个可以现场快速成型和包装的实验室,拥有一系列传统的成型设备(prototyping equipment),从基本的手工工具到(机器)加工和电子仪器,这为创建

---

①蒙特利技术中心是一个独立于政治和宗教派别的私人非营利机构,于1943年由尤金尼奥·加尔扎·萨达(Eugenio Garza Sada)和一群想要建立顶尖教育机构的墨西哥企业家创建。它致力于培养具有企业家精神、人文观和国际竞争力的领导者。惠明中心通过设立种子资金,鼓励惠明中心合作大学研究人员与惠明中心的研究人员合作,加强校园之间的联系,并推动能够带来外部资助的早期研究。

功能性产品原型(creating functional prototypes)提供了一整套工具、技术支持和制造服务。实验室对全校学生、教师开放,也开设了一些关于产品设计和原型的课程。

美国联邦政府的小企业创新研究计划为教师进行新产品研发提供了资金支持。该项目在伯克利分校由技术许可办公室进行管理,教师可以申请。

(三)产品—市场匹配与验证

伯克利分校建构了包含投资者、导师、校友等在内的社会网络来引导教师进行创业,使产品更加符合市场的需求。例如,伯克利分校和加州政府、协会、商会等合作建立了伯克利创业集群(Berkeley Startup Cluster),目的是帮助高科技初创企业快速启动,尤其是为想要在当地落户的伯克利分校新创公司提供帮助。

(四)创业启动支持

1.孵化器

建立孵化器是帮助教师进行创业的有效方式。伯克利分校校内的孵化器有两种:一种是综合孵化器,另一种是依托研究机构建立的专业孵化器。综合孵化器指的是设在知识产权与产业研究联盟办公室下的"天花板"孵化器,该孵化器由伯克利分校的商学院、工程学院和研究与技术副校长办公室一起组成,共设有三种类型的孵化项目:一是群组项目(Cohort Program),参加者是有意向成立公司但还没有成立公司的个人,他们通过报名参加群组项目,"天花板"孵化器在产品策略、团队建设、客户介绍三个方面对他们进行培训和辅导。这是一个加速器项目,时间一般为六个月,每年申请时间分为上半年和下半年。截至2019年底,"天花板"孵化器已经推出/启动了超过300家公司。二是全球创新合作伙伴项目(Global Innovation Partner Program),主要针对业务面向国际市场的创业团队,这也是一个加速器项目,时间一般为三个月。三是服务台项目(HotDesk Program),这是一个孵化项目,主要针对处于早期阶段的新创公司,"天花板"孵化器会为这些公司提供工作场所,它们可以参加"天花板"孵化器的所有研讨会和活动,能够使用"天花板"孵化器的资源等。

"天花板"孵化器还专门针对生命医学和芯片的新创公司设立了支持项目,分别为生物轨道（Bio-Track）和芯片轨道（Chip Track）。生物轨道支持生物技术、医学技术或生命科学领域的新创公司；芯片轨道支持芯片方面的新创公司。每半年，"天花板"孵化器分别从这两个领域各挑选一家公司，入选的新创公司能获得伯克利天空甲板基金10万美元的股权投资。"天花板"孵化器还提供一系列其他方面的支持，例如，加入生物轨道的初创公司，能获得以下几种资源：（1）入驻伯克利"天花板"孵化器办公场地12个月，并使用"天花板"孵化器提供的所有资源；（2）有需要的话，可以使用伯克利分校资源，包括使用各种实验室12个月；（3）获得在生命科学领域具有创业经验的科学家和投资者的定期支持；（4）每两个月可与具有生命科学领域专业知识的顾问/导师共进晚餐；（5）了解生命科学领域的重要投资者和合作伙伴。入选芯片轨道的新创公司，能够获得以下几种资源：（1）入驻伯克利"天花板"孵化器办公场地6个月；（2）获得关键行业合作伙伴；（3）使用伯克利分校资源，包括纳米实验室、分子铸造实验室等；（4）行业顶级科学家、企业家、投资者的建议；（5）使用芯片领域的各种资源。

专业孵化器主要依托校级研究中心设立，如惠明中心下设的铸造中心（CITRIS Foundry）。2013年，惠明中心成立铸造中心，旨在帮助创业者建立对世界产生重大影响的公司。惠明中心从2001年建立开始，一直都致力于信息技术领域的应用和开发研究，其建立的铸造中心可为教师创办公司、将技术转化为生产力提供帮助和支持。截至2019年底，惠明中心共产生了超过70家高科技新创公司。惠明中心铸造中心提供设计、制造和商业开发工具，以及企业家和专家社区，将创业团队转变为企业创始人。其下设一个帮助教师和学生将创新技术带向社会、实现商业价值的技术创新孵化器，这个孵化器主要为加州大学师生提供以下三个服务：创业网络与办公场所；团队和个人辅导，分三个阶段提供为期六个月的一对一教练式辅导；实验室、制造空间（工具箱）和商务资源。铸造中心的项目实行申请制，被选上的项目可以获得5000—1万美元的种子资金，并可以使用铸造中心的基础设施和服务。教师必须以团队的方式进行申请，而且该团队必须已经对世界产生重大影响。团队必须包括一名学生、一名教师、一名行政人员或毕业五年之内的校友，其中一个成员必须归属于惠明中心。

2.创业资金

创业启动阶段主要是提供天使投资,如伯克利"天花板"基金(Berkeley SkyDeck Fund)是专门用于支持教师科技创业的种子资金。从"天花板"孵化器项目孵化出来的新创公司,将获得伯克利"天花板"基金10万美元的股权投资。该基金通常每年投资40多笔,每半年选20家新创公司。"天花板"基金的资金由红杉资本(Sequoia Capital)、席拉创投公司(Sierra Ventures)等机构,以及其他风投公司、个人和大公司提供,基金投资的一半利润要交给学校。

伯克利分校还有两个专门为新创公司提供投资的机构,一个是伯克利催化基金(Berkeley Catalyst Fund),它是伯克利分校基金会(University of California Berkeley Foundation)与企业、社会组织共同设立的资金,对伯克利分校的科研成果进行投资,以进一步促进其商业化。另一个是伯克利天使投资网络(The Berkeley Angel Network),由伯克利分校的校友、教师组成,目的是在伯克利分校的校友和教师中建立一个天使投资者社区,并通过与天使投资相关的活动提高天使投资者社区的集体技能和知识。

此外,美国联邦政府的小企业技术转移计划,为教师向小企业转化科研成果提供资金支持。在伯克利分校该项目由技术许可办公室管理,教师可以申请。

(五)创业公司管理

对于已经成立的新创公司,伯克利分校还提供专门的资金、场地与法律咨询等服务。在场地支持方面,伯克利分校有一个名为"未来空间"(Next Space)的公共创业空间,为新创公司提供基本的办公基础设施,面向师生开放。伯克利分校还有一个为新创公司提供免费法律服务的机构。技术转移办公室也为教师创业提供法律服务。

五、新加坡国立大学支持教师学术创业的实践举措

与伯克利分校相比,新加坡国立大学(NUS)在促进教师学术创业方面更加活跃和市场化。新加坡国立大学的发展定位是成为全球性知识企业(global knowledge enterprise)。为推动其战略目标的实现,一方面,该校明确选择了创业型大学的发展策略,积极鼓励和推动师生创业,将大学知识商业化;另一方面,鼓励

和支持师生进行海外创业,使科研成果向海外转移转化。新加坡国立大学负责将大学科研成果和技术进行转移和商业化的部门是成立于2001年的新加坡国立大学企业部,[①]其主要任务是促进创新和创业,将新加坡国立大学的技术和人才转化为可投资、可扩展的高技术初创企业。

新加坡国立大学企业部下设有产业联盟办公室(Industry Liaison Office,ILO)和创业中心(NUS Entrepreneurship Centre,NEC),该办公室的职能更加广泛,还包括促进大学与产业的研究合作、知识产权许可和学术创业支持等。产业联盟办公室负责联系并推动大学研究与企业合作、起草与管理大学和外部各方的合作合同、保护与管理知识产权、为教师提供精益创业课程培训等。新加坡国立大学主要依托产业联盟办公室来支持教师学术创业。创业中心主要是面向学生开展创业教育,但是也有一些专门针对教师的创业培训辅导项目。新加坡国立大学企业部是新加坡国立大学的职能部门,更是一个商业化运作的"企业","为了激励这个部门,校方每年拨给该部门的经费少于新加坡国立大学总经费支出的1%,这种资助策略迫使其像企业一样积极增加收益和吸引外部资金来支持自己的研发活动"[②]。新加坡国立大学企业部积极通过企业化的经营手段,主动将科研成果推向市场。

(一)创业技术培育

新加坡国立大学主要通过企业部,与一些知名企业合作设立专门针对新创公司业务发展的项目,这些项目主要有两种类型。

1.支持某一特定领域的新创公司发展

新加坡国立大学和新电投资(Singtel Innov8)合作成立了一个网络安全创业中心(cybersecurity entrepreneur hub)——创新网络安全生态系统(Innovation Cybersecurity Ecosystem at Block71,ICE71)。该中心在新加坡网络安全局(CSA)和信息通信媒体发展局(IMDA)的支持下,制定了一系列旨在支持网络安全相关的个人和新创公司的计划,这些计划涵盖了新创公司的创建、加速和扩张(规模化)。

---

① National University of Singapore. Transforming NUS Technologies and Talents into Investible, Scalable Deep Tech Start-Ups [EB/OL].(2020-03-15)[2022-03-16]. https://enterprise.nus.edu.sg/.

② 卓泽林,王志强.构建全球化知识企业:新加坡国立大学创新创业策略研究及启示[J].比较教育研究,2016(1):15-21.

计划分为三个部分:(1)创新网络安全生态系统激励(ICE71 Inspire)计划是一个为期一周的项目,供个人测试他们的理论和想法,鉴定商业可行性(commercial viability),并和其他创业者一起提高个人的商业技能。(2)创新网络安全生态系统加速(ICE71 Accelerate)计划是一项针对网络安全新创公司的为期三个月的加速器计划,旨在帮助新创公司打开产品市场。(3)创新网络安全生态系统规模(ICE71 Scale)计划旨在帮助国际和本地新创公司在新加坡和亚太地区发展业务。其中,ICE71 Inspire和ICE71 Accelerate是由欧洲一个网络安全加速器和网络安全新创公司的投资公司赛隆(CyLon)来运营的。塞隆公司拥有全球安全网络和专业知识,可为创业者和新创公司提供在该地区成功开展网络安全业务所需的支持和进入市场的机会。

2019年,新加坡国立大学与腾讯联合推出了"腾讯云创业项目"(NUS-TencentCloud Start-Up Program)",通过腾讯云服务来帮助和支持新加坡国立大学的新创公司。被选中的新创公司能够得到技术支持、解决方案、腾讯云产品和服务相关的线上与线下培训、营销支持等。

2.支持新创团队为特定领域问题提供解决方案

新加坡国立大学企业部与新加坡航空一起合作了新加坡航空加速器(Singapore Airlines Accelerator)项目,支持新创公司开发航空和旅行技术(aviation and travel tech)。该项目实行申请制,入选团队将与新加坡航空业务部门导师合作,在10周内为航空公司开发解决方案,并获得高达15万新元的拨款支持。最后成果展示环节,航空公司会从中挑选一些新创公司的成果。

新加坡国立大学与爱立信合作了爱立信亚洲挑战(Ericsson ONE Asia Challenge)项目。该项目旨在推动亚太地区的新创公司和小企业合作,共同开发新的商业解决方案,以满足市场需求。在连接供应链(connected supply chain)、自动驾驶(autonomous vehicles)、智能制造等领域提供解决方案的企业能够与爱立信合作,以促进其业务的进一步增长。

新加坡国立大学还和支付宝、华为等公司合作,提供特定领域的解决方案,例如,新加坡国立大学和支付宝合作的"支付宝—企业社会创新挑战"(The Alipay-NUS Enterprise Social Innovation Challenge),旨在寻找最具创新性的企业,该企业要以数字技术领域为重点建设一个包容性社会。顶级创新将得到进一步支持,以扩大其对社会的积极影响,获胜者能够获得14万新元的奖励。

(二)新产品研发支持

新加坡国立大学有一个最小可行性产品工作室(The Minimum Viable Product Studio),旨在打造专注于商业化的产品原型。在最小可行性产品工作室,有基于学徒制的工程团队,这些工程师具有多年的丰富行业经验,研究人员或教师把想法告诉他们,他们能够高效快速地制作出产品原型,这使得新加坡国立大学的技术能够在特殊的应用中展示出来。大师级的工程师和学徒将他们的各种技能、创造力和诀窍应用到产品原型上,以便研究人员和新创公司能够更有效地从市场寻求反馈,并快速迭代他们的产品。

(三)产品—市场匹配与验证

2013年6月,新加坡国立大学企业部启动了一项名为"新加坡精益发射台"(Lean LaunchPad Singapore)的培训项目,旨在帮助研究人员将他们的创新技术转化为商业上可行的产品和可行的公司。该项目以美国I-Corps项目为模型,并根据实际情况进行调整,旨在为高技术(deep technologies)的商业化提供一个实证的创新平台。与传统的讲座和案例研究不同,该项目通过探索和发现过程促进体验式学习,培养研究人员的创业思维。主要学习内容包括客户发现(customer discovery)、商业模式开发(business model development)、敏捷工程(agile engineering)三个方面。每一个参与团队都围绕一项专有技术进行研究,为期10周。

创业验证计划是一个帮助创业团队验证创业想法可行性的项目。这个项目是一个为期两天的研讨会,参加团队与行业专家密切合作,从他们那里获得个性化的反馈并对其进行修改,同时,参与者还会学到一些开发项目的有用工具。

(四)创业启动支持

1.医学创业启动

新加坡国立大学针对医学领域设立了专门的创业启动项目——"大学联合医学技术项目",该项目于2016年由新加坡国立大学与南洋理工大学、新加坡理工大学合作创立。该项目通过为生物医学团队提供指导和培训、项目管理和技术支持、产品开发、商务计划制定等一系列活动,实现生物医学创新技术的商业化。自成立以来,该项目共支持了14支生物医学团队,其中两家新创公司已经在2019年实现了商业销售。

2.孵化器

新加坡国立大学有三个孵化器,针对不同阶段的创业进行孵化,其中,支持创业启动的是飞机库(Hangar)孵化器和区块71(BLOCK71)孵化器。飞行库孵化器主要是对萌芽期新创公司进行孵化,区块71孵化器是对成长期新创公司进行孵化。

新加坡国立大学校内有一个名为"飞机库"的地方,其为萌芽期新创公司和创业者提供办公场所和服务。飞机库还不能算是一个严格意义上的孵化器,更像是一个创业者一起办公和交流想法的地方。飞行库提供的支持主要有:(1)工作空间,包括办公桌、办公空间、讨论室和会议室;(2)其他便利设施和服务,如专家指导、创意验证和试验设施(test-bedding capabilities);(3)不断举办各种活动,吸引风险资本家、企业合作伙伴、政府机构等人员参加,为创业者提供社会网络(networking)和学习机会。

区块71孵化器,主要针对成长期新创公司。区块71孵化器是在20世纪70年代初建立的一座破旧的工业区基础上改造而成的,由新加坡国立大学企业部、新电投资及新加坡媒体发展局(Media Development Authority)合作创立。作为一个孵化器,区块71不仅向新公司提供工作场地,还为这些公司提供技术、资金、人才、市场、社区。区块71孵化器为正在成长的新创公司进入新市场提供了一个物理场所,通过区块71孵化器,新创公司可以享受新加坡国立大学企业部提供的全面支持服务,如专门的指导支持、资金支持、社会网络及帮助它们无缝融入当地生态系统。面向全球进行创业是新加坡国立大学科研成果转化的一大特色,除了海外学院之外,新加坡国立大学在美国旧金山、印度尼西亚雅加达、中国苏州等六个地方建立了孵化器。新加坡国立大学企业部利用这些全球资源和联系网络,为有意开拓海外市场的新创公司提供帮助。

（五）创业公司管理

1.创业公司管理

新加坡国立大学有一个叫创业跑道(The NUS Start-Up Runway)的项目,专门为新加坡国立大学企业部孵化企业提供一系列服务。这些服务包括:(1)为新创公司招聘优秀人才。(2)指导咨询(mentor consultation)。新加坡国立大学企业部孵化的新创公司,可以通过预约,向企业部的创业导师进行咨询。这些导师会提供一般的商业建议、市场策略、业务增长策略、行业知识等。(3)公司专业事务服务(professional services),在法律与秘书事务(legal and corporate secretarial)、会计记账(accounting and book-keeping)、营销传播(marketing communications)三个方面为新创公司提供专业性免费服务。(4)构建社交网络。新加坡国立大学举办很多活动,邀请行业专家、天使投资人、风险资本家和导师来参加,新创公司能够以此建立良好的商业网络。同时,创业者也可以相互交流和学习经验。

2.创业公司成长

新加坡科技园(Singapore Science Park)是亚洲最负盛名的科技园之一。新加坡国立大学企业部和星桥腾飞集团(Ascendas Singbridge)①合作,在新加坡科技园区内设立新加坡国立大学企业@新加坡科技园(NUS Enterprise@Singapore Science Park)。科技园旨在转化和商业化新加坡国立大学的高技术,主要为新加坡国立大学师生和校友创业与科研成果转化提供空间。它通过把高技术新创公司、高科技公司、企业合作伙伴和加速器,以及大学的研究人员集聚在一起,组成一个社区,为推进创新提供关键支持。

六、结论与启示

（一）国外研究型大学支持教师学术创业的特征

1.多举措支持学术创业的各个阶段

从以上两所大学的实践可以看出,国外大学采用多举措支持教师学术创业,大学对教师学术创业的支持涵盖了从技术产品开发到将技术推向市场的全过程。在

---

①星桥腾飞集团是新加坡科技园的开发商。

支持举措上,主要有设备、资金、场地、培训辅导、社会网络、孵化器和创业服务等七个方面,不同阶段的举措有所侧重。

(1)创业技术培育。技术是学术创业的源头,伯克利分校和新加坡国立大学都在教师学术创业的技术培育方面采取了举措。伯克利分校通过校级研究中心培育学术创业技术,新加坡国立大学通过与知名企业合作,促进师生开展创业技术研发。

(2)新产品研发支持。在产品研发上,伯克利分校设立专门的项目支持教师进行创业产品研发;新加坡国立大学为师生提供与企业合作的机会,联合开发创业产品。在产品制作上,伯克利分校的发明实验室、新加坡国立大学的最小可行性产品工作室均为创业产品原型制作提供了场地。

(3)产品—市场匹配与验证。技术是学术创业的开始,但是在将技术转化为商品的过程中需要与市场进行不断磨合、反馈与修改。几所公立研究型大学都采用了精益创业的思维,一方面,帮助教师与市场建立联系;另一方面,帮助教师收集市场反馈,不断验证产品并进行修改。例如,伯克利分校创建了各种创业网络,为创业提供资源;新加坡国立大学的创业验证计划,帮助教师对其产品进行优化和修改。

(4)创业启动支持。创业公司启动并不是一个严格定义的范围,主要指将创业想法付诸实践的过程,孵化器/项目在这一过程中发挥了重要的作用。两所研究型大学都提供了不同的孵化项目,伯克利分校除了"天花板"孵化器,还在校级研究中心建立针对特殊专业领域的孵化器。新加坡国立大学的飞机库、区块71和科技园针对不同阶段的创业进行孵化。

(5)创业公司管理。集中在创业公司的管理与成长方面,各大学主要提供场地、资金、法律、财务等方面的服务。

2.重点支持生物医学和信息技术领域的创业

伯克利分校和新加坡国立大学都在生物医学和信息技术领域设有专门的创业支持项目,它们是当前技术更新最频繁、创业最活跃,也是最容易产生重大社会影响的领域之一。伯克利分校主要依托专业研究机构,新加坡国立大学与其他大学联合设立项目支持医学领域的创业启动。

3.支持教师与学生的学术创业举措合一

从国外研究型大学支持学术创业的举措看,教师和学生所获得的政策支持没有多大区别。在此,可以对此做进一步分析。

(1)创业项目同时向教师和学生开放。研究型大学的学生尤其研究生参与科研的程度比较深,研究水平相对较高,与教师类似,主要依靠技术创业。各大学的支持举措对教师和学生创业的界限很模糊,虽然分别设有专门针对二者的创业项目,[①]但是更多项目是同时向教师和学生开放,没有严格区分服务对象。例如,伯克利分校的"天花板"孵化器和铸造中心项目、新加坡国立大学三个孵化器,对所有本科生和研究生、员工、校友、研究人员、访问学者和教师开放。

(2)针对教师和学生的创业培训部门重叠。负责教师创业和学生创业的部门没有分开,而是同一个部门——负责学生创业的部门设在学校科研管理部门下面。新加坡国立大学的精益发射台项目和创业中心都设在新加坡国立大学企业部下。

(3)一些支持项目明确要求教师/研究人员和学生合作。例如,伯克利分校铸造中心的项目必须以团队的方式进行申请,团队必须包括一名学生、一名教师、一名行政人员或毕业五年之内的校友,其中一个成员必须在惠明中心从事相关工作。伯克利的巴卡尔创新同伴项目资助研究生和教师合作开发产品。

4.充分采用市场价格机制提供创业服务

国外大学在为教师学术创业服务的过程中,充分采用了市场化的机制。(1)在外部市场上,设立企业化运营部门/公司,让其代表大学对外推广科研成果,主动拓展大学知识转移的机会和市场,如新加坡国立大学企业部;(2)在内部市场上,企业化运营部门/公司为教师学术创业提供有偿服务,主要集中在将产品转化为商品的阶段,诸如新技术/产品营销、创业投资、新创公司管理等方面。

无论是外部市场还是内部市场,国外大学都是根据市场的价格机制[②]提供服务。大学在内部市场上为教师或新创公司提供有偿服务,普遍采用价格机制;在外部市场上,虽然大学以企业化运营的方式对外提供技术,但是各大学运营部门/公司并不从技术交易中赚取差价,而是从中抽取一定比例的服务费用,其实质也是采用价格机制——向教师收取技术服务费。只不过二者收取服务费用的方式不一

---

① 本章所介绍的举措并不包括专门/主要针对学生的创业项目,本书将这些归为学生创新创业教育的内容。
② 市场机制包括供求机制、价格机制、竞争机制和风险机制。

样,内部市场是采用"按需购买、即时付费"的方式,外部市场是采用"滞后性的一揽子付费"的方式。表面上各大学技术转移办公室或其下属公司没有直接向教师收取费用,但是,当技术交易成功之后,它们要收取一定的比例作为"回报"。例如,美国大学技术转移收入的15%首先要作为技术转移中心的成本,归入技术转移中心,用以支付商业化技术过程中产生的费用,余下的收入各以1/3的比例在学校、院系和教师之间进行分配。

(二)推动大学教师学术创业走向自觉的建议

教师学术创业不同于大学其他业务,在很大程度上有赖于教师的创业能力与创业意愿。基于对清华大学等国内研究型大学学术创业的历史梳理与现状分析可以发现,大学不仅要对教师学术创业进行行政监管,更要提供支持与服务,让教师学术创业自然而然地发生。

1.做好学术创业宣传

一是表明态度。我国大学虽然高度重视科研成果转化,但是在很长一段时间里对教师学术创业的态度较为模糊,既不反对也不提倡,至今很多大学依然秉持这种态度,教师处于"外热内冷"的矛盾之中。新时期,大学应该旗帜鲜明地鼓励教师学术创业,在加强规范与分类管理的前提下,把教师学术创业上升到"与人才培养相结合""服务/促进社会发展的责任"高度。对产生重大社会影响和贡献的学术创业,学校应该给予宣传和高度评价,树立学术创业的正面导向,营造学术创业的文化氛围。

二是明确创业政策。政府政策一般比较笼统和模糊,即使当前我国政府颁布了多项有利于教师学术创业的政策,但是,大学在具体执行方面还具有相当大的"自由裁量权"。大学要在国家政策范围内,明确大学教师学术创业的政策底线,如教师开展学术创业的程序、教师创业与教学科研的关系等,要尽量减少"教师在向创业者转变过程中的角色间和角色外冲突"[①],让教师能够公开地安心创业。

三是加强规范管理。教师进行学术创业必然会带来角色的改变,学校应该对学术创业行为进行规定,以保证教师的学术创业行为不会对其本职工作和学校产

---

① 殷朝晖,李瑞君.大学教师学术创业的角色冲突及其调适策略[J].江苏高教,2017(4):57-60.

生不良的影响,例如,在知识产权的使用上,对未经学校同意的教师创业行为采取零容忍态度;学校资源不可私用于学术创业;等等。

2.分阶段支持教师学术创业

教师学术创业的各个阶段,都需要大学的支持和服务,但是不同阶段需要的支持和服务不同,大学应该分阶段为教师学术创业提供支持和服务。总体而言,学术创业可以分为"技术—产品"阶段和"产品—商品"阶段即创新和创业两个阶段。在"技术—产品"阶段,主要是通过立项或提供种子资金支持教师进行产品技术研发;利用实验设备支持产品原型制作。在"产品—商品"阶段,主要是提供资金支持教师进行市场验证;构建各种网络帮助产品匹配市场;提供创业辅导培训;帮助新创公司成立;提供天使投资等。我国研究型大学在"技术—产品"阶段基本上没有采取举措,在"产品—商品"阶段主要是提供投资资金,目前正在积极建设技术转移与知识产权运营机构。鉴于此,我国研究型大学在支持和服务教师学术创业方面可以往以下方向努力。

一是加大学术创业前端扶持,尤其要加强对新创公司成立之前的支持,因为大学教师主要依靠技术进行创业,需要将技术转化为产品原型,大学要加强前端产品培育;同时,教师还需要根据市场反馈,不断完善产品原型,然后通过创立公司进行市场销售。所以,在新创公司成立之前,大学就应该有意识地进行扶持。

二是提高教师的学术创业知识。当前,我国大学的创业课程和培训主要针对学生,许多学科教师缺乏这方面的知识,对创业的流程和做法不了解。在这种情况下,学科教师即使拥有可以转化的技术,也不知道如何开始创业。所以,大学可以设置一些专门针对教师创新创业的课程或培训项目,帮助教师掌握创业知识,既有利于培养教师创业的意识,也可帮助有创业想法的教师开展创业。美国国家科学基金会设立的I-Corps项目,专门针对教师尤其是科学家进行创业知识培训。借鉴I-Corps的做法,新加坡国立大学也设置了精益发射台项目,面向教师提供创业培训。

三是关注当前科学技术前沿。随着新一轮科技变革和产业革命不断蓄势,世界进入以创新为主题、以创新为引领、以创新为重点的新时代,全球范围内的科技创新格局加速调整与重构,新一轮科技革命和产业革命正孕育兴起,重大科技创新正在引领社会产生新变革。[1]大学在新时代要有所作为,需利用人才优势与研究优势,鼓励教师延长知识生产链条,创造高新科技成果,服务社会经济发展,尤其要对信息技术和生物医学等当前产业发展前沿技术领域的创业进行重点扶持。

3.促进教师与学生合作创业

大学学术创业离不开年轻的学生,他们往往更能产生奇特的想法。正如亨利·埃兹科维茨所言,"大学里的发明一般都是来自学生而非直接来自教授。作为教师,教授们提供指导和资源,但实际的工作和想法通常来自学生"[2]。因此,大学首先应该鼓励师生合作开展学术创业。很多教师掌握高精尖技术,但是又不希望全职创业,那么就需要和别人合作,学生就是最好的合作伙伴之一。学生有一定的技术基础,与教师建立了良好的信任关系,师生共创是学术创业的良好方式,同时也有利于人才培养。与此同时,大学应该打破教师和学生学术创业的支持与服务边界,尤其在研究型大学,教师与学生创业具有同质性,即都依托技术进行创业,因此,二者在创业过程中需要的支持和服务有诸多相似之处。目前,我国大学针对学生的创新创业教育体系比较完善,可以在此基础上适当拓展和整合,如拓展一些适合教师学术创业的孵化项目,同时在一些举措上,不刻意划分对象。

4.创新支持与服务机制

本章介绍的三所大学提供了大学支持教师学术创业的不同样板:我国大学以大学为主体直接创办创业公司;伯克利分校行政部门和创业活跃院系联合建立创业孵化器来提供服务;新加坡国立大学行政部门采用企业运行方式。相比较而言,我国大学在支持和服务教师学术创业方面还有较大的改进空间,可以进一步创新学术创业的支持与服务机制,采用市场化的运行机制,提供更高质量的学术创业服务。在不增加财政投入的情况下,关键是要建立技术运营、支持和服务学术创业的价格机制,使得高质量的学术创业支持和服务能够良性循环。基于国内外研究型大学的学术创业实践,从技术成果转化收益中抽取一定的比例以支付技术转移部门的成本也有一定必要性。

①张志强,陈云伟.建设适应经济社会发展趋势的科技创新体系[J].中国科学院院刊,2020,35(5):534-544.
②埃兹科维茨.麻省理工学院与创业科学的兴起[M].王孙禺,袁本涛,等,译.北京:清华大学出版社,2007:9.

第四篇　科研组织能力提升

第十章　科研管理组织设置与队伍建设

科学研究及其管理体制与运行机制的创新是提高我国经济发展水平,以及建设高水平研究型大学的根本所在。[1]不断崛起的"大科学"时代,越来越凸显科研管理能力在促进大学科研事业发展的重要性,也对大学科研管理能力创新提出更高要求。近年来,我国大学纷纷重设科研管理机构,调整科研管理职能,但是各大学科研管理改革的具体内容差别较大,调整步伐力度不一。这些改革探索主要是自上而下的行政力量推动的,缺少科学的决策调研,其科学性、合理性有待于进一步考证和提高。

吸收借鉴国内外优秀大学科研管理的实践经验是提高科研管理水平的有效途径。我国一些学者对国外大学的科研管理体系进行了研究,如陈乐和高颖玲介绍了加州大学伯克利分校的科研管理体系。[2]王大为等介绍了阿塔尔大学科研管理机制。[3]这些研究主要论述了大学整体科研管理举措,虽然也涉及科研管理组织结构,但主要是基本情况介绍;在组织职能上,侧重于分析纵向科研项目管理,几乎没有涉及横向科研管理、科研成果转化、科技创业支持等职能,而这些正是当前大学科研发展与管理职能转变的重要领域。为了更好地促进我国大学科研管理创新,提升科研治理能力,本章采用比较研究的方法,从组织结构、功能和性质等三个方面对新加坡国立大学、加州大学伯克利分校及清华大学科研管理组织进行多案例比较研究,以期为进一步优化大学科研管理组织体系提供借鉴。

---

[1]徐帅.对商校科研院新体制的认识与探析[J].中国大学科技与产业化,2011(1-2):39-40.

[2]陈乐,高颖玲.如何促进大学的科研管理——加州大学伯克利分校的经验及启示[J].教育发展研究,2015(21):76-81.

[3]王大为,赵设,刘多.加拿大高校科研管理的创新机制——以阿尔伯塔大学为例[J].中国大学科技,2019(C1):58-61.

一、科研管理组织设置的基本情况

加州大学伯克利分校负责科研管理的部门主要有三个:(1)研究发展办公室(Berkeley Research Development Office),为复杂的、大型的、战略性研究申请提供服务,主要功能是寻找并发布公共资助研究项目信息,帮助教师进行申请。(2)知识产权与产业研究联盟办公室,下设技术许可办公室和产业联盟办公室,分别负责大学技术许可和校企合作工作。(3)研究管理与承诺办公室(Research Administration & Compliance),下设资助项目办公室(Sponsored Projects Office)、动物保护办公室、人类主题研究保护办公室,主要负责对外申请的科研项目的审查和授权,并负责接收来自公共资金的拨款。此外,伯克利分校还设有一个名为"天空甲板"的技术创业支持办公室,一个为教师在国外工作学习交流提供服务的国际办公室,一个访问学者与博士后事务办公室,一个环境、健康与安全办公室。

新加坡国立大学科研管理部门主要有两个:研究与技术副校长办公室和新加坡国立大学企业部。研究与技术副校长办公室统管研究事务,下设 12 个办公室(见表 10-1),不仅包括产业合作、经费管理、合规诚信审查、实验室管理、机构管理等大学传统的科研管理职能,还有研究治理与支持、研究政策与管理、战略性举措,以及研究传播和推广等科研组织、规划职能。新加坡国立大学企业部下设有创业中心、企业孵化器、海外学院、产业联盟办公室、企业运行与支持(Enterprise Operations & Support)等五个部门,是集校企科技合作、知识产权保护、技术许可和技术创业支持等职能于一体的促进大学科研成果转化的综合性部门。

表 10-1　新加坡国立大学研究与技术副校长办公室下设部门

序号	组织名称	英文名称	人数/个
1	研究治理与支持	Research Governance & Enablement	4
2	研究政策与管理	Research Policies & Administration	13
3	战略举措与联盟	Strategic Initiatives & Alliances	8
4	行业参与与合作	Industry Engagement and Partnerships	11
5	研究传播与编辑	Research Communications and Editorial	2
6	预算与财务/行政支持	Budget & Finance/Administrative Support	3
7	智能国家集群管理支持	Smart Nation Cluster Administrative Support	3
8	T-实验室建筑管理	T-Lab Building Management	3

序号	组织名称	英文名称	人数/个
9	研究合规与诚信办公室	Research Compliance & Integrity Office	5
10	机构审查委员会	Institutional Review Board	11
11	机构动物关爱利用委员会	Intuitional Animal Care Use Committee	6
12	人工智能新加坡	Ai Singapore	35

2019年,清华大学对科研管理组织进行了调整,撤销了原负责知识产权保护和成果处置的成果与知识产权办公室,将成果奖励职能划入科研院,将知识产权保护职能划入技术转移研究院。调整后的科研管理部门共有四个:(1)科研院,科研院是进行全校科研管理的行政部门,下设项目部、科技开发部、海外项目部、科研机构管理办公室、科技成果与奖励办公室、办公室等六个职能办公室,其中科技开发部负责与国内企业进行合作,相当于其他大学的企业合作办公室。(2)文科建设处,主要负责人文社会科学领域的纵向科研项目、成果和机构等管理。(3)国内合作办公室挂靠在校长办公室下,负责学校与外部机构的全面合作,包括校企和校地科技合作。(4)技术转移研究院,下设知识产权办公室、技术转移办公室、对外合作办公室、国际技术转移中心和综合办公室等五个职能部门。此外,清华大学还成立了清华控股,其负责科技成果产业化、高科技企业孵化和投资管理等业务(见图10-1)。

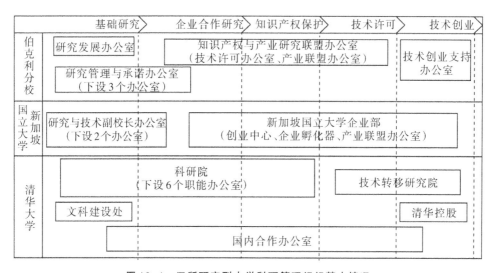

图10-1　三所研究型大学科研管理组织基本情况

二、科研管理组织设置比较

(一)组织结构

总体而言,三所大学科研管理组织在结构上存在较大相似性,都围绕科研项目、校企科技合作、知识产权保护、技术转让、技术创业等五个基本科研流程,建构了一套结构较为完善、功能较为健全的科研管理组织体系。

在组织数量上,在校级职能部门设置上,清华大学科研管理组织数量最多,为五个,其次是伯克利分校,为四个,新加坡国立大学三个。在组织层次上,三所大学没有太大区别,一般为2—3个层级。三所大学的部处下面设有正式组织建制的办公室。

在组织划分上,清华大学和其他两所大学的组织边界不同。在校级职能部门设置上,伯克利分校、新加坡国立都主要将科研管理组织分为两大部分:一是科研事务管理,主要是纵向科研项目管理及综合性事务管理;二是科研成果转移,校企合作、知识产权保护、技术许可和技术创业等都归在一个部门,组织边界较为清晰。相比较之下,清华大学科研管理组织边界较为模糊,清华大学将负责校企科技合作与科研项目管理的部门放在一起,设在科研院下面,将负责知识产权保护、技术许可与技术创业的部门设在技术转移研究院下。在组织划分依据上,清华大学更加多元。其他两所大学主要依据科研流程和业务类型划分科研管理组织结构,除了这两个标准之外,还依据学科分类、工作性质和工作对象进行划分。按照学科分类,在纵向科研项目申请与管理上,清华大学科研院负责理工科科研管理,文科建设处负责文科科研管理;按照工作性质,国内合作办公室负责校企全面合作,科研院的科技开发部和海外项目部负责承担大学对外科技合作业务的实施工作;按照工作对象,科技开发部负责国内企业合作,海外项目部负责海外企业合作。不同划分标准在流程和业务上可能存在重合,使得各部门的职能上存在一定的重合和交叉,组织边界较为模糊。

(二)组织功能

美国学者罗伯特·伯恩鲍姆把大学组织按照职责和控制构成分为技术、管理和决策等三个层次。[①]亨利·明茨伯格认为组织由战略高层、技术结构、支持人员、中间管理层和基层运行核心等五部分组成。管理分为计划、组织、领导和控制，大学科研组织有不同的管理活动，产生了不同的组织功能。

大学科研管理组织主要有风险控制、服务支持、行政管理、技术分析、组织运营等五个职能。其中前四个职能是大学科研管理组织的基本职能。三所大学在这五个方面的职能重点和管理内容上都存在着较大的差异。

1.风险控制

审查监管是科研风险控制的重要方面，也是科研管理组织的重要职能之一。四所大学科研管理审查监管的内容主要包括两个方面：一是科研合规性与合法性；二是科研诚信与伦理。在科研合规性与合法性审查方面，三所大学科研管理组织都要对科研项目的合规性和合法性进行审查，如伯克利分校的研究管理与承诺办公室负责对外申请的科研项目的审查和授权，清华大学各项目部也对项目申请进行审查和授权。此外，审查监管还是清华大学业务管理工作的重要内容，如清华大学的科技开发部设立了专门办公室对校企合作研究合同进行审查和审批；机构管理办公室对机构设置进行审查审批。

其他两所大学更加注重对科研诚信与伦理方面的审查工作，这是科研风险控制的重要内容，大学根据不同审查内容设立专门的办公室，并有专职的工作人员。例如，新加坡国立大学研究与技术副校长办公室下设的研究合规与诚信办公室、机构动物关爱利用委员会和机构审查委员会负责科研诚信与伦理的相关审查。伯克利分校更是设立了多个部门负责科研诚信与伦理审查。相较之下，我国大学在这一方面的工作较弱，基本上没有成立独立部门来负责，也尚未将其纳入科研管理部门的职能范围。

2.服务支持

服务支持工作也是科研管理组织的重要职能之一，各大学提供支持服务的内容不同，一些大学还有自己的独特职能，如项目申请书撰写服务。伯克利分校研究发展办公室除了为教师寻找和发布公共资助研究项目信息之外，还帮助教师进行申请，包括辅助撰写申请书、提供申请书撰写资源、进行项目申请相关培训等。具

---

①伯恩鲍姆.大学运行模式：大学组织与领导的控制系统［M］.别敦荣，译.青岛：中国海洋大学出版社，2003：5.

体来说包括四大专项服务:(1)提供科研资助信息,帮助教师的项目匹配合适的资助机会;(2)项目申请支持,直接向项目负责人和团队成员提供概念性建议、过程协调、文稿编写编辑、文稿审查等服务;(3)项目申请书撰写指导,分为一般性项目、特殊性项目、美国国立卫生研究院和美国国家科学基金会等四种项目申请书的指导;(4)开展项目申请相关培训。

校企科技合作是大学科研管理组织为教师提供服务支持的重要内容。三所大学都非常重视与企业的科技合作,但是,提供的支持服务重点不同。总体而言,大学科研管理组织在支持校企科技合作方面主要有两大职能:一是校企合作组织与策划,包括主动对外联系并促进校企合作关系的建立;二是校企合作关系建立过程中的支持服务。总体而言,清华大学偏重第一个职能,对外联系更加丰富和主动。清华大学在校企合作联系方面,举措也更加主动和具有针对性,除了进行科技信息收集和宣传、促进教师和企业的科技供需对接之外,还积极主动寻求大学与企业的合作机会,开拓校企科技合作渠道,探索校企科技合作的不同模式。

伯克利分校和新加坡国立大学偏重第二个职能,为教师与企业建立合作关系的过程中提供支持服务,其中研究合同谈判和签订是服务的重要内容。一般而言,教师需要先联系相关职能部门,提出服务需求,职能部门再提供帮助支持。伯克利分校产业联盟办公室帮助教师与业界谈判各种研究协议,从数百万美元赞助的研究协议到保密协议,再到小型企业的创新研究计划和技术转让分包合同。新加坡国立大学负责大学与外部研究合作协议的协商、起草和最终确定。清华大学职能部门基本上不参与教师与企业的个体合作谈判,一般是教师与企业谈好合同,学校职能部门负责对合同进行规范性、合法性的审查并审批。清华大学职能部门参与的合同谈判主要是学校层面与企业的重大合作。

3.行政管理

行政管理工作主要指科研管理日常工作,包括科研项目管理、经费管理、成果管理等内容。四所大学都有科研项目管理职能,其中,伯克利分校和新加坡国立大学设立了专门办公室对科研经费进行管理,主要集中在科研经费的预算和分拨工作,在科研项目结束后,该办公室还提供一份科研项目经费使用报告。虽然伯克利分校的科研经费统一进入学校的银行账户,但是科研管理部门设有分账户,科研经费进入该分账户,科研管理部门能够对科研经费到款和使用情况进行监督和管理。香港大学和清华大学有成果管理职能,主要涉及科研奖励的申报、推荐,科研成果的等级鉴定等工作。

4.技术分析

技术分析职能主要指对科研发展进行研究,为学校科研规划和政策制定提供决策参考和咨询。从组织结构上看,只有新加坡国立大学设置了负责此项工作的部门——研究与技术副校长办公室下设研究治理与支持、研究政策与管理部门,为学校科研总体发展提供技术分析。另外两所大学在组织设置上,未明显体现这项功能。清华大学科研管理的技术分析功能主要由部门领导来承担,部门负责人的工作能力和意愿在其中发挥的作用更大。

总体而言,我国大学科研管理更加偏重事务性工作,侧重风险控制和日常管理,服务支持和技术分析工作略显不足,但是,我国大学科研管理在对外科技合作的组织策划等方面更加积极主动。

5.组织运营

科研管理本身就是一项经营活动,这是科研管理和大学其他业务管理的最大不同之处。科研管理不仅是一项生产管理活动,而且是科研生产环节中的一部分,良好的科研管理不仅可以提高科研生产的附加值,还能推动科研创新系统的循环。在提升附加值方面,如设立科研资助项目或组织,或为科研生产提供条件,或引导教师由兴趣研究向应用导向研究转变;组织学术交流活动,促进教师学术思考与学习,寻求产学研合作,推动研究成果的应用开发;通过知识产权保护与许可,商业化大学科研成果;进行项目孵化,提高技术成熟度,促进新产品产生。这样,科研生产就实现了创新循环。此外,科研生产还推动了科研创新链条的前进,并在此过程中促进科研价值增值。

三所大学在科研生产的组织运营上都发挥了重要的作用,如清华大学对学校建立重大产学研合作关系的谋划与推动,直接推进了科研活动的开展;通过建立地方派出研究院、地方产业研究院等机构,促进了科研成果的产业化与商业化。加州大学伯克利分校产业联盟办公室代表大学接受企业对大学的研究资助,通过产业联盟办公室,企业在学校建立研究中心,目前,此类中心已有14个。

(三)组织性质

组织性质反映了组织的根本属性。大学科研管理组织的性质主要体现在负责对外科技合作和科研成果转移部门的性质上。新加坡国立大学科研管理组织的市场化程度最高，伯克利分校和清华大学的市场化程度较低。

新加坡国立大学企业部就是一个类企业的部门，它虽然挂靠在大学，但是采用市场化方式运行，自负盈亏。

加州大学伯克利分校负责横向科研管理和技术许可的部门是一个行政机构，但是它通过购买第三方服务的市场化方式，来完成科研成果转化环节中的成果营销和法律服务。对教师创业进行支持的"天空甲板"挂靠在研究与技术副校长办公室下，是独立运作的校园创业加速器，设立专门的基金投资教师新创公司，基金一半的利润以捐赠的方式返给大学。清华大学不论是校企科技合作还是学术创业，都是由专门的行政部门来负责。清华控股及其下属子公司可以为教师学术创业提供资金投资、创业孵化等服务。和其他三所大学不同，清华控股是独立于学校技术转移转化部门的独立法人，不存在任何附属、挂靠等行政关系。

总体而言，清华大学科研管理组织分化与整合并存，一方面，根据市场不断分化出不同的新业务部门，分工不断细化；另一方面，将功能相似或雷同的组织整合在一起。其他两所大学科研管理组织呈整合状态，职能相对稳定。这反映了各大学科研发展尤其是科研成果转移转化处于不同发展阶段，我国大学处于科研发展的扩张期，根据新开拓业务不断设立专门负责的组织，而其他三所大学处于科研发展的稳定期和相对成熟期。

三、组织设置差异性成因分析

组织理论指出组织战略、技术、环境和规模是影响组织设计的四个基本要素。各大学科研管理组织设置上的差异，反映了各个学校不同的发展战略、组织技术和外部环境。

(一)发展战略

科研发展与管理是学校战略实施的重要方面，大学发展战略对科研管理组织的设置有重大影响。新加坡国立大学的发展定位是打造"全球化知识企业",把大学看成一个知识生产企业,把大学技术转移当成技术商业化活动,所以,负责技术转移的职能部门以企业化的方式运行。同时,新加坡国立大学的技术转移把支持教师学术创业当成商业化大学科研成果的重要手段,将支持教师创办基于大学科研成果的新公司作为科研管理的重要内容。所以,新加坡国立大学的科研成果转化工作主要支持教师的学术创业,知识产权保护和技术许可方面的职能较少,没有成立专门的技术转移办公室。清华大学以理工科见长,在建设世界一流大学过程中,逐步朝综合性大学发展,为了进一步加强文科建设、科学研究规划和管理,成立文科建设处,将文科建设和科研管理融为一体。

（二）组织技术

生产技术是企业中的概念,指的是一个组织在设计、生产和销售产品与服务过程中所使用的技术、知识、工具、机构、方法和装备等的组合。把科学研究看成一种知识生产活动,科学研究及其转化也存在着不同方法、流程,我们暂且将其称为组织技术。各大学科研组织技术的差异主要体现在校企科技合作和科研成果转化方面。

基于知识产权的技术许可/转让是国外大学科研成果转化的主要方式。国外企业的研发力量比较雄厚,有能力和意愿对大学不成熟的技术做进一步优化,大学通过技术许可的方式将科研成果转让给企业,由企业对大学的技术做进一步开发。国外大学的科研成果转化主要是进行知识产权交易,所以各大学不仅普遍设立技术转移办公室,而且将知识产权保护和技术转移职能放在同一个部门,知识产权保护是技术转移办公室的职责之一。而我国大学普遍将知识产权保护与技术转化职能分开,单独设立部门负责知识产权保护,因为知识产权保护是我国大学科研成果管理的重要内容。

在我国,企业缺乏技术开发的意愿和能力,希望大学提供比较成熟的技术,企业以项目委托的方式与大学合作,大学承担技术开发的工作,并将技术开发和科学研究相结合,技术开发就是技术转化的过程。校企科技合作是我国大学科研成果转化的重要途径之一,以2017年为例,我国大学和科研院所签订的技术开发、咨询和服务合同的金额要远远高于技术许可,占总"四技"合同金额的87.6%。[①]我国大学将负责校企科技合作和纵向项目管理的部门放在一起,同时,设立多个负责校企科技合作的部门,这些部门对推动合作更加积极,组织策划功能更强。

(三)外部环境

环境是组织生存发展的土壤,外部环境对大学科研管理组织设置有直接的影响,主要体现在科研管理组织职能和性质上。

在科研管理组织职能上,我国大学科研管理的审查、审批、监管等风险控制性职能较多,尤其注重对外部科研项目和合同的审查。2012年,我国科技部提出科技项目"法人责任制",强调科研项目承担法人单位在国家科技计划及国家科技重大专项过程管理中的协调和监督作用。校企科技合作也基本遵循了这一制度,所以,无论是纵向还是横向科研项目,我国大学法人都是第一责任人,科研管理部门要对科研项目进行把关,以降低风险。新加坡、美国等大学实行科研管理项目负责制,科研项目负责人对科研项目拥有独立的决策权,同时,也要承担相应的责任,学校行政部门主要是为教师科研项目提供服务,基本上不参与科研项目的具体管理。也正因如此,对涉及与企业合作研究的合同管理,国外大学主要是为教师提供合作谈判过程中的咨询服务,我国大学不参与教师科研合同谈判,主要对合同进行审查。

在科研管理组织性质方面,我国大学虽然在科研成果转化市场化运行方面做出了一些尝试,但是,受到国家关于国有资产管理、财务审查等相关政策的影响,负责科研成果转化的行政部门和市场化运行部门保持了较为清晰的组织边界。例如,受到国家针对大学所属企业改制政策的影响,清华大学逐渐对其校办企业清华控股进行剥离,后者被纳入国资监管体系,清华大学科研成果转化的企业化运行部分被取消。此外,国外大学行政部门能够从教师科技许可费中抽取一定的比例作为运行经费,在一定程度上也为市场化运行科研成果转化提供了可能。

---

①中国科技成果管理研究会国家科教评估中心,中国科学技术信息研究所.中国科技成果转化2018年度报告(高等院校与科研院所篇)[M].北京:科学技术文献出版社,2019:64.

四、我国大学科研管理组织体系问题分析

近年来,我国大学科研管理组织优化的实践探索主要集中在三个方面:一是加强科研管理统筹协调,推进科研管理职能部门大部制改革,整合科研处及相关职能部门,成立科学技术研究院;二是构建科研成果转化体系,成立诸如工业技术研究院、先进技术研究院、技术转移研究院等专门进行科研成果转化与企业孵化的机构;三是调整优化科研管理职能,从行政事务管理向科研服务转变,同时增加了研究职能,如一些研究院是"具有相对独立职能的科研管理部门和科学研究实体"[①]。

和国外研究型大学相比,还存在以下问题:一是在组织结构上,忽略对科研成果转化价值链的整合。目前,国内大学科研院大部制整合主要是将科研项目管理、机构管理等传统科研管理职能整合在科研院,而对新分化出来的科研成果转移转化部门缺少统筹,即将企业研究合作、知识产权保护和技术转让、技术创业设在不同部门,这样容易割裂科研生产和成果转化的价值链,各环节不能相互促进,无法实现价值增值。二是在组织职能上,科研管理服务支持功能欠缺。我国大学科研管理更加偏重事务性工作,服务支持和研究分析工作不足。近年来,我国大学不断提升科研服务水平,但主要集中在"去行政化"层面上,正在从"管制型行政"迈向"服务型行政"[②],总体而言,为教师提供的服务还较为简单,主要是帮助教师完成课题申报的流程、手续;举办需求对接交流会;帮助教师落实合作研究的合同签署;对科研合同进行审核以预防风险等。三是在组织性质上,科研成果转移转化的市场化程度较低。目前,我国大学技术转移工作主要由行政部门来负责,虽然我国大学也在积极探索市场化运作方式,但与国外大学相比,市场化程度整体偏低。

五、优化我国大学科研管理组织体系的建议

综合三所大学的做法经验及我国大学的科研发展实际,对我国大学科研管理组织体系的优化有如下建议。

---

①邵毓琳,姜富明,朱晓岚.高校研究院管理体制的讨论——剖析同济大学科学技术研究院[J].研究与发展管理,2002,14(3):78-81,86.
②王思懿,赵文华.迈向服务型行政:研究型大学科研管理机构组织变革——以密歇根大学和上海交通大学为例[J].中国高教研究,2017(3):67-71.

1.适当整合科研成果转化部门

近年来,我国大学成立了诸多科研成果转移转化部门,但是各部门之间过于分化,一方面,容易造成行政职能的重复;另一方面,也容易造成信息孤岛和碎片化,各部门之间的科研信息无法共享。所以,有必要根据科研生产链条,对业务相关或相近部门进行整合,加强各部门的管理与协调,建立统一便捷的沟通机制,以促进科研相关信息共享。

2.加强科研管理的服务与研究职能

一方面,要继续加强科研管理的服务职能,在简化流程、减少事务性管理工作之外,要着重在科研项目申请、科研经费预算、科研合同谈判等方面加强服务;另一方面,加强科研管理的研究职能。目前,我国大学科研管理的研究工作主要由部门负责人来承担,部门负责人工作较为繁忙导致其研究工作难以深入持续,且与其工作能力和意愿关系较大。我国大学可以考虑设立专门从事科研政策研究与管理咨询的部门或岗位,为学校重点科研发展决策提供支撑。

3.加强科研管理的组织谋划功能

我国大学科研管理在对外科技合作中做了大量的组织策划工作,取得了显著成效,凸显了我国集中力量办大事的制度优势。我国大学应该继续发挥这一制度优势,对科研活动进行有组织的谋划,促进科研管理由单一服务向集策划、组织和服务于一体的综合管理转变。具体而言,大学科研管理部门要做到主动研判,主动与政府企业进行交流,掌握挖掘科研需求,并在掌握需求的基础上,结合学校的优势和特色,组织谋划学校科研发展。

4.加强科研诚信与伦理管理

科研诚信与伦理建设要重在防范而不是惩戒,要重在事先自查而不是事后处理。国外大学非常重视科研诚信与伦理管理,建立专门的部门来审查审核以防患于未然,而我国大学主要通过委员会性质的虚体机构来处理违规行为。当前,我国科研伦理管理制度和组织建设严重滞后,需要从深层次的监管理念上加以重视,建立健全对科研伦理问题的监督、调查、处理和争端解决机制,加大对违规行为的查处和惩治力度。[1]我国大学应该建立专门的监督管理部门或岗位,对科研诚信与伦

---

①刘丽艳.加强科研伦理和学风建设[N].光明日报,2019-03-25(16).

理问题实行强有力的监管,通过自查、自纠、自改,帮助科研人员树立良好的诚信自律意识,促进学术规范,建立良好的学术生态。

5.探索技术转移转化的市场化渠道

技术转移服务工作具有专业化程度高、工作标准化程度低、结果不确定性大等特点。如果将技术转移服务工作当作行政工作来完成,工作人员缺少相应的工作激励,而且行政部门由于薪酬限制也难以招聘到高素质专业人才,所以我国大学有必要尝试探索技术转移的市场化渠道。在实践上,我国一些大学在科研成果转化市场化运行方面做出了一些尝试,但总体而言,市场化程度较低。其他两所大学在此方面,提供了两种选择:一是伯克利分校从教师科技许可费中抽取一定的比例作为运行经费,以聘用专业人员或购买专业服务;二是新加坡国立大学在大学内部设立市场化运行部门,来转移转化科研成果。我国大学可以探索技术转移转化的多元市场化渠道。

案例四:S大学科研院管理体制改革

以S大学科研院管理体制改革为例,S大学明确了"规则、专业、谋划、格局"八字科研管理方针,着力推动专业化管理队伍建设。S大学构建了"一纵、一横、一面"三维科研管理体系,强化早、整、放、实,打造了一支具有前瞻性、谋划性、专业性的新型科研管理服务团队。在纵向上,S大学科研院以基本工作为主体,以项目、平台或成果管理分工为基础,沿业务分工纵深开展专业化管理服务。核心工作要求是专业性、时效性,基本要求是"早"和"实"。在横向上,以学部为对象,统筹该学部重大科研业务的整体谋划和组织实施,构建纵横交错矩阵式科研管理体系。核心工作要求是前瞻性、谋划性,基本要求是"整"和"放"。在横面上,科研院建构了服务于矩阵式科研管理体系的支撑平台,包含与主管部门、兄弟大学、二级学院等的交流沟通,建立了科技规划与信息中心、科研管理联盟和多级别的科研咨询委员会,进行指导咨询。科研院精细化设置管理服务单元,即"8+3+X"管理服务单元。细化内部中心职能;个性化聚焦学科特点,充分发挥X学院科研组织的主体作用(见图10-2)。

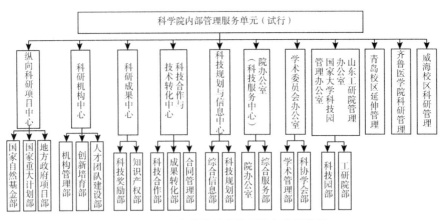

图10-2　S大学科研院管理服务单元设置

第十一章 科研管理部门领导与岗位胜任力提升

"在其他条件不变的情况下,提高管理水平是提高办学质量的最快、最有效路径。"[1]有组织科研管理水平的提高,除了建设大学科研管理组织体系和专业科研管理队伍之外,还需要强化科研管理领导。本章从科研管理领导的岗位胜任力(competency)视角来谈大学科研管理能力建设。胜任力分析是确定在特定的组织背景下,哪一组特征对工作角色最重要的过程,基本假设是,通过识别这些特征,并将这些信息提供给个人,以促进个人发展,从而对组织绩效产生积极影响。[2]分析科研管理领导的岗位胜任力,有利于大学科研管理能力提升。

一、大学科研管理职能的产生

研究是大学的基本职能,也是教师的本职工作,教师"自下而上"的自主科研主要依赖教师的学术自觉与学术兴趣,需要宽松自由的科研环境,并不需要太多科研组织活动。教师通过科研活动产生科研成果,可以个体单干或者相互合作共同研究,还可以申请科研项目,来创造科研条件,这时,科研活动并不需要行政力量的干预或管理,科研管理主要是处理科研项目申报的基本行政事务。例如,帮助教师完成项目申报的流程手续、落实合同、对接交流、预防风险等,这种服务往往带有行政色彩,具有四个特点:一是以行政事务为主要内容;二是服务目的主要是完成行政职责;三是具有相对固定的程序;四是以被动性服务为主,当服务需求显现或被明显表达时才提供相关服务。

---

①陈霞玲.大学管理沟通与领导艺术[M].北京:北京理工大学出版社,2015.
②Jacobs R L. Work Analysis in the Knowledge Economy: Documenting What People Do in the Workplace for Human Resource Development[M]. London:Springer, 2019:19-20.

随着教师科研的开展，有一些科研产生了重大的科研成果和较大的影响力，这样的科研往往是以大团队的形式运作的。大团队运作首先需要团队负责人，即学术带头人。团队规模扩大以后，就意味着人员增多，需要的物质资源也会增多，如需要专门的办公场所、行政秘书、实验室等，还要对一些设备进行维护。为了更好地促进大团队的合作，为科研团队提供良好的支持和服务，就需要进行专门的科研管理，这样就需要引入组织管理行为。

为了快速地在某一领域或学科产生重大成果，学校可以有目的性地建设大科研平台，组建大团队进行集体合作攻关。学校要进行科研重点领域布局、确定或培养团队负责人，为团队配备研究助手和团队成员，这时，团队依然可以通过申请项目来维持科研运作，但是，大科研平台、大团队运行成本较高，需要大项目才能维持。大项目往往很难申请，一般大团队成熟之后才能申请成功。所以，为了促进大团队成长和发展，学校要对大团队进行重点投入。这时候，也就出现了科研管理活动。

大学科研产生了大量科研成果，但是技术成熟度较低，离转化应用还有较远的距离，即基础研究和产品开发之间存在着创新断层，大学不论是响应服务社会的号召，还是受到科研成果产业化利益的激励，都要在提高基础研究成果成熟度，对基础研究成果进一步开发应用，填补基础研究与产品开发的鸿沟上有所作为。为此，大学应积极与企业开展研究合作，与地方政府合作开发研究机构/平台，成立专门进行知识产权运作与转化的行政部门（如技术转移中心），甚至直接参与新创公司的建立。这时候，也就出现了科研管理活动。

二、大学科研管理工作内容与领导岗位职责

胜任力即胜任某岗位的能力，工作岗位职责（工作内容）是分析岗位胜任力的基础。本部分采用工作分析法，基于岗位胜任力的冰山模型，按照"部门工作内容——岗位职责——岗位能力——能力来源——能力培养"的逻辑顺序来分析科研管理领导岗位胜任力。

（一）大学科研管理工作内容

根据科研生产过程，可以将科研管理分为投入管理、过程管理和成果管理三部分。一是投入管理，主要指对人财物的投入。"人"主要包括学术带头人、科研助理、研究生等。"财"主要包括资金，涉及资源分配。"物"主要包括科研设备、场地等，对"物"的管理涉及对交叉研究中心、前沿研究中心等的组建、资助、管理；科研平台建设；实验仪器的购置与维护、科研平台的申报与评估、科研平台及大型仪器的共享管理与运行；智库运行及管理。二是过程管理，包括科研项目管理：校内科研项目培育，校外科研项目的申报与管理；科研信息管理，包括信息平台建设、信息整理分析等；科研经费管理。三是成果管理，包括知识产权保护、报奖；科研成果转移，如建立科研成果转移服务和支持体系；科研成果产业化，如产业化基地建设、学术创业孵化等（见表11-1）。

表11-1　基于科研生产过程的科研管理活动

	投入管理	过程管理	成果管理
管理内容	科研机构管理 科研平台建设 智库建设 科研项目资金管理 科研团队建设、科研助理聘任与管理等	科研项目管理（科研项目申报、阶段性评价等） 科研信息管理（平台建设、信息整理分析等） 科研经费管理 对外合作（校企合作）	产权保护与报奖 成果转化 （科研成果二次开发 创业与孵化
管理功能	技术分析 设计规划 资源配置	行政事务 风险控制 服务支持	组织运营：项目谋划、成果营销等

注：本表主要指科研管理部门牵头完成的管理工作。

笔者在国家教育行政学院大学中青年干部培训班中，曾组织大学科研处处长对科研管理部门的工作内容进行梳理。结果显示，我国大学科研管理部门的工作主要包括科研项目管理、科研基地管理、科研成果管理、科研队伍建设、科研评价与奖励等五个部分（见表11-2）。

表11-2 大学科研管理部门工作内容

功能模块	工作内容
科研项目管理	科研项目申报、组织管理,包括确定评审专家名单、组织评审、中期检查、结项、评奖等 科研信息化,包括信息平台建设、信息整理分析、科研分析报告撰写
科研基地管理	科研机构管理,包括设立、考核、撤销或注销等 科研基地(省部级平台)管理 智库运行及管理 科研平台及大型仪器共享管理与运行 学校科协工作 社科联工作
科研成果管理	科研成果管理,包括成果登记、鉴定、评奖等 科研成果组织申报 科研奖项 科普宣传 科研成果转化,包括各类应用机构对接、拟定或审核各种合作协议、组织合作等 服务地方企业,包括培训、实习、成果转化等
科研队伍建设	科研人才培养与团队建设 科研团队建设 部门协同 国际科研合作,包括国际谈判、签订合作协议、开展合作项目、成果发表等 科研方向的凝练
科研评价与奖励	科研经费管理 文件修订与制度建设 科技奖励及评价 学术交流、科研人员评价

(二)大学科研管理领导岗位职责与角色

基于科研管理部门的工作职责,笔者组织中青班科研处处长对科研管理领导的岗位职责做进一步归纳。梳理结果显示,科研处处长岗位职责包括以下几点:一是在科研项目管理方面,主要是按学科发展方向统筹组织科研项目的申报、管理;二是在科研基地管理方面,主要是统筹实验室、智库等科研平台的申报与建设管理;三是在科研成果管理方面,主要是组织重大科研奖项申报、统筹成果转化、推动校地校企合作、丰富社会服务方式与途径;四是在科研评价与奖励方面,主要是分析科研资源情况,为学校提供决策咨询,并设计制定奖励、评价制度;五是统筹协调经费的使用与管理;六是统筹学术活动,科普、科协等学会事务;七是处理协调临时性事务、突发性事务。

明茨伯格将经理的工作分为三大类十种角色,即人际关系方面的角色、信息传递方面的角色和决策制定方面的角色。[①]这十种角色形成了一个整体,互相联系、密不可分。没有哪种角色能在不触及其他角色的情况下脱离这个框架。例如,人际关系方面的角色产生于经理在组织中的正式权威和地位;这又产生了信息传递方面的三个角色,使他成为某种特别的组织内部信息的重要神经中枢;而获得信息的独特地位又使经理在组织做出重大决策(战略性决策)中处于中心地位,使其得以担任决策制定方面的四个角色。根据明茨伯格的管理者角色分类,笔者组织中青班科研处处长再次研讨,科研处处长的描述如表11-3所示。

表11-3　科研管理部门领导的工作角色

管理者角色		科研处处长工作角色
人际关系	代表人	参加学校领导组织的会议;参加代表科研整体工作的会议;参加上级部门要求参加的会议
	领导者	计划制定,如年度工作要点的制定;任务分解;部门人员管理、团队建设;员工激励;设立目标愿景
	联络者	与主管部门沟通协调;二级学院等平行部门沟通协调
信息传递	监听者	参加科研会议,加强对外交流沟通;有意识、主动地、多渠道获取、挖掘科研改革信息
	传播者	定期召开内部管理会议;分层传递信息;通过微信、电话等传递信息
	发言人	与上级领导或单位(校领导、科技委、教育部等)沟通;与专家沟通;与二级学院沟通
决策制定	企业家	调整科研方案
	干扰对付者	应急管理,涉及科技安全(意识形态)、学术不端行为、实验安全、内部团队冲突、科研伦理、重大实验室评价等
	资源分配者	经费分配;人员分工;任务分解;明确岗位职责
	谈判者	代表学校开展重大项目的校地合作、校企合作,横向项目签订;学校内部部门协调

[①]明茨伯格.管理工作的本质[M].方海萍,译.北京:北京大学出版社,2007:25.

三、大学科研管理部门领导岗位胜任力

(一)科研管理部门领导岗位胜任力画像

岗位能力可以分为通用能力和特殊能力。笔者组织中青班科研处处长继续根据科研管理部门领导的工作内容和岗位角色,描述科研管理部门领导应该具备怎样的能力。他们认为科研处处长的通用能力应包括:责任担当、管理经验、政治意识、组织协调、团队管理、全局意识、统筹规划、科学决策、法律意识、沟通交流等。笔者曾对大学教务、科研、规划、学生管理、学院等不同岗位类型的管理者岗位胜任力进行梳理,发现不同业务所需的岗位胜任力存在差异,即使所需的岗位胜任力相同,其胜任力行为标准也有差异,这表明每个岗位都有特殊的能力要求。科研处处长的特殊能力应包括:统筹规划、业务知识、学术经历、学术能力、全局意识、思想开放、创新、抗压、研究反思等。

综合而言,大学科研管理部门领导应具备的特殊能力主要包括五个方面。

1.政治素质

主要表现在政策研读、方向把握和廉洁自律三个方面。一是认真研读国家政治、经济、科技等政策,尤其是学习党中央相关文件政策;二是能够把握科技发展方向,掌握学校重点领域的科技进展;三是能够做到廉洁自律、遵纪守法、刚正不阿,在行为上做表率。

2.专业能力

主要包括掌握国家科技政策、科研项目指南;掌握学校不同学科的科研方向和进展、专家教授的科研进展;了解国际科技发展前沿;掌握国家重大战略与区域经济社会发展需求。

3.组织谋划能力

主要包括掌握国家重大项目指南并组织预研;凝练学校科研发展方向;凝练重大科研成果。对于科研管理者,专业能力是组织谋划能力的基础。较好的专业能力,有助于科研管理者理解校内外的科研环境,有利于科研活动的协调与组织。例如,集体科研任务攻关组织,要考虑科研任务的匹配性问题,要选出既有能力又有意愿的人员承担科研任务。

4.决策执行能力

主要包括制定科研规划,把握科研发展方向;把握重点工作;落实执行能力强;能抓住关键问题、主要矛盾。

5.协调沟通能力

要具有较强的沟通能力和语言文字表达能力,能够与上级主管部门、专家、校内职能部门及学院顺畅沟通;要熟悉各项规章制度;要了解副处长的工作特长和个性,注重团队建设,使内部高效运行。

对于科研管理部门领导的能力,某科研处处长分享道:"现代大学科研管理者,即是制片人,又是编剧,还是导演。制片人要保持敏感性,能及时获取信息,要掌握国家大政方针;编剧要组织凝练方向;导演要汇报、沟通以获得支持。当制片人要具备良好的沟通交流能力,要保持对科研事业的激情;当编剧要有创新能力,善于统筹谋划,具有全局意识;当导演要具有获取资源能力。"

本章主要介绍了科研管理部门领导的岗位胜任力,和大学中层干部相比,校级领导的工作职责更加侧重于顶层设计、统筹协调和检查监督。校级领导除了需要具备中层干部的管理能力之外,更加需要具备战略管理能力。

(二)科研管理部门领导岗位胜任力提升路径

根据岗位胜任力素质模型,可以从知识、技能、人格特质和任职经历等四个方面勾勒岗位胜任力画像。知识指胜任某岗位需要知道什么;技能指胜任某岗位需要会做什么;人格特质指胜任某岗位需要具备什么品质;任职经历指胜任某岗位需要做过什么。这四个方面也是岗位胜任力提升的重要路径。冰山理论认为,知识和技能是外在表现,可以通过培训训练来改变和发展;而社会角色、自我形象、特质、动机等因素隐藏于冰山之下,是人内在的、难以测量的部分,难以在外界的影响下改变,但对人的行为和表现起关键性作用。

科研管理部门领导岗位胜任力提升主要着眼于学术经历、学习能力、工作经验和个人修养等四个方面,其中,学术经历是基础,是必要条件;个人修养是关键因素,它决定了科研管理部门领导的特质与价值观。

1.学术经历

科研管理部门领导应该具有一定的学术经历,最好要有较为成功的学术经历,一方面,能理解高深知识生产的规律,能够更好地了解科研进展,进行科研方向凝练与组织,理解政策文件的设计要点与意图;另一方面,能较好地与工作对象进行沟通交流。科研管理部门领导的主要沟通对象是上级主管部门、二级学院院长等,尤其要和专家学者进行交流,如果没有较为成功的学术经历,其学术判断结果的权威性与对话平等性将大打折扣。学术经历具有较高职业壁垒,不适合在大学科研管理部门"练就",在任职科研管理部门领导岗位之前,就应该具有较为成功的学术经历。我国大学往往在校内学术做得比较好的教授中选拔科研管理部门领导,使得科研处处长成为典型的"双肩挑"干部。

2.学习能力

科研是一项复杂的知识生产活动,同时,科研管理政策受外部环境的影响较大,科研管理部门领导应该具有较强的学习能力,能够弄懂、弄通科研生产规律、科技政策变化;了解掌握科技发展前沿、科研发展需求及专家教授的科研进展等。

3.工作经验

决策执行、协调沟通能力可以通过行政工作来锻炼,多岗位工作磨炼,能够培养良好的行政管理能力,科研管理部门领导应该具有一定的管理经历。

4.个人修养

科研管理部门领导应该具有良好的政治素养和个人修养。首先,科研管理部门领导要有大局观,要有大科研观,深刻领会科研对于国家和社会的意义,深刻理解科研于学校发展的作用。其次,要有一颗公心,在科研资源分配过程中,能够做到公正公平、廉洁自律;在科研事务处理中,能够做到乐于成就别人。最后,要有创新精神,要不断开拓科研资源,探索科研机会。

科研管理是一项伸缩性极强的工作,常规性工作能保证科研的正常运行,改进性工作能不断提升科研效率,只有创新性工作才能不断提升科研的发展水平。科研管理创新应该是科研管理部门领导的重要工作内容,这来源于对科研规律的把握,对科研管理的准确定位,更来源于对科研事业的热爱与责任。

参考文献

埃茨科威兹.国家创新模式:大学、产业、政府"三螺旋"创新战略[M].周春彦,译.
　　北京:东方出版社,2006.

埃兹科维茨.麻省理工学院与创业科学的兴起[M].王孙禺,袁本涛,等,译.北京:
　　清华大学出版社,2007.

贝尔曼.创办市场型大学:学术研究如何成为经济引擎[M].温建平,译.上海:上海
　　科学技术出版社,2016.

伯恩鲍姆.大学运行模式:大学组织与领导的控制系统[M].别敦荣,译.青岛:中国
　　海洋大学出版社,2003.

布鲁贝克.高等教育哲学[M].王承绪,郑继伟,张维平,等,译.杭州:浙江教育出版
　　社,2001.

陈先哲.学术锦标赛制:中国学术增长的动力机制与激励逻辑[J].高等教育研究,
　　2017,38(9):30-36.

楚宾,哈克特.难有同行的科学:同行评议与美国科学政策[M].谭文华,曾国屏,译.
　　北京:北京大学出版社,2011.

达夫特.组织理论与设计[M].12版.北京:清华大学出版社,2017.

董鲁皖龙,焦以璇.加强有组织科研高校何为[N].中国教育报,2022-11-17.

盖格.大学与市场的悖论[M].郭建如,马林霞,等,译.北京:北京大学出版社,2013.

郭强.加拿大伯克利跨学科研究机构组织机制分析[J].高校科技,2014(8):70-73.

黄福涛.外国教育史[M].上海:上海教育出版社,2003.

惠特利.科学的智力组织和社会组织.2版[M].赵万里,陈玉林,薛晓斌,译.北京:北京大学出版社,2011.

吉本斯,利摩日,诺沃提尼,等.知识生产的新模式[M].陈洪捷,沈文钦,等,译.北京:清华大学出版社,2011.

嘉勒特,戴维斯.与猫共舞:科研管理的智慧[M].宁博伦,蒋一琪,张清泉,等,译.北京:科学出版社,2017.

蒋劼.融合与共享:有组织科研的问题与发展路径研究[J].金陵科技学院学报(社会科学版),2022,36(3):31-36.

焦磊,谢安邦.美国研究型大学跨学科学术组织的建制基础及样态创新[J].中国高教研究,2019(1):60-65.

焦磊.高校"有组织科研"需系统推进[N].光明日报,2022-10-24(15).

柯拉尔,弗朗汉姆,佩里,等.有组织的创新:美国繁荣复兴之蓝图[M].陈劲,尹西明,译.北京:清华大学出版社,2017.

科恩,马奇.领导与模糊性:美国大学的校长[M].郝瑜,译.青岛:中国海洋大学出版社,2006.

克拉克.大学的持续变革:创业型大学新案例和新概念[M].王承绪,译.北京:人民教育出版社,2008.

克拉克.高等教育系统:学术组织的跨国研究[M].王承绪,徐辉,殷企平,等,译.杭州:杭州大学出版社,1994.

克拉克.高等教育新论:多学科的研究[M].王承绪,徐辉,郑继伟,等,译.杭州:浙江教育出版社,2001.

孔钢城,王孙禺.创业型大学的崛起与转型动因[M].北京:社会科学文献出版社,2015.

赖绍聪."双一流"背景下高等学校学科建设策略分析[J].中国地质教育,2021,30(1):18-22.

李国杰.新时期呼唤新的科研模式——中国70年信息科技发展的回顾与思考[J].中国科学院院刊,2019,34(10):125-129.

李尚群.后学院科学时代的大学科研图景[J].高等教育研究,2007(10):32-36.

李焱焱.产学研合作模式分类及其选择思路[J].科技进步与对策,2004(10):98-99.

李志恒.高校产学研合作模式探析[J].兰州交通大学学报(社会科学版),2006,25(2):139-142.

里克罗夫特,董开石.复杂性挑战:21世纪的技术创新[M].李宁,译.北京:北京大学出版社,2016.

刘春丽.我国高校产学研合作模式探究[J].当代教育论坛,2008(5):112-113.

刘凡丰.跨学科研究的组织与管理[M].上海:复旦大学出版社,2014.

吕黎江,陈平.高校跨学科团队合作的障碍及其对策研究[J].中国高等教育,2019(18):53-55.

马陆亭.科学技术促进中的高等学校框架[M].广州:广东高等教育出版社,2006.

美国商务部创新创业办公室.创建创新创业型大学:来自美国商务部的报告[M].赵中建,卓泽林,译.上海:上海科技教育出版社,2016.

明茨伯格.卓有成效的组织[M].魏青江,译.杭州:浙江教育出版社,2020.

那拉亚那穆提,欧度茂苏.发明与发现:反思无止境的前沿[M].黄萃,苏俊,译.北京:清华大学出版社,2018.

潘教峰,鲁晓,王光辉.科学研究模式变迁:有组织的基础研究[J].中国科学院院刊,2021,36(12):1395-1403.

潘玉腾.高校实施有组织科研的问题解构与路径建构[J].中国高等教育,2022(C3):12-14.

齐曼.真科学:它是什么,它指什么[M].曾国屏,匡辉,张成岗,译.上海:上海世纪出版集团,2008.

任志宽.新型研发机构产学研合作模式及机制研究[J].中国科技论坛,2019(10):16-23.

沙因.沙因组织心理学[M].3版.马红宇,王斌,译.北京:中国人民大学出版社,2009.

斯科特,戴维斯.组织理论:理性、自然与开放系统的视角[M].高俊山,译.北京:中国人民大学出版社,2011.

斯劳特,莱斯利.学术资本主义:政治、政策和创业型大学[M].梁骁,黎丽,译.北京:北京大学出版社,2008.

王文岩,孙福全,申强.产学研合作模式的分类、特征及选择[J].中国科技论坛,2008(5):37-40.

魏小琳.治理视角下大学基层学术组织的重构[J].教育研究,2016(11):65-73.

文少保,杨连生.美国大学自治型跨学科研究组织——结构惰性超越、跨学科合作与运行机制[J].科技与管理,2010,12(3):133-137.

吴绍波,顾新,刘敦虎.我国产学研合作模式的选择[J].科技管理研究,2009(5):90-92.

许娇.团队知识生产互惠合作机制及制度安排[M].厦门:厦门大学出版社,2015.

阎凤桥.大学组织与治理[M].北京:同心出版社,2006.

张经强.高校产学研合作中的若干问题及思考[J].技术与创新管理,2006(1):92-94.

郑晓齐,王绽蕊.我国研究型大学基层学术组织的逻辑基础[J].教育研究,2008(3):56-59.

周光礼,姚蕊.有组织科研:美国科教政策变革新趋势——基于《无止境前沿:未来75年的科学》的分析[J].清华大学学报,2023,44(2):12-20.

周合兵,毕宇龙,陈先哲."双一流"背景下高校学科资源配置的策略选择与反思——基于三所大学的案例研究[J].教育发展研究,2022(17):26-33.

卓泽林.美国科技战略变革中的高等教育布局及其理念转变——以《无尽前沿法案》为例[J].国家教育行政学院学报,2023(3):87-95.

张强.何以有组织:澳大利亚高校科研的外部治理机制[J].中国高教研究,2023(1):57-63.

刘博超."有组织科研"对高校意味着什么[N].光明日报,2022-09-20(14).

刘震,崔曦元.高校在国家关键核心技术突破中的有组织科研机制研究———以清华大学核研院高温气冷堆技术攻关为例[J].清华大学教育研究,2023,44(2):21-29.

吴合文,石耀月.高校有组织科研:生成流变、理念指向与难点突破[J].陕西师范大学
学报(哲学社会科学版),2023,52(2):53-64.

苏明.高校有组织科研合法性的形成与协调[J].高等工程教育研究,2023(2):110-115.

王建华.不确定的科学与有组织的科研[J].高等教育研究,2023,44(2):20-29.

白强.高校有组织科研:发展趋势、逻辑转向与机制创新———基于知识生产模式
变革视角的分析[J].江苏高教,2023(7):28-37.

施悦琪,周海涛.高校有组织科研的特征、模式与策略[J].高等教育研究,2023,44
(2):30-36.

陈霞玲.高校开展有组织科研的组织模式、经验特征与问题对策[J].国家教育行政
学院学报,2023(7):78-87.

Geiger R L. Organized research units—Their role in the development of university
research[J]. The Journal of Higher Education, 1990, 61(1):9.

Jacobs R L.Work Analysis in the Knowledge Economy: Documenting What People Do in
the Workplace for Human Resource Development[M]. London:Springer, 2019.

Judson K C. The University of California: Creating, Nurturing, and Mainaining Academic
Quality in a Public University Setting[M]. Berkeley: Center for Studies in Higher
Education, University of California, 2018.

致　谢

　　第一次接触"有组织科研"一词是2019—2010学年我受工作单位国家教育行政学院指派，到清华大学科研院挂职。当时，不管是清华大学领导的讲话，还是同事的交流，都不时提到"有组织科研"这个词，给我留下了深刻的印象。虽然，当时并未清晰地解释什么是"有组织科研"，但是清华大学的很多实践已经体现了这一思想。在清华大学挂职期间，我第一次站在科研管理实践者的角度去思考，也能够近距离观察我国科研活动最为活跃的大学之一的科研管理实践，本书的很多部分就是在那时候完成的。回到国家教育行政学院后，我有机会到科研处工作，正式从事科研管理组织工作，对有组织科研有更多的体会和思考，所以，本书的出版要感谢国家教育行政学院领导对青年教师成长的重视和支持，为我提供了学习锻炼的平台和机会。感谢清华大学科研院为我提供研究便利。

　　第一次接触"有组织科研"的思想是在我攻读博士期间对创业型大学的研究。创业型大学常被用来描述那些通过教学、科研及社会服务（如技术许可、知识转移、新创公司）等活动对区域或国家经济社会发展产生重大推动作用的大学。毫无疑问，创业型大学是一种典型且成功的有组织科研行为。博士毕业后，出于工作的需要，我并没有沿着创业型大学的思路继续研究，一方面，是因为研究陷入了瓶颈——对创业型大学的研究停留在现象或经验做法层面的总结，未能从深层次的理论层面去解释；另一方面，对某个细化领域（创业型大学）的研究无法满足培训院校教师的能力要求。当时，我被分配到学校管理教研部（现在更名为高校管理教研部），主要工作对象是大学的管理者，这就要求对大学管理工作开展研究。所以，我决定暂缓对创业型大学这一领域的研究,从大学知识生产、知识管理、科研成果转化等视角来研究大学管理。

非常幸运的是,在部门同事的帮助下,我较为迅速地融入大学管理领域的研究,逐步开展以学校为主体推进的大学科研组织与管理行为研究。此外,要感谢国家教育行政学院学校管理教研部所有教师的帮助,尤其要感谢两任部门主任刘亚荣教授和从春侠教授的指导和帮助。刘亚荣教授组建了针对大学各业务管理的研究团队,带领团队成员对大学人才培养、科研管理、学生管理、教师发展等领域开展研究,通过组织相关主题的结构化研讨,对大学各项业务管理进行讨论,作为团队的一员,我受益匪浅。同时,还与刘亚荣教授就学科建设、科研生产、团队建设等主题进行多次研讨,这给写作本书带来了很多启发,在此特别感谢。从春侠教授鼓励团队成员将大学管理实践总结成书,计划出版针对大学业务管理的系列丛书,并组织团队多次对丛书写作进行讨论,促进我进一步理清研究思路。

大学科研、学科、规划等部门的大量管理实践者接受了我的访谈,提供了大量的案例,他们分别是:中国矿业大学科学技术研究院院长冉进财、福建医科大学科学科学技术处副处长陈敬华、温州大学科研院院长廖志勇、华中农业大学科研院重大项目处处长杨毅、中山大学科研院副处长赵艳娥、东北师范大学科技处副处长宋敏、中南大学发展规划处法规处副处长秦进、中国传媒大学学科建设与发展规划处副处长张涛,等等。感谢他们,他们都是非常具有思想的实干型管理者。

最后,还要把感谢送给我的家人。家是温暖的港湾、坚实的后盾,感谢家人的理解和鼓励,让我能够有时间完成本书的写作。

陈霞玲

国家教育行政学院